Michael Bradford – **Erwecke die Kraft der Seele**

„ERWECKE DIE KRAFT DER SEELE“ enthält eine Fülle an Material über die Entwicklung der Seele. . . Ich kenne Rosalie Deer Heart und Michael Bradford seit einigen Jahren und wurde Zeugin ihrer anregenden Heilarbeit. In diesem Buch bieten sie unschätzbare Einblicke in das spirituelle Verständnis von Macht und Machtlosigkeit, Personalitätsstrategien im Gegensatz zu Seelenqualitäten, und vieles mehr. ERWECKE DIE KRAFT DER SEELE ist wirklich eine „Vollmachtsverleihung“; sie birgt verborgene Schätze, die sowohl Anfängern als auch fortgeschrittenen Heilern nutzen werden. Ich kann dieses Buch nur wärmstens empfehlen.“

Audrey Mc Ginnis
Priesterin der Einheit

Michael Bradford – Rosalie Deer Heart

Erwecke die Kraft der Seele

Eine Anleitung zur Selbstheilung
und Heilung anderer

Vorwort von Eileen Caddy

ENNSTHALER VERLAG, A-4402 STEYR

Erklärung

Die in diesem Buch angeführten Vorstellungen, Vorschläge und Heiltechniken sind nicht als Ersatz für eine professionelle medizinische Behandlung gedacht. Jede Anwendung dieser Vorstellungen, Vorschläge und Techniken geschieht nach alleinigem Gutdünken des Lesers.

Autor, Verlag, Berater, Vertreiber, Händler und alle anderen Personen, die mit diesem Buch in Zusammenhang stehen, können weder Haftung noch Verantwortung für eventuelle Nachteile oder Schäden übernehmen, die direkt oder indirekt aus den in diesem Buch gegebenen Information resultieren oder resultieren sollen.

ISBN 3 85068 566 7

2. Auflage 2001

Satz, Druck und Verlag: Ennsthaler, A-4402 Steyr
Umschlaggestaltung; bleifrei, A-4400 Steyr

Titel der englischen Orginalausgabe
„Soulempowerment“
First published by Findhorn Press, Scotland

übersetzt aus dem Englischen von Dr. J. Thommes-Spitzer, Österreich

www.ennsthaler.at

Inhaltsverzeichnis

Teil I: Seelenlandschaft 13
1 Das Seelenkontinuum 14
2 Seelenvereinbarungen 23

Teil II: Bewußtsein - Der Weg zur Orientierung 27
3 Bewußtsein - Der Weg zur Orientierung 28
4 Institution - Der Weg zur inneren Führung 34
5 Zusätzliche Techniken zur Informationsführung 48
6 Körpersignale lesen 65

Teil III: Heilung auf Grundlage der Seele 73
7 Die Dynamik des Heilens 74
8 Was man von einer Heilsitzung erwarten kann 88
9 Richtlinien für die Leistung einer Heilsitzung 98
10 Wegweiser des Widerstandes 106

Teil IV: Fortgeschrittene Heiltechniken 117
11 In jeder Sitzung anzuwendende Heiltechniken 118
12 Zusätzliche Heiltechniken 127
13 Wesen aufdecken und freilassen 143
14 Sitzungsbeispiele 161

Nachwort 169
Anhang A: Häufig gestellte Frage 170
Anhang B: Hilfreiche Meditationen 175
Glossar 183
Index 190
Zu den Autoren 193
Weitere Informationen 194

WIR WIDMEN DIESES BUCH

ALLEN

MULTIDIMENSIONALEN LICHTWESEN,

DIE SICH FÜR

DIE HEILUNG VON

MUTTER ERDE

UND IHREN MENSCHEN

EINSETZEN

Danksagung für die englische Orginalausgabe

Unsere tiefste und wärmste Dankbarkeit gilt Ellen Kleiner, unserer engagierten Herausgeberin und Freundin, die uns mit Empfehlungen, redigierten Seiten und liebevoller Aufmerksamkeit nach Mexiko, Schottland und England folgte. Danke, daß Du drei Monate Deines Lebens geopfert hast, um jede Seite dieses Buches mit Deinen Herausgeberkünsten zu verzaubern.

Liebevolle Anerkennung gilt Thierry und Karin Bogliolo von Findhorn Press, die uns nicht nur geduldig durch die Mitherausgabe dieses Buches begleiteten, sondern auch unseren kommenden Bemühungen ihre Erfahrung, ihre Sachkenntnis und ihren Humor zukommen ließen.

Herzliche Freude und Ehrfurcht den Millionen von Fischen, die mit uns die Bucht von Puerto Angel, Oaxaca, Mexiko teilten und zu unserer Entspannung und Verjüngung beitrugen, wenn wir zwischen zwei Kapiteln schnorchelten.

Einleitende Worte

Michael Bradford und Rosalie Deer Heart haben uns mit ERWECKE DIE KRAFT DER SEELE ein unschätzbares, sehr hilfreiches und erhebendes Buch geschenkt. Man kann dieses Buch verwenden als Anleitung für Selbstheilung, bedingungslose Liebe und bedingungsloses Denken. Michael und Rosalie sind in ihrem Schreiben sehr offen gewesen und liefern ausgezeichnete Beispiele dafür, wie sie ihre Heilmethoden eingesetzt haben; sie erzählen dabei ebenso von ihren zahlreichen Erfolgen als von ihren Mißerfolgen.

Besonders hilfreich empfand ich den Frage-und-Antwort Teil. Die Anwendung ihrer Heilmethoden verlangt tiefe Überzeugung und den Glauben an die eigene Intuition. Ich freue mich, daß sie es sehr klar machen, daß es Gott ist, der durch sie die Heilung bewirkt, und daß auch eine positive Einstellung und das Bewußtsein der zu heilenden Person für die Heilung ausschlaggebend sind.

Jedem, der ein wirkliches Interesse an Heilung hat - und ich denke, das haben die meisten von uns - kann ich ERWECKE DIE KRAFT DER SEELE in höchstem Maße empfehlen. Wir alle streben nach Ganzheit nicht nur für uns selbst, sondern für die gesamte Menschheit.

Mit Liebe und Segen,

Eileen

Eileen Caddy

Mitbegründerin der Findhorn Foundation

Vorwort

Dieses Buch zu schreiben kam für uns beide einem Entwicklungsabschnitt gleich. Nachdem wir bereits einige Zeit zusammengearbeitet hatten, beschlossen wir Ende 1993, ein Buch zu schreiben über die Vorstellungen und Techniken, welche eine Stärkung der Seele fördern. Doch wir identifizierten uns beide zu sehr mit unserer Persönlichkeit und wir waren zu wenig auf unsere Essenz eingestellt, um zusammen zu arbeiten. Wir vollendeten einen Abriß und beendeten unsere Beziehung.

Während der beiden folgenden Jahre lebten wir getrennte Leben in unterschiedlichen Teilen der Welt. Obwohl wir beide eine Kopie bewahrten von dem, was wir bereits geschrieben hatten, übernahm keiner von uns die Initiative, es für eine Publikation auszuarbeiten. Doch wir fuhren beide fort zu unterrichten und viele der Grundlagen für eine Seelenstärkung zu klären - Rosalie in den Vereinigten Staaten und in Kanada, Michael in Europa.

Im Januar 1996 begegneten wir uns wieder und versprachen, das Buch trotz unserer unterschiedlichen Schreibweisen und Heilansätze gemeinsam zu vollenden. Monate später trafen wir uns in Mexiko, um dieser Verpflichtung nachzukommen, und wir forderten uns gegenseitig heraus, setzten uns mit uns auseinander und trösteten uns immer dann, wenn unsere Persönlichkeiten sich für das Chaos entschieden. Wir konnten unmöglich die Prinzipien der Seelenstärkung vermitteln, ohne unser Leben der Ausübung der „Essenzierung" zu widmen. Vielleicht lag es daran, daß die Kapitel innerhalb von drei Monaten zu vollem Leben erwachten. Eine andere Ursache für diese beschleunigte Geburt mag sein, daß wir glaubten, eine Seelenvereinbarung für die Niederschrift dieses Buches getroffen zu haben. Ein dritter Grund liegt darin, daß unsere Führer und Lehrer uns beistanden und uns täglich daran erinnerten, daß Liebe die Dimensionen verbindet.

Wir erzählen diese Geschichte einfach, um zu zeigen, daß Erfolg oder Entwicklung nicht weiter nur jemandem „da draußen" zustoßen müssen. Wir befinden uns alle gemeinsam auf dieser Entwicklungsreise. Diese Expedition beinhaltet keine Zufälle, wohl aber zahlreiche Gelegenheiten, uns gegenseitig zu lieben. Liebe ehrt die Heiligkeit der Seele. Und sie gewährleistet, daß wir durch die Zusammenarbeit mit anderen unwiderstehlichen Spiralen der Multidimensionalität bilden, die die jedem von uns innewohnende Kreativität verstärken. Als Antwort darauf applaudiert das Universum. Wir danken Ihnen dafür, daß Sie an der Reise teilnehmen. Während Sie Ihrer Großartigkeit gewärtig werden, wünschen wir Ihnen strahlende Gesundheit und Wohlstand. Und wir segnen Sie in der Aktivierung Ihrer multidimensionalen Erinnerung.

Einführung

Haben Sie sich gefragt, wozu Sie hier sind? Finden Sie Erfüllung in Ihren engsten Beziehungen? Drücken Sie Ihre Kreativität aktiv aus? Erfahren Sie in Ihrem täglichen Leben ein Gefühl der Zielrichtung, der Kraft und Freude? Haben Sie wenig Energie, oder leiden Sie an wiederkehrenden Schmerzen unbekannter Ursache? Weisen Ihre Träume auf die Möglichkeit früherer Leben? Begleitet Sie Ihre Intuition? Haben Sie das Gefühl, daß es da noch mehr geben muß?

Wir sind multidimensionale Wesen, die nach Entwicklung streben. Dieses Streben hat uns durch viele Leben und zahlreiche Daseinsebenen geführt. Der unsterbliche Teil von uns, der Weisheit sucht, heißt Seele, und die Zeiten und Orte, die sie durchreist, formen das Seelenkontinuum.

Um die Lektionen der physischen Ebene zu lernen, sie umfassen Polarität, Liebe, Kraft und Wahrnehmung, verlassen wir unsere Seelenfamilie und kommen in einem physischen Körper zur Erde. Bei der Geburt senkt sich ein Schleier, der den Grund für unser Kommen verhüllt. Gefangen in diesem spirituellen Gedächtnisschwund vergessen wir, daß wir multidimensionale Wesen sind und den „göttlichen Funken" in uns tragen. Auch Erinnerungen an die reiche Liebe und Stütze von unserer Seelenfamilie sind gelöscht. Die Überlebensherausforderungen, welche die Erdenebene an uns stellt, entfremden uns mit der Zeit noch stärker von unserem spirituellen Fundament. Während all dieser Zeit versucht die Seele, uns mit ihrem ständigen Führungssystem auf unser einziges Seelenziel ausgerichtet zu halten.

Es ist als ob wir, von uns selbst unerkannt, in einem sorgfältig ausgewählten Lernprogramm eingeschrieben wären. Unser Seelenziel ist der Grund unserer Inkarnation; es definiert die Wahrheiten und Werte, die wir „im Hauptfach" belegen werden. Unsere Lebenslektionen, Gebiete, auf denen die Seele weitere Erfahrung benötigt, bilden unser „Nebenfach".

Die meisten Heilansätze konzentrieren sich auf die Regulierung fehlfunktionierender Persönlichkeitsdynamik wie Leugnung, Groll, Angst und Scham. Bei einem großen Teil der Menschen, die einmal ungesunde Muster durchbrochen haben, werden tief in ihrem Bewußtsein verankerte erworbene Beschränkungen und Anpassungsverhalten sie wie Riesenmagnete in ihr Fehlverhalten zurückziehen. Ohne die Unterstützung der Seele haben sie wenig Chancen, in ihrem Energiefeld freizubleiben. Um erworbene Beschränkungen und überholte Abhängigkeiten zu verwandeln, muß der persönliche Wille im göttlichen Willen eingebunden sein.

Wenn ihnen das Wissen um ihre spirituellen Grundlagen abgeht, sehen sich die Menschen als Opfer von Umständen, Genetik, Geschichte, Politik oder von anderen äußeren Kräften. Indem Heiler ihnen aktiv dabei helfen, den Zugang zur Weisheit ihrer Seele zu finden, entfaltet sich andererseits ein erweitertes Szenario: bewußtes Wissen über ihre Seelenvereinbarungen erfüllt ihr Leben mit einem Ziel, mit Kontinuität und Bedeutung.

Die Seele, die nur die Wahrheit kennt, trägt unseren unverwechselbaren kosmischen Plan. Je geschickter wir unsere Entscheidungen in Ausrichtung auf unser Seelenziel und unsere Lebenslektionen treffen, um so eher werden wir Erfolg und Wohlergehen erfahren. Tatsächlich mobilisieren wir jedes Mal, wenn wir mit Absicht die Richtlinien unseres Wesens aktivieren, eine enorme innere Unterstützung für die Lösung und die Verwandlung von Persönlichkeitsproblemen. Indem wir unsere Fähigkeit, uns mit unserer Seelenessenz zusammenzuschließen, trainieren, beschleunigen wir nicht nur das Fortschreiten unserer Evolution, sondern auch unseren schöpferischen Ausdruck und unsere Fähigkeit, unsere Wünsche auf der Erdebene zu offenbaren.

Betrachten Sie das erweiterte Szenario. Stellen Sie sich vor, daß Sie bei der Geburt aus einem spirituellen Kontext auftauchten, aus einem Gewimmel von Führern und Lehrern, früheren Leben und Seelenverbänden in eine Existenz, die durchdrungen ist von einem bestimmten Seelenziel und bestimmten Lebenslektionen. Um Ihnen auf Ihrer Reise beizustehen, wählten Sie Seelenqualitäten - Eigenschaften wie Klarheit, Flexibilität und Selbstliebe - die, anders als Persönlichkeitszüge, mit Ihrem Seelenziel und Ihren Lebenslektionen zusammenhängende Ressourcen waren. Von Kindheit an wurden Sie beeinflußt von der Familie, von Freunden, der Schule, von Religion und der Kultur, in der Sie aufwuchsen. In Reaktion darauf entwickelten Sie eine Persönlichkeit und eine Biographie, die durchdrungen sind von menschlichem Gehalt. Dann begannen Sie mit der Zeit, bewußt Ihre Seelenqualitäten zu erreichen, indem Sie allmählich Ihre persönlichen Inhalte in Ihren spirituellen Kontext einhüllten. Schließlich heilten Sie Ihre Persönlichkeitsprobleme und übertrugen gleichzeitig die Vollmacht an Ihre Seele!

Die Abfolge von persönlicher Stärkung zu Seelenstärkung ist ein Übergang von äußeren Geboten zu innerer Führung, von Verhaftetsein und Besitzansprüchen zu Ehrfurcht und Freude. Menschen, die ihre erworbenen Beschränkungen, Gelübde aus früheren Leben und ihre übersinnlichen Bande aufgeben, sind frei, um ihre Seelenbindungen zu ehren. Da sie nicht weiter durch Energieblockaden gelähmt werden, pflegen sie Respekt für ihren Körper und für dessen Bedürfnisse an Ruhe, Spiel, Liebe und Arbeit, einen Sinn für Humor, Vertrauen auf die innere Führung, Begeisterung für die gewählten Beschäftigungen, die Fähigkeit, sich zu ergeben, einen aktiven Ausdruck liebevoller Güte gegen sich selbst, gegen andere und gegen die Umwelt, das

Wissen um ihre einzigartige Form der Kreativität, ein Talent, das Göttliche in allen Menschen, Ereignissen und Dingen zu bejahen; die Würdigung des Zusammenhanges aller Lebensformen, und das Vermögen, ihr Seelenziel, Großzügigkeit und eine auf Wissen basierende Sicht zu manifestieren.

Dieses Handbuch soll Ihnen helfen, den Sprung von der Persönlichkeit zum Wesen zu nehmen, während Sie fortschreiten in Ihrer eigenen Heilung und der Heilung anderer. In Teil I werden Sie ein Arbeitsvokabular mit Seelenattributen finden, zusammen mit Beispielen, die zeigen, wie jedes dieser Merkmale in der Gegenwart ausgedrückt wird und Tipps, wie Sie auf Ihre eigene Entwicklung einwirken können. Teil II beschreibt Wege, um Ihr Bewußtsein und Ihre Intuition zu entwickeln - Fähigkeiten, die mit der Seele kommunizieren - sowie einen schrittweisen Führer, um eine Seelenlesung zu leiten; er enthält außerdem zusätzliches Werkzeug, um Zugang zu Informationen zu erhalten. Die Abschnitte III und IV konzentrieren sich ausschließlich auf die Heilungsmodalitäten der Seelenstärkung, mit der Einsicht eines Insiders in die Heilsitzung als Höhepunkt

Der Hauptteil dieser Arbeit betrifft verschiedene Möglichkeiten des bewußten Zugangs und der Entwicklung der Intuition. Warum? Weil die Intuition rasche und zugängliche Einsichten in den kosmischen Bericht der Seele bietet, die unseren Fortschritt im Verständnis der Zielsetzung, der Qualitäten, der Lebenslektionen, der Stellung im Kontinuum und der früheren Leben der Seele bewerten. Die Intuition wirft auch ein Licht auf die Persönlichkeitsaspekte, welche einer Verwandlung bedürfen. Obwohl die Intuition eines jeden Menschen so einzigartig wie eine Schneeflocke ist, werden Sie keine Schwierigkeiten haben, Ihre eigene den vorgestellten Übungen und Meditationen zuzuführen. Sie werden auch die Gelegenheit haben, die prägende Rolle der Intuition zu erleben, wenn Sie die in Teil IV dargestellten Heiltechniken ausprobieren.

Diese Techniken wurden in tausenden Sitzungen vervollkommnet. Jede entspricht den folgenden Kriterien: Unterstützung für die Seele, Effizienz, Einfachheit und Wirksamkeit. Es wurden zusammenfassende Beschreibungen von Heilsitzungen eingefügt, um zu zeigen, wie die Heiltechniken angewandt werden können.

Sie werden entdecken, daß Heilen zu dem Bewußtsein führt, daß wir alle multidimensionale Wesen sind. Die Fragestellung lautet dann: Sind Sie bereit, Ihre Weite anzunehmen und Ihre unbegrenzte Fähigkeit zu Freude, Kreativität und Weisheit zu erkunden? Wenn Sie das sind, dann bereiten Sie sich vor auf eine lebensverändernde Reise von der persönlichen Stärkung zur Macht der Seele.

Teil I

Seelenlandschaft

Eins
DAS SEELENKONTINUUM

„Gott ist Mensch geworden, damit die Menschen Gott werden können."
Matthew Fox

Manche Menschen kommen auf die Erde, um ein bestimmtes Wissen in nur einigen „Lebenszeiten" zu erwerben, während andere die Erde zur Schule wählen und Hunderte, wenn nicht Tausende von Leben hier verbringen. Jene, deren Besuche wenige sind, haben sich dazu entschieden, Lektionen in anderen Dimensionen zu sammeln. Häufigere Wiederkehr ist das Ergebnis einer Reihe von Faktoren. In einigen Fällen werden Lektionen in vielen Lebenszeiten gemieden, bevor man sich ihnen stellt. In anderen Fällen werden die Lektionen zwar gelernt, doch sind noch weitere erforderlich für die Vervollkommnung und die Läuterung des Seelenzieles. Und in noch anderen Fällen hängt der Abschluß davon ab, Meisterschaft in einem großen Themenbereich zu erwerben.

Jede auf der Erde verbrachte Lebenszeit ist ebenso wie die in anderen Dimensionen verbrachte Zeit Teil eines Kreislaufs, dem, einmal vollendet, ein anderer Kreislauf folgt, die zusammen das Seelenkontinuum bilden. Jeder Zyklus im Kontinuum hat ein Thema, oder ein Seelenziel, und jede Inkarnation, die diesem Thema gewidmet ist, strebt der zunehmenden Beherrschung auf diesem Schauplatz zu.

Jede Lebenszeit hat ihr eigenes Motiv. Indem Sie Ihr Motiv entdecken, verfügen Sie über ein Brennglas, durch das Sie Ihre augenblicklichen Herausforderungen betrachten können. Sie werden auch entdecken, daß jedes Ihrer Leben alle Ihre zukünftigen Leben beeinflußt. Indem Sie an der Stellung der Person, mit der Sie arbeiten, im Seelenkontinuum teilhaben, werden auch für Sie ähnliche Erkenntnisse wach. Schließlich ist jeder von uns nur ein Augenblick in der Ewigkeit!

Die Lebenszeiten des Lernens

Jede Rückkehr auf die Erdebene hat einen erklärten Zweck im Lernkreislauf der Seele. Daher besitzt jede Rückkehr, vom Übungsleben zum Abschlußleben, ihre eigenen Merkmale.

DAS „ÜBUNGSLEBEN"

Diese Lebenszeit ist dem Entdecken gewidmet, dem Gewinn von Bewußtsein und

Erfahrungen in einem neuen Bereich. Einziges Zugangskriterium sind Ehrlichkeit und die Bereitschaft, eine neue Wesensart zu leben. Da dieser Abschnitt des Seelenkontinuums oft auf ein auf Vollkommenheit ausgerichtetes Abschlußleben folgt, neigen Seelen, die ein Übungsleben beginnen, zu hohen Erwartungen. Hier gibt es jedoch keine Klassen. Für jemanden, der einen neuen Evolutionskreislauf gewählt hat, empfehlen sich Geduld, Mitgefühl und ein Sinn für Humor.

Frank, Anfang zwanzig, setzte eine Sitzung an, um seine Sexualität zu erforschen. Er berichtete, daß er viele Frauenfreundschaften habe, jedoch nie fähig gewesen sei, eine gesunde sexuelle Beziehung zu erfahren. Als wir um Führung baten, wurden wir darüber aufgeklärt, daß Frank sich in einem Übungsleben befand, um über männliches Bewußtsein zu lernen. Darüber hinaus entdeckten wir, daß er sich in mehreren früheren Leben entschieden hatte, als Frau Gestalt anzunehmen, und daß er im Laufe dieser Leben seine Ausbildung in weiblichen Wesens- und Wissensarten vollendet hatte. In vielen dieser Lebenszeiten als Frau hatte er sich religiösen oder spirituellen Orden verschrieben. Wir erfuhren, daß seine Seele in diesem Leben entschieden hatte, etwas über die Männlichkeit zu lernen. Er erzählte uns, daß jeder außer ihm die Regeln des Mannseins zu kennen schien, und aus der Sicht der Seele hatte er Recht! Als wir ihm erklärten, daß er sich in einem Übungsleben befinde, seufzte er vor Erleichterung. Wir versicherten ihm, daß er nichts Falsches getan habe, daß seine Zustimmung, in einem männlichen Körper geboren zu werden, in Wirklichkeit eine mutige Tat gewesen sei. Wir erinnerten ihn daran, daß er in keiner Weise gezwungen war, vollkommenes männliches Bewußtsein zu zeigen.

Shirley, eine Erzieherin Ende vierzig, bat um unsere Hilfe in der Entscheidung über einen Karrierewechsel. Sie dachte daran, ihre Stellung als Gruppenleiterin aufzugeben und ein privates Büro als Geschäftsberaterin zu eröffnen. Sie erzählte uns, sie habe sich danach gesehnt, mit Gleichgesinnten zu arbeiten, doch sie sei frustriert, weil ihre Lehrerkollegen weniger kreativ und weniger engagiert als sie selbst schienen. Als wir ihre Seelengeschichte durchgingen, erfuhren wir, daß sie bereits Meisterschaft erlangt hatte in selbständiger Arbeit als Leader, und daß sie sich nunmehr in einem Übungsleben befand, um etwas über gemeinsame Führungstätigkeit zu lernen. Es wurde uns klar, daß die Eröffnung eines eigenen Büros dem Besuch eines Kurses gleichkommen würde, in dem sie bereits höchste Auszeichnungen erlangt hatte! Wie wir es sahen, bestand ihre Herausforderung darin, den Drang zu überwinden, neuerlich in früher beherrschte Talente zu investieren und darin, sich mit den ungewohnten Erfahrungen eines Übungslebens auseinanderzusetzen. Wir ermutigten sie, die gemeinsame Führungsarbeit zu erforschen und nicht wieder ihre eigenen Wege zu gehen.

RÜCKKEHR AUS EINEM „SEELENRAUMLEBEN"

An bestimmten Stellen im Kontinuum beschließen viele Individuen, die eine traumatische oder erschöpfende Lebenszeit auf der Erdebene hinter sich haben, die einer oder mehreren Lebensdauern entsprechende Zeit im Seelenraum zu verbringen. Während dieser Abwesenheit ruhen sie sich von dem strengen Lebenslauf aus, gewinnen Kraft und heilen Wunden.

Wenn sie ihre Erdlektionen wieder aufnehmen, neigen diese Seelen aus gutem Grund dazu, verwirrt zu erscheinen. Der Seelenraum ist nach allen Richtungen gewandt. Hier exisitieren die Seelen in einem körperlosen Zustand reiner Energie; das Leben ist unmittelbar und jede Information frei verfügbar. Es gibt keinen Abstand zwischen Denken und Manifestation des Gedankens, und daher keinen Bedarf, das Leben in einer Abfolge zu leben. Es besteht auch kein Grund, zu lernen, denn alles ist bereits bekannt.

Der dreizehnjährige Eric wurde an uns verwiesen, weil er in der Schule gefährdet war, durchzufallen, und er Zeichen einer Depression zeigte. Obwohl er im Grunde den Schulstoff begriff, besaß er keine Vorstellung von Schularbeiten und wenig Interesse, seine Aufgaben zu erledigen. Er war fasziniert von den Prinzipien der Physik, doch er konnte nicht begreifen, warum er Algebra machen sollte, bevor er sich in Physik einschreiben könne. Er stellte oft Fragen, die seine Lehrer nicht beantworten konnten. Er war als Unruhestifter abgestempelt und seine Freunde nannten ihn einen Angeber.

Als wir unsere Arbeitsweise erklärten, sagte Eric, es interessiere ihn, zu erforschen, was vor sich ginge. Nachdem wir uns eingestimmt hatten, entdeckten wir, daß Eric vor seiner Geburt die Entsprechung von zwei Lebenszeiten im Seelenraum verbracht hatte. Sobald wir ihm dies mitteilten, stöhnte er, brach in Tränen aus und sagte, er wolle wieder „nach Haus". Wir erinnerten ihn daran, daß niemand zur Erde abkommandiert wird und daß seine Seele beschlossen habe, hier zu sein.

Er fragte, was seine Aufgabe sei, worauf ihm seine Führer erklärten, daß er sich der Übersetzung der im Seelenraum erlernten Energieprinzipien verschrieben hatte. Sie wiesen ihn darauf hin, daß er sämtliche Informationen unmittelbar erfahren habe und als Ergebnis die Schule langweilig fände. „Das heißt also, daß ich kein blöder Außenseiter bin!", rief er aus und strahlte.

Als wir Erics Eltern trafen, erzählten wir ihnen von der Geschichte und dem Ziel seiner Seele. Seine Mutter weinte und sagte, sie habe immer schon gewußt, daß er anders sei. Dann erklärten sie sich bereit, ihn in eine Schule einschreiben zu lassen, die seine Denk- und Arbeitsweise würdigen könne.

DAS „SALTOLEBEN"

Um einen Riß im Bewußtsein zu heilen, können Individuen in eine Umgebung inkarnieren, die jener eines früheren Lebens diametral entgegengesetzt ist. Sie werden vom Mönch zum Playboy, vom Täter zum Opfer, vom Krieger zum Pazifisten, sie wechseln von extrovertiert zu introvertiert, vom Führer zum Mitläufer, und umgekehrt. Nachdem sie den entgegengesetzten Aspekt einer Polarität verurteilt haben, beschließen sie, es wiedergutzumachen, indem sie eben diesen Aspekt erforschen. Eine solche Rückkehr kann mehr als einmal erfolgen, bevor eine Person zu einem Integrationsleben weitergeht, um die Spaltung voll zu heilen.

Terry, ein armer, ungebildeter Mann Anfang der Dreißiger, zeigte ein schwaches Selbstwertgefühl und beschrieb sich selbst als Opfer. Wir erfuhren, daß er in einem früheren Leben eine Seelenvereinbarung abgeschlossen hatte, sich an seinem persönlichen Willen zu orientieren. Indem er versuchte, etwas über den richtigen Gebrauch des Willens zu lernen, überwältigte er oft andere. Er genoß es, die Kontrolle zu haben und jede Gelegenheit, seine Stärke zu demonstrieren, war ihm recht. Am Ende jenes Lebens wurde ihm klar, daß er seine Macht mißbraucht hatte und er beschloß, als machtloser Mensch wiederzukommen. Beide Leben waren unausgeglichen.

Linda war Skilehrerin und Mitte zwanzig. Sie hielt wenig Grenzen ein und benahm sich wie ein emotionaler Schwamm, indem sie körperliche Symptome, Ängste und Frustrationen von anderen Menschen um sie herum aufnahm. Als wir um Führung hinsichtlich ihrer Stellung im Seelenkontinuum baten, entdeckten wir ein früheres Leben, in dem sie zu anderen Menschen emotionell auf Distanz gegangen und stolz auf ihre Unabhängigkeit und Selbstgenügsamkeit gewesen war. Ihre Unnahbarkeit war berühmt. Für Linda wie auch für Terry gab es in beiden Leben kein Gleichgewicht.

DAS „AUFHOLLEBEN"

Eine Inkarnation des Aufholens folgt oft auf eines oder mehrere Übungs- oder Saltoleben, in denen Aspekten des Seelenzieles ausgewichen wurde. Die Konzentration bezieht sich nun auf das Sammeln von Erfahrungen in eben diesen Bereichen. (Anmerkung: Während der Ausrichtung auf das gegenwärtige Seelenziel kann ein gewisses Maß an Überschwenglichkeit erlebt werden.)

Brian, ein Forschungsassistent Ende fünfzig, hatte eine Frau geheiratet, die er nicht liebte, um Mitglied einer Gemeinschaft zu werden. Er war nicht nur unzufrieden in seiner Ehe, sondern hatte auch nicht das Gefühl, wirklich ein Mitglied der Gemeinschaft zu sein. Wie sich herausstellte, hatte er mehrere Übungsleben damit verbracht, zu lernen, wie man ein loyales Mitglied einer Gruppe wird. In diesem Leben

bestand sein Seelenziel darin, die Individuierung zu erforschen. Es bestand ein starkes Nachholbedürfnis der Seele, etwas über ihre eigenen Gefühle, Wünsche, Ziele und Bedürfnisse zu erfahren.
Als wir ihn darauf hinwiesen, daß er von seiner Seele keine Unterstützung für seine Gemeinschaftsloyalität erhalten würde, entgegnete er: „Ich möchte zu mir selbst stehen, ohne irgend jemanden zu verletzen, doch ich weiß nicht, wie ich das tun soll." Jedes Mal, wenn er überlegt hatte, Taten für sich selbst zu setzen, schämte er sich und wurde von Schuldgefühlen überwältigt. Wir versicherten ihm, daß niemand verletzt würde durch seine Entscheidung, selbstbestimmter zu sein.
Theresa, eine einunddreißigjährige Anwältin für Menschen mit psychischen Problemen, war sensibel, mitfühlend und erfaßte instinktiv die Bedürfnisse der Menschen. Anderen zu dienen war für sie eine Selbstverständlichkeit, doch sie konnte sich nicht vorstellen, ihre eigenen Träume zu verfolgen oder sich mit ihnen zu identifizieren. Wir stellten fest, daß sie einige Leben der Pflege gewidmet hatte, und daß nunmehr ihr Seelenziel darin lag, einen Sinn für Selbstberechtigung herzustellen. Im Bewußtsein, daß sie ihren eigenen Sehnsüchten folgen mußte, rieten wir ihr, sich in jedes Thema zu vertiefen, das sie interessierte, und ganzzeitig zu studieren, falls sie das wünschte.

DAS „INTEGRATIONSLEBEN"

Diese Lebenszeit ist der Heilung von Brüchen gewidmet, die sich in vorhergehenden Leben ereigneten. Normalerweise folgt sie auf eine Reihe von Inkarnationen, in denen eine Person eine geteilte Entweder-Oder-Existenz geführt hat. Das gegenwärtige Ziel ist ein „Doppelhauptfach" - ein doppelter Brennpunkt, der Gleichgewicht und Frieden schafft. (Anmerkung: Um die Komplexität eines Integrationslebens richtig einzuschätzen, stellen Sie sich vor, wie es wäre, gleichzeitig zwei diametral entgegengesetzte Lieben zu genießen!)
Joan, ein Rechtsanwältin Anfang vierzig, wünschte eine Sitzung, weil sie ein Gefühl der „unablässigen Leere" fühlte, obwohl sie glücklich verheiratet war, eine blühende Karriere und glückliche Kinder hatte. Wir entdeckten, daß sie sich in einem Integrationsleben befand, und daß ihre Herausforderung darin lag, ihre intuitiven Fähigkeiten mit ihrem gut entwickelten Intellekt zu kombinieren. Da die anderen sie als praktisch und analytisch sahen, verließ sie sich stark auf ihren Intellekt und traute ihrer Intuition nicht. Die Entdeckung, daß sie in früheren Leben oft auf Kosten ihrer intellektuellen Fähigkeiten Zuflucht zu ihrer Intuition genommen hatte, gab ihr Hoffnung, daß sie nunmehr beginnen solle, diese beiden Fähigkeiten zu verbinden.
Ende zwanzig, kam der Unternehmer Tracey zu uns, weil sein Leben „außer Kon-

trolle" geraten war. Er fühlte sich wie zwei verschiedene Menschen, hin und her wechselnd zwischen ständig im Mittelpunkt stehen und sich vollständig von den Menschen und dem Gesellschaftsleben zurückziehen. In der Einsamkeit überdachte er seine Rolle im Leben. Als wir um Informationen über seine Stellung im Seelenkontinuum baten, waren wir nicht überrascht zu erfahren, daß er in einem Integrationsleben war und seine Herausforderung darin bestand, beide Seiten seiner Natur zu schätzen, ohne die eine oder die andere zu verurteilen.

DAS „GENESUNGSLEBEN"

Dies ist eine Lebenszeit zur Heilung von Abhängigkeiten und Traumata oder zur Heilung von gegen andere oder sich selbst gefällten Urteilen. Oft muß ein starkes karmisches Muster gebrochen und freigesetzt werden, damit die Genesung erfolgen kann. Zu diesem Zweck könnten Menschen oder Ereignisse aus früheren Leben ihren Weg in das gegenwärtige Leben finden. Der Tenor heißt hier Intensität.

Die Musiklehrerin Ruth, eine Frau Ende dreißig, wünschte sich sehnlichst, in einer engagierten Beziehung zu leben und eine Familie zu gründen, doch sie fragte sich, ob Mutterschaft wirklich mit ihrem Seelenziel übereinstimmte. Sie wußte darüber hinaus instinktiv, daß sie insgeheim eine Heilerin war. Doch immer, wenn sie eine Karriere in der Heilarbeit in Betracht zog, überfielen sie Panikattacken und sie befürchtete, etwas für sie Heiliges opfern zu müssen.

Als wir uns mit Ruths Stellung im Seelenkontinuum beschäftigten, entdeckten wir, daß sie sich in einem Genesungsleben befand, das zur Überwindung vorhergehender Traumata bestimmt war. Im Laufe eines früheren Lebens war sie eine bekannte Heilerin gewesen, der man ihre drei Kinder wegnahm, weil sie sich weigerte, sich Regierungsanordnungen zu beugen. Unfähig, ihre Kinder durch ihre psychischen Fähigkeiten zu finden, verurteilte sie sich selbst und verfiel in Depressionen. Es wurde uns klar, daß Ruth allein und kinderlos blieb und sich nur teilweise zu ihrem Wissen über die Heilkünste bekannte, um sich und ihre ungeborenen Kinder vor einem entsetzlichen Ereignis aus ihrer Vergangenheit zu schützen. Um zu genesen, vergab sie sich, daß es in ihrem vorhergehenden Leben nicht gelungen war, ihre Kinder zu schützen. Sie schrieb sich auch in zwei Heilkurse ein und vertiefte die Beziehung zu einem Mann, mit dem sie ausging.

Die persönliche Geschichte von Bill, einem Architekten Mitte fünfzig, war erfüllt von nicht eingehaltenen Verpflichtungen. Obwohl er viele Projekte angefangen hatte, führte er sie nie zu Ende. Als wir um Führung baten, waren wir nicht überrascht zu erfahren, daß es in einem vorhergehenden Leben sein Seelenziel gewesen war, sich einem religiösen Orden zu verschreiben. Kurz bevor er sein endgültiges Gelübde ablegen sollte, wurde er zurück nach Hause berufen, weil er der Einzige war, der sich um seine Mutter kümmern und die Familie versorgen konnte. Indem er diesem Ruf folgte, verriet er seine Seelenverpflichtung zum Priestertum. Wir erklärten ihm, daß wann immer er in diesem Leben der Vollendung eines Projektes nahekam, er sich unbewußt selbst sabotierte und nie erwartete, seine Ziele zu erreichen. Um sich zu heilen, erklärte er sich einverstanden, von dem lange zurückliegenden Traum Abstand zu nehmen und Pläne durchzuführen, die ihn glücklich machten.

DAS „MEISTERSCHAFTSLEBEN“

Diese Lebenszeit folgt auf eine Reihe von Existenzen, die auf das gleiche Thema konzentriert waren. Hier dominieren relative Leichtigkeit und Klarheit, solange die Person in Übereinstimmung bleibt mit der Verpflichtung zu Reinigung, Genauigkeit und Effizienz. Lebensaspekte jedoch, die nicht auf dem zu beherrschenden Plan stehen, können sich als fordernd herausstellen.

Lee war ein 42jähriger Landschaftsmaler. Er klagte über seine Geschichte von in die Brüche gegangenen Beziehungen und fühlte sich schuldig, weniger Interesse für seine Partner als für seine Kunst zu haben. Seine Führer klärten uns auf, daß seine Seelenverpflichtung darin bestand, ein anerkannter Künstler zu werden. Er hatte im Laufe von vielen Lebenszeiten in schöpferischem Ausdruck Reife erlangt, mit den Kunstmitteln Ton, Farbe, Textilien und sogar Metall experimentiert. Als wir Lee darauf hinwiesen, daß er ein Meisterschaftsleben führte, hielt er sich den Bauch vor Lachen. Wir hätten ihm die Erlaubnis gegeben, so meinte er, zu tun was sein Herz begehrte. Wir drängten ihn auch, sich selbst die Hinwendung zu einer Frau zuzugestehen, die seine künstlerischen Bestrebungen unterstützen würde.

Ingrid war Ende zwanzig und bekleidete eine wichtige Stellung in einem großen Unternehmen. Ihre Mitarbeiter und Mitarbeiterinnen sagten ihr oft, sie fühlten sich durch ihre organisatorische Kompetenz eingeschüchtert. Obwohl sie nach außen hin erfolgreich war, empfand Ingrid diese durchstrukturierte Umgebung als beengend. Ihr wahrer Wunsch war, wie wir herausfanden, andere zu lehren, ihre schöpferischen Talente einzusetzen. Als wir ihr erklärten, sie habe sich zu einem Meisterschaftsleben in Kreativität verpflichtet, lächelte sie und gab zu, daß ihre Arbeitsumgebung ihr schöpferisches Können nicht fördere. Sie beschloß, ihr eigenes Unternehmen zu gründen.

DAS „VOLLENDUNGSLEBEN“

Mit einem Vollendungsleben zusammenhängende Qualitäten umfassen einen Sinn für Dringlichkeit, perfektionistische Tendenzen sowie die Einbindung von Ressourcen und Lernergebnissen aus vielen früheren Lebenszeiten. Ebenso erkennbar ist das

Bedürfnis, angesammeltes Karma zu läutern. Das Vollendungspotential zieht Menschen an, die nicht geheilt oder in unerledigten Ereignissen verfangen blieben. Glücklicherweise hat man nach einem Vollendungsleben die Wahl, zur Erde zurückzukehren, um einen neuen Kreislauf im Seelenkontinuum zu beginnen oder einen anderen Ort im Universum aufzusuchen, um neue Erfahrungen zu sammeln.

Tom, Mitte sechzig, hatte sich vor kurzem aus einer erfolgreichen Geschäftskarriere zurückgezogen. Er konzentrierte sich auf die beratende Begleitung von jungen Menschen, die ihr eigenes Geschäft aufbauten und auf die ehrenamtliche Beratung von gemeinschaftsorientierten, nicht gewinnanstrebenden Gruppen. Er verbrachte einen beträchtlichen Teil seiner Zeit mit seinen drei Enkelkindern. Trotz seiner anhaltenden Leistungen fühlte er sich jedoch frustriert, unerfüllt und hatte ein dringendes Bedürfnis, „mehr zu leisten".

Als wir uns auf Toms Stellung im Seelenkontinuum einstellten, entdeckten wir, daß er in einem Vollendungsleben war, und daß er sich engagiert hatte, seine zahlreichen Lebenszeiten der Erfahrung zu vervollkommnen, indem er andere lehrte. Ganz aufgeregt darüber, daß er sich in Übereinstimmung mit seinem Seelenziel befand, konnte er rasch Frieden schließen mit seinem drängenden Bedürfnis, andere Menschen, einschließlich seiner Enkelkinder, zu fördern.

Ginger, eine Buchhalterin Anfang fünfzig, war unfähig, Zufriedenheit in ihren Beziehungen zu erlangen, obwohl sie als Erwachsene stets hingebungsvolle Partner angezogen hatte. Nach den Informationen von ihren Führern wurde uns klar, daß sie ein Vollendungsleben lebte und eine Seelenverpflichtung eingegangen war, schmerzliche Beziehungen aus der Vergangenheit zu heilen. Sie gab zu, nicht an frühere Lebenszeiten zu glauben, obwohl sie oft das Gefühl habe, daß ihre Partner ihr irgendwie vertraut seien. Wir ermunterten sie dazu, diese neuen Informationen zu verwenden, um das Heilungspotential innerhalb ihrer bestehenden Beziehungen auszuüben. Wir wiesen sie auch darauf hin, freundlich zu sich selbst und zu anderen zu sein.

Entwicklung in einem Kreislauf

Jede Lebenszeit, die mit Eifer in einem bestimmten Kreislauf verbracht wird, erhöht die Meisterschaft der Seele in diesem Themenbereich. Ein Übungsleben in einem Zyklus der Selbstdarstellung zum Beispiel liefert eine Fülle von Erfahrungen, wie man sein eigenes Ich zum Ausdruck bringt. Später kann ein Integrationsleben herbeigerufen werden, um diese Selbstdarstellung mit den Anforderungen einer Gemeinschaft, einer Gruppe oder einer Familie in Einklang zu bringen. Während eines Vollen-

dungslebens werden Mittel der Selbstdarstellung vervollkommnet, geläutert und vielleicht an andere weitergegeben.
Wenn die Seele den Kreislauf der Selbstdarstellung durchlaufen hat, ist sie frei, zwischen der Rückkehr zur Erde mit einem neuen Ziel oder dem Dienen in anderen Dimensionen zu wählen. Entscheidet sie sich für einen weiteren Zyklus auf der Erdebene, kann sie das Thema „Dienen“ wählen oder vielleicht „Macht“. Anschließend würde sie in ein Übungsleben in dem gewählten Kreislauf eintreten und somit auf dem Seelenkontinuum weiterwandern.
Um Ihren Platz im Seelenkontinuum zu bestimmen, beginnen Sie damit, jede Bindung an die oben angeführten Lebensbeschreibungen zu lösen. Versetzen Sie sich dann in jenen Zustand bedingungslosen Denkens, der oft als „Anfängergeist“ bezeichnet wird. Atmen Sie einige Male sanft ein und senden Sie Ihre Dankbarkeit dafür aus, daß Sie bereits die Informationen zu Ihrer Stellung besitzen. Bitten Sie Ihre Intuition um eine einfache Ja oder Nein - Antwort auf die Frage: „Befinde ich mich in einem Übungsleben?“ Fahren Sie fort, zu jeder Lebenszeit Fragen zu stellen, bis Sie ein „Ja“ erhalten, das richtig klingt. Um sich selbst zusätzlich zu fordern, fragen Sie weiter zum Thema des Lebens. Folgen Sie diesen Richtlinien auch in der Arbeit mit anderen Menschen.
Bedenken Sie in Ihrer Suche nach Antworten, daß alle Lebenszeiten im Seelenkontinuum mit dem Tod enden, welcher zu einem Rückblick auf frühere Leben führt. An dieser Stelle durchdenkt die Seele ihren ursprünglichen kosmischen Bericht und bewertet ihren Fortschritt. Je nach ihren Wünschen für zukünftiges Wachstum und zukünftige Entwicklung beschließt die Seele, auf der Erde wiedergeboren zu werden oder in anderen Dimensionen weiter zu lernen oder zu dienen. Die Entscheidungen zur Reinkarnation werden von Bitten nach einer bestimmten Zeit, einer bestimmten Seelengruppe oder -familie und sogar nach einer geographischen Lokalisierung für die Wiedergeburt begleitet. Der Rückblick auf frühere Leben endet mit der Formulierung von Seelenvereinbarungen.

Zwei
SEELENVEREINBARUNGEN

„Wenn eine innere Situation nicht ins Bewußtsein gelangt, vollzieht sie sich äußerlich als Schicksal."

Carl Jung

Vor der körperlichen Inkarnation trifft jede Seele Vereinbarungen mit einem oder mehreren Menschen, um das Entwicklungswachstum aller Beteiligten zu fördern. Die Vereinbarungen werden auf individueller, gegenseitiger oder auf Gruppenbasis geschlossen. Solche „Gelübde" sind bindender als Verpflichtungen, die auf der Erdebene eingegangen werden.

Informationen über Ihre Seelenvereinbarungen können Ihnen helfen, Entscheidungen in Übereinstimmung mit den Regeln Ihres Wesens zu treffen und Sie können dadurch aktiv in Ihre Evolution eingreifen. Die Offenlegung der Seelenvereinbarungen wird viele Zwangslagen der Menschen, mit denen Sie arbeiten, klären und die Anerkennung der Rolle, die diese Vereinbarungen in ihrer Entwicklung spielen, vertiefen.

Individuelle Vereinbarungen

Eine individuelle Vereinbarung wird getroffen, wenn eine Person eine Inkarnation eingeht, um einen bestimmten Aspekt eines früheren Lebens zu heilen. Obwohl der zu heilende Punkt andere Individuen mit einbeziehen mag, besitzen diese keine Kenntnis von dem Gelübde.

Robin war in einem früheren Leben ein im Zölibat lebender Priester und in eine verheiratete Frau aus der Pfarrgemeinde verliebt gewesen. Er gab seiner Liebe niemals offen Ausdruck, obwohl er ihr ganze Bände von heimlichen Gedichten widmete. Und obwohl diese Frau keine solche Vereinbarung mit ihm einging, verpflichtete er sich, sein nächstes Leben mit ihr zu verbringen.

Zum Zeitpunkt seiner Sitzung war Robin besessen von der Frau seiner früheren Träume, doch sie wies ihn ab, weil er zu fordernd war. Nur indem er, wie in Kapitel 11 beschrieben, sein ursprüngliches Gelübde brach, machte er sich frei für die Liebe zu einer Frau, die ihn ebenfalls liebte.

Gegenseitige Vereinbarungen

Eine gegenseitige Vereinbarung wird getroffen, wenn zwei Menschen geloben, gemeinsam wiedergeboren zu werden, um unerledigte Aufgaben zu vollenden. Um ihren Kreislauf von Verlassen und Verrat aus einem früheren Leben zu heilen, hatten Rachel und Beth vereinbart, in dieser Lebenszeit den Todesprozess gemeinsam zu durchleben. Ihre Vereinbarung legte nicht fest, wer zuerst sterben sollte, sondern bestimmte lediglich, daß beide Frauen anwesend sein würden, wenn eine von ihnen im Sterben läge. In ihrem ganzen Leben waren die Frauen beste Freundinnen, bis Beth an Brustkrebs erkrankte und sich zurückzog. Rachel wußte intuitiv, daß ihre Freundin starb, doch sie konnte sie nicht finden und erfuhr erst nach ihrem Begräbnis von ihrem Tod.

Rachel machte sich Vorwürfe, weil sie nicht bei Beth war, als diese starb. Durch Schuldgefühle motiviert, beschloß sie, psychisch eine Verbindung mit der Energie ihrer Freundin einzugehen, und vereinte sich schließlich mit dem Teil von Beth, der an Brustkrebs gestorben war.

Während ihrer Sitzung erkannte Rachel, daß es Beth war, die ihren Teil der Seelenvereinbarung nicht eingehalten hatte. Wir baten Rachel eindringlich, das Gelübde, das sie an ihre Schuld band, zu brechen. Doch sie lehnte ab und beschloß, die volle Verantwortung zu übernehmen dafür, daß sie ihrer Freundin im Sterben nicht beigestanden war. Damit katapultierte sie sich zurück in den bekannten Verlassen-Verrat Kreislauf. Zwei Jahre später erkrankte Rachel an Brustkrebs und starb. Ihre gegenseitige Seelenvereinbarung, unerfüllt und ungebrochen, bindet die beiden Frauen an ihr Gelübde und an das Bedürfnis nach einem gemeinsamen Rückkehrleben.

Gruppenvereinbarungen

Eine Gruppenvereinbarung wird getroffen, wenn mehrere Individuen geloben, zur Erweiterung oder Vollendung laufender Prozesse gemeinsam zu inkarnieren.

Rosalie bietet jeden Sommer einen achttägigen Kurs am „Creative Problem Solving Institut" in Buffalo, New York, an, in dem sie einst als Studentin eingeschrieben war. Im ersten Jahr am Institut erkannte sie mehrere ihrer Lehrer aus früheren Leben. Sofort tauchte die Erinnerung an Seelenvereinbarungen auf, die auch sie anerkannten. Es stellte sich heraus, daß Rosalie und ihre früheren Lehrer vereinbart hatten, ihre persönlichen Seelenfrequenzen zusammenzufügen, um die Entwicklung des schöpferischen Prozesses zu fördern. Nun, da viele Mitglieder der ursprünglichen Seelen-

gruppe im Geiste wohnen, überspannt die Vereinbarung wieder Dimensionen.
Versuchen Sie die Standbild-Technik, um Ihre Seelenvereinbarungen aufzudecken. Sie wird Ihr kosmisches Photoalbum öffnen, das Vereinbarungen enthält, um das Wachstum und die Entwicklung Ihrer Seele zu fördern. Beginnen Sie mit einigen sanften Atemzügen und beruhigen Sie Ihren Geist. Atmen Sie dann in Ihr Herz hinein und teilen Sie Ihre Bereitschaft mit, Zugang zu Ihren Seelenvereinbarungen zu erlangen. Bitten Sie Menschen, die Sie gekannt haben, vor Ihnen aufzumarschieren, ob diese Menschen nun auf der Erde oder im Geiste wohnen. Denken Sie über die genauen Umstände Ihrer ersten Begegnung nach, während jeder von ihnen in Ihrem Bewußtsein Form annimmt. Jedes Mal, wenn ein Bild dem Standbild entspricht, das Sie von Ihrer ersten Begegnung haben, ist die Wahrscheinlichkeit groß, daß Sie einen Schicksalsfaden mit diesem Individuum teilen.
Wann immer eine Standbild-Erfahrung auftaucht, fragen Sie sich: „Worin besteht meine Seelenvereinbarung mit ...?“ Bedenken Sie, daß manche Menschen die Rolle eines Lehrers von Schattenweisheiten spielen, indem sie Ihnen Ihre Seelenwahrheit durch Herausforderung zum Ausdruck des Gegenteils nahebringen!
Gehen Sie alle Vereinbarungen durch und aktualisieren Sie diese im Hinblick auf Ihr gegenwärtiges Seelenziel. Fragen Sie sich: „Auf welche Weise dient diese Vereinbarung nun der Entwicklung meiner Seele?“ Folgen Sie diesen Richtlinien auch in der Arbeit mit anderen Menschen. Und denken Sie dabei daran, daß das Wesen stets nach Entwicklung trachtet.

Teil II

Bewußtsein – Der Weg zur Orientierung

Drei
DER WEG ZUR ORIENTIERUNG

„Der Gedanke ist der Vater jeder Tat"
Ralph Waldo Emerson

In jeder Lebenszeit auf Erden erinnert uns das „Bewußtsein" , das den Seelenzustand widerspiegelt, in unterschiedlichem Ausmaß daran, daß wir spirituelle Wesen sind, die lernen, menschliche Wesen zu werden. Je multidimensionaler unser Bewußtsein ist, um so fähiger sind wir, diese Sicht aufrechtzuerhalten und uns sogar an den Vorgaben unserer Seele zu orientieren.

Die menschliche Natur gegen die Natur der Essenz

Als menschliche Wesen sind wir mit „menschlicher Natur" versehen, bestehend aus Intelligenz, Gefühlen, einem physischen Körper und einer Persönlichkeit. Die „Persönlichkeit" sorgt sich um Trivialitäten, strebt nach Anerkennung, erfährt Leere, konzentriert sich auf Ziele und Ergebnisse und manipuliert sich selbst, andere und die Umgebung. Die Persönlichkeit hat auch ihre Freude an Dramen, Scham und Schuld, und es gelingt ihr, uns durch einschränkende Überzeugungen an unsere Vergangenheit zu ketten.
Die folgenden sind Zeichen dafür, daß wir uns nicht in Übereinstimmung mit unserer menschlichen Natur befinden:

Desorientierung
Angst
Emotionelle Unbeständigkeit
Mangel an Energie
Krankheit
Unfähigkeit, Verpflichtungen einzuhalten
Fehlen von Zielen

Als spirituelle Wesen besitzen wir eine Seele, die uns sowohl mit früheren als auch mit zukünftigen Leben verbindet sowie Weisheit, einen Sinn für Universalität,

Heilfähigkeiten und schöpferisches Potential. Unter den Zeichen, daß wir nicht an unserer Essenz orientiert sind, nennen wir folgende:

Wiederholung von ungesunden Mustern
Verwirrung
Mangel an Kontakt mit Führern und Lehrern
Unfähigkeit, Zugang zur Intuition zu erlangen
Beschränkter kreativer Ausdruck

Im günstigsten Fall wird die Ausrichtung auf unsere menschliche Natur die Orientierung an unserer Essenz nicht stören. Manchmal wird jedoch die Persönlichkeit, die sich mit Sicherheit, Trennung und Knappheit identifiziert, eine bestimmte Erfahrung verlangen, während die Seele, die nur Ganzheit und Überfluß kennt, eine andere wünscht. Laut „Ein Kurs in Wundern" spricht in solchen Augenblicken der Spannung stets an erster Stelle die Persönlichkeit; sie ist am lautesten und sie irrt. Das Gute ist, daß die Wahl bei Ihnen liegt: Sie können entweder aufgrund Ihrer menschlichen Impulse oder Ihrer Seelenwünsche handeln.

Um empfänglicher zu werden für Ihre Seelenenergien, brauchen Sie lediglich Ihr Bewußtsein über sie zu erweitern. Das Bewußtsein besitzt wie die Wirklichkeit viele Dimensionen. Menschen, die von verschiedenen Bewußtseinsebenen aus oder in verschiedenen Schwingungsfrequenzen wirken, reagieren auf ein und dasselbe Ereignis mit unterschiedlichen Gefühlen und Einsichten. Doch die zugrundeliegende Wahrheit ist, daß wir stets mit allen Dimensionen der Wirklichkeit zusammen handeln, auch wenn wir uns dessen nicht bewußt sind. Wann immer Sie selbst oder eine Gruppe, mit der Sie arbeiten, eine Erinnerung daran brauchen, sollten Sie die Multidimensionale Meditation auf Seite 177 oder die Gruppenmeditation Multidimensionales Dasein auf Seite 178 durchführen.

Das Bewusstsein erweitern

Eine Möglichkeit, Ihr Bewußtsein zu erweitern, besteht darin, Verantwortung für Ihre Gedanken zu übernehmen. Sich mit gezielter Aufmerksamkeit seinen Gedanken zu widmen verteilt die Energie neu und hebt rasch das Bewußtsein auf eine neue Ebene. An diesem Punkt Handlungen setzen veranlaßt die Wirklichkeit, diese erhöhte Bewußtseinsebene widerzuspiegeln. Diese Reflexion geschieht, weil der Wille, der von der Energie abhängt, beschleunigt wird, wenn Absicht und Handlung ihn stützen. Weil Gedanken Schwingungen aussenden, versetzen Sie allem Antrieb, dem Sie Ihre Absicht schenken. Wenn Sie sich auf Verurteilung konzentrieren, wird diese auf Sie

zukommen, eine Welle von Negativität mit sich ziehend. Wenn Sie sich auf Liebe ausrichten, werden Sie die einigende Kraft anziehen, die alle Wunden heilt. Dem Autor Alan Cohen zufolge stellen jede Beziehung, jede Erfahrung und jedes Ereignis in unserem Leben eine Spiegelung des Ausmaßes dar, in dem wir uns selbst lieben. Wenn Sie mehr Liebe in Ihrem Leben wollen, sollten Sie liebevoller sein, meint er.
Ein weiterer Weg zur Bewußtseinserweiterung liegt im Loslassen von einschränkenden Überzeugungen hinsichtlich Beziehungen, Finanzen, Gesundheit, Macht und Karriere. Denken Sie zuerst an Bereiche, in denen Sie Mangel, Groll oder Leiden erleben. Identifizieren Sie dann die Einschätzung Ihrer selbst, die Mangel, schlechten Willen oder Leiden anzieht. Lassen Sie schließlich los.
Wenn Ihr Engagement für eine Stärkung der Seele an Macht gewinnt und Sie beginnen, mit höheren Frequenzen und erweiterten Perspektiven an das Leben heranzugehen, werden neue einschränkende Überzeugungen hervorkommen, um Sie neuerlich herauszufordern. Das ist ein Zeichen dafür, daß Sie auf dem richtigen Weg sind. Dem Prinzip der Co-Entstehung zufolge werden um so mehr verbleibende und zu verwandelnde Aspekte Ihrer menschlichen Natur, die nicht mit Ihrer Essenz übereinstimmen, auftauchen, je mehr Sie sich auf Ihre Essenz ausrichten. Bedenken Sie, daß alle Schmerzerfahrungen, seien sie körperlich, mental, emotional oder spirituell, einen Widerstand gegenüber Ihrem Seelenziel darstellen.

Hier eine Liste verbreiteter einschränkender Überzeugungen:

„Wenn ich mir erlaube, so kompetent zu sein, wie ich weiß, daß ich es bin, laufe ich Gefahr, ohne Partner zu bleiben."

„Es ist selbstsüchtig, mir Zeit für mich selbst zu nehmen."

„Ich kann nichts genießen, wenn jemand, den ich liebe, leidet."

„Ich wäre nichts lieber als ein Künstler (oder Heiler, Lehrer, freiwillig Dienender), doch ich bringe es nicht fertig, mich darin zu unterstützen, zu tun, was ich gerne tue."

„Wenn nicht ich die Verantwortung dafür übernehme, einen festen Halt in meiner Familie zu schaffen, wer sollte es dann tun?"

Es ist nicht sicher für mich, mir selbst Ausdruck zu verliehen."

„Ich weiß, daß ich Dinge ändern müßte, doch ich kann es nicht ertragen, jemandem weh zu tun."

„Ich muß leiden, um spirituell zu wachsen."

„Ich werde nie jemanden treffen, der mich versteht und der mich liebt."

„Frauen sollten nicht ehrgeizig sein (oder sexuell, gescheit, machtvoll)."

„Männer sollten nicht sensibel sein (oder intuitiv, expressiv, liebevoll)."

„Ich kann .... nicht herausfordern, weil es ihn umbringen würde."

„Wenn ich mich entspanne, werde ich nicht genug Geld verdienen."

„Wenn ich ... genug liebe, wird er mich auch lieben."

„Ich bin zu alt, um wieder zur Schule zu gehen (für eine Scheidung, Wiederheirat, Auseinandersetzung mit meinen Eltern)."

„Glück ist nie von Dauer."

„Wegen meiner Kindheit bin ich nun in einem schrecklichen Zustand - und ich werde nie anders sein."

„Ich kann meine Gefühle nicht ändern. Ich habe mich stets als weniger kompetent (schön, intelligent, kreativ) als andere erachtet."

„Ich muß alles allein machen."

Erschliessung der Organisationsprinzipien Ihrer Seele

Organisationsprinzipien sind persönliche Wahrheiten, die unser tägliches Leben leiten und uns eine klare Vorstellung von Ziel und Bedeutung geben. Sie dienen auch dazu, scheinbar unzusammenhängende Ereignisse in unserem Leben zu einigen und erweitern somit unsere Perspektive. Eine andere Art, Organisationsprinzipien zu sehen, ist sie als Seelenwerte oder Vorgaben unseres Wesens zu bezeichnen.
Um die Organisationsprinzipien der Seele erkennen zu lernen, denken Sie über die folgenden Fragen nach: Wo liegen die seelenbildenden Ereignisse Ihres Lebens? Was haben Sie stets geliebt? Was haben Sie immer gewußt?
Auch die Persönlichkeit besitzt Organisationsprinzipien. Manche von diesen fördern Leugnung, Kampf und Drama. Indem Sie die Organisationsprinzipien der Persönlichkeit in Ihrer Herkunftsfamilie identifizieren, können Sie auch die Organisationsprinzipien Ihrer Seele klären.
In Rosalies Familie waren zum Beispiel die wichtigsten Organisationsprinzipien Pflicht und Verantwortung. Viele Jahre lang verwechselte sie Liebe (das primäre Organisationsprinzip ihrer Seele) mit Pflicht und Verantwortung. In Michaels Familie waren die Organisationsprinzipien Angst und Knappheit. Er verbrachte Jahrzehnte damit, Heilen und emotionales Gleichgewicht zu erlernen (seine Organisationsprinzipien). Welche Prinzipien wurden von Ihren Eltern vorgeführt? Welche Rolle spielten sie in ihrer Entwicklung?

Folgen Sie diesen vier Schritten, um die Identifizierung der Organisationsprinzipien Ihrer Seele weiterzutreiben:

1 Listen Sie zehn zentrale Übergangsereignisse in Ihrem Leben auf. Kümmern Sie sich nicht darum, ob die Wendepunkte positiv oder negativ waren, gewählt wurden oder sich ergeben haben.

2 Fordern Sie Ihre Führer und Lehrer auf, Ihnen beim Zugang zur tiefsten Bedeutung dieser Ereignisse beizustehen. Merken Sie zu jedem Ereignis Ihrer Liste dessen Bedeutung an. Entspannen Sie sich - diese Übung handelt vom Zulassen, nicht von Verurteilungen oder Herausfinden von Antworten.

3 Nennen Sie neben jedem Ereignis drei Menschen, die Sie während dieses Überganges unterstützt haben. Atmen Sie tief ein, und halten Sie dann die Organsationsprinzipien fest, die diese Menschen unterstützten.

4 Beachten Sie, wie alle diese Ereignisse dazu beitrugen, die Organisationsprinzipien Ihrer Seele zu stärken und hervorzuheben.

Vermutlich haben Sie sich bereits die ganze Zeit auf die Organisationsprinzipien Ihrer Seele zubewegt. Wenn dem so ist, sollten Sie Ihren Fortschritt anerkennen. Geben Sie sich vielleicht einen besonderen Namen dafür, daß Sie jedes der Übergangsereignisse auf Ihrer Reise gemeistert haben. Wenn Sie in schöpferischer Laune sind, wählen Sie einen Namen, der alle Übergänge auszeichnet.
Harmonie, ein Gefühl des inneren Wissens und der Freude werden die Gewißheit der Ausrichtung auf die Organisationsprinzipien Ihrer Seele spiegeln. Wenn Sie diese Orientierung aufrechterhalten, werden Kraft, Kreativität und Weisheit das Gefühl der Seelenstärkung bereichern.

Vier

INTUITION: DER WEG ZUR INNEREN FÜHRUNG

„Immer, wenn wir die multidimensionale Wirklichkeit erreichen, erweitern wir unsere Fähigkeit, Ausdrucksträger unseres eigenen Lebens zu sein."

Chris Griscom

Die Intuition funktioniert wie ein Walkie-Talkie zwischen der Seele und der Persönlichkeit. Eine gut entwickelte Intuition ist in der Lage, von unserer Essenz ausstrahlende energetische Impulse zu übertragen und sie sogar zu verstärken. Intuition kann auch Impulse auffangen, die von anderen Menschen ausgehen. Dem weltweit angesehenen Parapsychologen und Heiler Edgar Cayce zufolge muß jeder, der Interesse an der Entwicklung der Intuition hat, eine Verbindung zwischen Geist, Körper und Seele bilden, um das Selbst als Mittel für die Quelle zu nutzen. Der alte chinesische Weise Lao-Tse riet dazu, nach Wegen zu streben, um das Männliche zu verstehen und am Weiblichen festzuhalten.

DIE „INNERE FÜHRUNG" ÖFFNEN

Die „Intuition" übermittelt Informationen oft durch Symbole und wird als ein „empfundenes Wissen" erfahren. Wenn wir beginnen, Botschaften von unserer Intuition zu empfangen, reagieren wir mit Gänsehaut, geröteten Wangen und Herzklopfen. Im Laufe der Zeit, wenn wir vertrauter mit diesen Übermittlungen sind, werden die Zeichen subtiler, vielleicht ein sanftes Gefühl der Berührung auf den Wangen, ein leichtes Haaresträuben im Nacken, oder ein Gefühl von Wärme und Wohlbefinden über den ganzen Körper. Je mehr wir nach der inneren Führung der Intuition handeln, um so mehr zeigen wir Kraft, Klarheit und Reinheit. Laut Autor Shakti Gawain erfahren wir jedes Mal, wenn wir unserer inneren Führung nicht folgen, einen Energiesturz, einen Verlust von Kraft und eine „spirituelle Taubheit".
Qualität und Quantität der erhaltenen Informationen hängen von der Gesundheit des emotionalen Körpers ab. Warum? Weil der emotionale Körper als Empfänger dient, der alle einlangenden Impulse in Informationen umwandelt. Der Empfänger des Walkie-Talkie, der mit dem menschlichen Körper am Solarplexus verbunden ist, existiert auf der Astralebene außerhalb der menschlichen Zeit. Als solcher ist er außer-

ordentlich empfänglich und nimmt Frequenzen aus allen Dimensionen auf.
Menschen mit einem gesunden „emotionalen Körper" haben Zugang zu den beschleunigten Frequenzen der Essenz. Wer Traumata, Wut, Groll, Schmerz oder Verurteilung, die seinen emotionalen Körper verdunkeln, nicht losgelassen und geheilt hat, hat keinen Zugang. Solchen Menschen fehlt es an Information und Klarheit, womöglich auch an Dimensionalität, da der ungeheilte emotionale Körper womöglich gleichzeitig Impulse von der unterdrückten emotionalen Energie umwandelt. Bedenken Sie diesen Punkt, wenn Sie um intuitive Informationen bitten. Vergessen Sie auch nicht, den „Intellekt" beiseite zu schieben. Der Intellekt soll auf den zweiten Rang verbannt werden, weil er versuchen wird, den Eingang von Informationen zu analysieren, zu bearbeiten und zu interpretieren, und dabei nur einen kleinen Teil des Bewußtseins einsetzen wird. Der Intellekt ist nicht gut ausgerüstet, um mit multidimensionalen Energien in Kontakt zu treten. Seine Rolle liegt einfach darin, eine konzentrierte Absicht aufrecht zu halten, um dem Überfluß an Informationen, der Sie erreicht, Form zu verleihen. Doch verachten Sie nicht die Rolle, die Ihr Intellekt spielt. Eine durch Ihre Intuition empfangene Führung ohne die Unterstützung Ihres Intellekts könnte einfach Ihre Lebenskraft herabsetzen und Sie in einen Zustand überwältigender Verwirrung stürzen.
Indem Sie Ihre Intuition einladen, Sie zu führen und Ihren Intellekt auffordern, Sie zu unterstützen, erfolgt ein unablässiges In-Frage-Stellen von alten Überzeugungen und bedingtem Denken. Um die Übermittlung zu erleichtern, versuchen Sie sich den Körper vorzustellen, der mit seinem Intellekt und seiner Intuition wie eine Vase den Strauß des Geistes hält. Wenn Sie sich auf Ihre Intuition verlassen und Ihr inneres Wissen mit Ihrem Intellekt unterstützen, werden die Gefühle und die Bedeutung sich vermischen und ihre Informationen holografisch übermitteln. Aus der Perspektive des Körpers als Vase gibt es keinen Unterschied zwischen dem Spüren von Informationen und dem Begreifen ihrer Bedeutung.

Eine intuitive Seelenlesung führen

Eine von Rosalies bevorzugten Methoden, ihre Intuition zu nutzen, ist die Führung von Seelenlesungen. Eine „Seelenlesung" ist eine energetische Interpretation einer individuellen psychospirituellen Entwicklung. Sie liefert den Entwurf des Seelenzieles eines Menschen, seiner Seelenqualiäten, Lebenslektionen und Persönlichkeitsaspekte. Die Prüfung endet mit Einblicken zur Unterstützung des weiteren spirituellen Wachstums.
Die Voraussetzungen für die Durchführung einer Seelenlesung sind einfach. Damit

der Geist sich manifestieren kann, müssen Sie einen Raum voll Liebe schaffen, da die Energie der Liebe das Zusammenwirken zwischen den Dimensionen fördert. Konzentrieren Sie Ihre Gedanken auf Harmonie, um eine unterstützende mentale Aktivität zu bekommen. Die Mischung von Liebe und Harmonie wird Ihr Energiefeld für den Geist unwiderstehlich machen. Führen Sie schließlich mit Ihrem Enthusiasmus, oder entsprechend der ursprünglichen Bedeutung des Wortes, Ihrer Begeisterung „voll von Gott" zu sein.
Der folgende Ablauf ist zu empfehlen:

1 Entspannen Sie Körper, Geist und Gefühle.
2 Konzentrieren Sie sich auf das Füllen mit Liebe.
3 Bejahen Sie. („Ich bin ein Mittel für die Quelle.")
4 Erweitern Sie Ihr Energiefeld, um mit demjenigen der Person, mit der Sie arbeiten, zu verschmelzen.
5 Artikulieren Sie die Information, die Sie erhalten.
6 Befragen Sie Ihre Führer zur tieferen Bedeutung.
7 Erweisen Sie Ihren Führern Dank.

VORBEREITUNG

Beginnen Sie mit Entspannung, um Ihre Intuition zu öffnen. Fühlen Sie, wie alle Ihre Zellen und der Raum zwischen ihnen, lächeln. Öffnen Sie Ihr Energiefeld, indem Sie sich zwei Linien vorstellen, die von Ihrem Kopf zu Ihren Führern hinleiten: eine Linie für den Empfang von Informationen und die andere Linie, um Dank auszusenden. Beginnen Sie, innerlich aufmerksam zu werden, während Sie sich weiter entspannen. (Siehe Entspannungsmeditation Seite 175).
Richten Sie Ihre Aufmerksamkeit auf das Anreichern mit Liebe, die nach der hl. Klara Quelle allen Wissens ist. Sagen Sie Ja zur Liebe, während Sie einatmen. Beachten Sie, daß Ihr Körper instinktiv weiß, wieviel Energie er beim Einatmen aufnehmen und beim Ausatmen loslassen soll. Erlauben Sie sich, Ihrem Enthusiasmus Ausdruck zu verleihen und sich dem multidimensionalen Bewußtsein zu ergeben. Fahren Sie dabei fort, tief zu atmen. Der Atem ist der Antrieb der Liebe.
Beteuern Sie Ihre Absichten. Affirmationen - das sind positiv ausgedrückte Ich-Aussagen - wenden sich an das Unbewußte. Bedenken Sie, daß Sie werden, worauf Sie Ihre Aufmerksamkeit lenken.

Beispiele von Affirmationen können umfassen:

„Ich bin eins mit dem Geiste und ich genieße mein Verbundensein mit dem Göttlichen."

„Ich bin ein Kanal für die Liebe Gottes."

„Mit Neugierde und Entzücken heiße ich alle bewußten Wesen aus allen Dimensionen willkommen, die mit meiner Seele übereinstimmen."

„Ich bin ein Mittel für die Quelle."

Wenden Sie Ihre Aufmerksamkeit auf einen mühelosen Zugang zur göttlichen Wahrheit. Übung, nicht Anstrengung, wird Ihr Bewußtsein erweitern und den Erfolg sichern. Denken Sie daran, daß die Übermittlungen Ihnen 24 Stunden am Tag zugänglich sind.

Die Energie folgt dem Gedanken. Wenn Sie Ihre Bereitschaft, ein Kanal für Gottes Liebe zu sein, beteuern, dann werden Sie zu diesem Kanal! Daher ist es wichtig, Ihre Selbstsicherheit ebenso aufrecht zu erhalten wie die Wertschätzung dafür, daß Ihnen diese Gelegenheit geboten wird, zu dienen. Verurteilungen, Vergleiche und Gefühle der Wertlosigkeit verringern nur Ihr Energiefeld. Sie sind verantwortlich dafür, gegenwärtig zu bleiben, während der Geist dafür zuständig ist, Informationen zu liefern und die Heilung zu erleichtern.

Erweitern Sie Ihr Energiefeld, um Ihre Führer und Lehrer ebenso wie Ihre Seelenverbände in den devischen und elementaren Reichen, dem Reich der Inneren Erde und des Weltraumes und im Engelsreich zu umfassen (siehe Meditation der Seelenverbände Seite 179). Sie werden die Gegenwart dieser Wesen durch eine Veränderung der Energie im Raum oder durch eine deutliche Leichtigkeit des Seins wahrnehmen. Sie werden auch eine Verlangsamung Ihres Stoffwechsels erfahren.

Wenn Sie Ihr Energiefeld bis zum Überfließen angefüllt haben, wird es Zeit, sich mit der Person, mit der Sie arbeiten, als der von Ihnen geliebten, die für Sie in diesem Moment wichtigsten Person der Welt zu verschmelzen. Um die Energie Ihres Wesens mit der Energie dieses Menschen zu vereinen, lassen Sie Ihren Atem und Ihre Absicht Ihre Energie in Wellen bewegen, bis sie sich mit dem Herzen der geliebten Person verbindet. Beteuern Sie noch einmal Ihre Begeisterung, als Mittel für die Quelle zu dienen. Dann beschenken Sie die betreffende Person sanft mit Ihrer überfließenden Gegenwart.

Wesen gibt dem Wesen Antwort. Wenn Sie sich daher bewußt mit dem Wesen der

Person, mit der Sie arbeiten, vereinen, wird deren Energiefeld sich automatisch zum Empfang öffnen, wie Blütenblätter sich der Sonne entfalten. Indem Sie sie mit immer mehr Liebe umgeben, wird ihr Energiefeld größer. Bedenken Sie, daß ihr Energiefeld sich nichts sehnlicher wünscht, als auf der Ebene der Seele erkannt und aufgenommen zu werden.
Energie aus anderen Dimensionen bedeutet Information auf der Erdebene. Daher wird alles, was Sie über das Seelenziel, die Seelenqualitäten, Lebenslektionen und sogar über Persönlichkeitsaspekte wissen müssen, aus dem Herzen der Kunden fließen. Versuchen Sie nicht, sondern lieben Sie. Gebündelte Absicht ist wie ein Riesenmagnet, der die gewünschten Informationen anzieht, und indem Sie mit Absicht an sie herangehen, wird die Information Form bekommen. Seien Sie bedacht, die Informationen in Liebe wurzeln zu lassen und sie mit Mitgefühl zu übermitteln. (Anmerkung: Vergessen Sie nicht, während des Entzifferns tief zu atmen. Der Atem erleichtert den Energiefluß zwischen den Dimensionen.)

DAS SEELENZIEL ERREICHT

Bitten Sie Ihre Führer um Informationen über das Seelenziel der Menschen, mit denen Sie arbeiten. Im Augenblick, in dem Sie Ihren ersten Eindruck erhalten, ein Gefühl, ein Wort oder ein „Wissen“, sollten Sie ihm Ausdruck verleihen. Intuition wird in dem Maße erfahren, in der sie ausgedrückt wird. Um zu beginnen brauchen Sie keinen Überfluß an Informationen. Sagen Sie nur: „Das Erste, was ich fühle, ist ....“. Klarheit wird folgen.
Die Informationen über das Seelenziel Ihrer Klienten werden auf die Organisationsprinzipien ihrer Seele konzentriert sein. Im Bewußtsein dieser Prinzipien werden sie in der Lage sein, Entscheidungen zu treffen und Handlungen zu setzen, die mit diesen übereinstimmen. Dies sind die erforderlichen Informationen, um Richtung, Kontinuität und Bedeutung im Übergang von persönlicher Stärkung zur Stärkung der Seele zu fördern.

Einige Beispiele von Seelenzielen:

Kommunikation: Selbstausdruck, Einstellung auf die eigenen Bedürfnisse und jene anderer Menschen, Ausdruck von Mitgefühl gegenüber sich selbst und anderen, Empfänglichkeit für Träume, Schreiben, Lehren, Kommunikation mit Tieren und Pflanzen, Kommunikation mit Führern und anderen Wesen in verschiedenen Dimensionen, Kommunikation mit dem Geist.

Emotionale Entwicklung: Ausdruck der gesamten Skala an Gefühlen, emotionale Aufrichtigkeit, emotionales Gleichgewicht, Anerkennung von emotionalen Grenzen, Wahrnehmung, Flexibilität, Aufgabe von Verurteilungen, Lösen der emotionalen Starre.

Heilung: Selbstheilung, Heilung anderer Menschen, Heilung von Tieren, Heilung von Pflanzen, Heilung des Landes, Heilung der Erde, Verhaltensheilung, Heilung früherer Leben, Einsatz von Gebet, Energiearbeit, Musik, Farben, Kunst, Humor.

Individuierung: Selbstbehauptung, Selbstakzeptanz, Vertrauen in persönliche Bedürfnisse, Wünsche und Gefühle, Bereitschaft wahrnehmbar zu sein, persönliche Berechtigung, Kreativität, Ziele, Träume, Selbsterforschung, Entwicklung und Verbesserung des Denkens.

Liebe: Selbstliebe, Liebe für andere Menschen, Verzeihung, Sinnlichkeit, Intimität, Sexualität, universelle Liebe, Liebe für Schönheit, Liebe zur Natur, Landliebe, Liebe zur Wahrheit, mütterliche Liebe, väterliche Liebe, Geschwisterliebe, Liebe zu einer bestimmten Sache oder für eine Berufung.

Kraft: der richtige Einsatz des Willens, Anerkennung von Wahlmöglichkeiten, Kreativität, Selbststärkung, kollektive Stärkung, Macht durch Gegenwart, politische Macht, die Kraft, Wünsche und Ideen zu zeigen, Macht in der Welt, die Kraft, Überfluß zu schaffen, Stärkung der Seele.

Dienst: Dienst an der Gemeinschaft, religiöser Dienst, Dienst am Planeten, interdimensioneller Dienst, großzügiges Anbieten von Zeit und Talenten.

ZUGANG ZU SEELENQUALITÄTEN

Nun sind Sie bereit, Informationen über die Seelenqualitäten, oder „spirituellen Fingerabdruck" der Menschen, mit denen Sie arbeiten, zu erhalten. Bitten Sie wie immer Ihre Führer um Beistand. Sie können sich diese Merkmale vorstellen, die wie Sonnenstrahlen von der Sonne ausgehen, wobei die Sonne den Geist darstellt. Die betreffende Person mag bereits vor der gegenwärtigen Inkarnation beschlossen haben, manche dieser Qualitäten zu behandeln.

Hier eine unvollständige Liste von Seelenqualitäten:

Anerkennung
Ausdauer
Begeisterung
Bereitschaft
Bewegung
Dankgebung
Dienst
Disziplin
Durchziehen
Effizienz
Ehrlichkeit
Einfachheit
Empathie
Empfänglichkeit
Empfindsamkeit
Enthusiasmus
Erkennbarkeit
Erziehung
Flexibilität
Freiheit
Freundlichkeit
Frieden
Führungsvermögen
Geduld
Glaube
Gleichgewicht
Gnade
Großzügigkeit
Harmonie
Hegen
Heilung
Humor
Individuierung
Initiative
Integrität
Intelligenz
Intuition
Klarheit
Kommunikation
Konzentrierung
Koordinierung
Kraft
Kreativität
Lehren
Leidenschaft
Lernen
Liebe
Lösen
Loyalität
Macht
Mitgefühl
Mut
Öffnung
Risikobewußtsein
Schönheit
Selbstachtung
Selbstausdruck
Selbstliebe
Spontaneität
Stabilität
Synthese
Überfluß
Unterwerfung
Verantwortung

Verfeinerung
Verherrlichung
Verständnis
Vertrauen
Vitalität
Wahrnehmung
Ziel
Zusammenarbeit
Vergebung
Verspieltheit
Verwandlung
Vorstellungskraft
Wille
Zufriedenheit

ZUGANG ZU LEBENSLEKTIONEN

Konzentrieren Sie nun Ihre Absicht auf den Empfang von Informationen über die Lebenslektionen Ihrer Klienten, das heißt die Themen, durch die deren Seele nach weiterem Wachstum und weiterer Entwicklung strebt. Die Informationen, die Sie geben, werden ihnen helfen, die Motive zu bejahen, die zur Entwicklung ihrer Seele beitragen und diejenigen abzulehnen, die lediglich das Lebensdrama vergrößern. Die aufrecht erhaltene Orientierung an Ihrer Intuition schafft einen wunderbaren Tanz zwischen einem sich Im-Fluß-Befinden und der genauen Übersetzung der Flußenergie (Information).

Lebenslektionen treten unter anderem in den folgenden Bereichen auf:

Selbstverurteilung heilen
Schweigen und Selbstverleugnung überwinden
Selbsthilfe und Hilfe für andere Menschen ins Gleichgewicht bringen
Über den Status quo lernen
Die Übernahme von Risiko üben
Komplexität durch Einfachheit ersetzen
Selbstbestimmte Entscheidungen treffen
Sich an der eigenen Wahrnehmbarkeit erfreuen
Einen Führungsstil entwickeln
Dem Wohlgefühl vertrauen
Unterstützung auf allen Ebenen annehmen
Beziehungen heilen
Spontaneität schätzen
Die Vorteile der praktischen Veranlagung erfahren

Verwurzelte Spiritualität beherrschen
Zusammenarbeit ausüben
Hingabe lernen
Kompetenz durch Karriere suchen
Bedingungslose Liebe und bedingungsloses Denken erkunden
Entscheidungen durchziehen
Mut entdecken

Wenn Sie die Bedeutung der erhaltenen Information nicht verstehen, bitten Sie um weitere Führung, Klärung oder nähere Ausführung. Vermeiden Sie Interpretation, Beurteilung, Ausgrenzung oder Verschönerung. Folgen Sie dem direkten Weg - bitten Sie Ihre Führer um Hilfe. Stellen Sie sich vor, es seien hochqualifizierte Berater, die Ihnen jedes Mal ein Vermögen in Rechnung stellen, wenn Sie es versäumen, Ihrer Expertise zu folgen!

Fragen an Ihre Führer können so einfach gestellt werden, daß sie nur eine Ja oder Nein Antwort erfordern, oder sie können detaillierter sein, wie zum Beispiel: „Worin liegt die tiefere Bedeutung dieses Symbols (dieses Wortes, dieser Frage, dieser Aussage)?“ oder auch „Aus welcher Lebenszeit stammt diese Information?“ Ihre Führer können Ihnen wiederum ein Bild vorgeben, das für die Menschen, mit denen Sie arbeiten, eine persönliche Bedeutung trägt. Wenn dies geschieht, müssen Sie ihnen dieses Bild beschreiben, ob Sie dessen Relevanz verstehen oder nicht.

Als Rosalie einer Frau beistand, die den Tod ihrer acht Jahre alten Tochter betrauerte, empfing sie das Bild eines Straußes blauer Veilchen. Während sie der Frau die Blumen beschrieb, begann sie, von der Tochter aus dem Reich des Geistes Informationen über die Bedeutung zu erhalten. Die Führer liefern oft beweisführende Informationen, um die energetische Anwesenheit von jemandem zu belegen, der nicht mehr in dieser Dimension lebt. Hätte Rosalie versucht, persönliche Assoziationen an die Beschreibung der Blumen anzufügen, hätte sie vielleicht nie die Gegenwart des Kindes erkannt.

Wenden Sie sich auch an Ihre Führer, wenn Sie verwirrt sind. Fragen Sie, ob Sie die Verwirrung von der Person aufnehmen, mit der Sie arbeiten, oder ob sie von Ihnen kommt. Wenn sie von Ihnen stammt, atmen Sie mehr Liebe ein und bündeln Sie neuerlich Ihre Absicht. Wenn Rosalie Energien einer leichteren Frequenz unterhalten muß, stellt sie sich manchmal einen Totempfahl vor, dann setzt sie ihren Atem und ihre Absicht ein, um ihr Bewußtsein an der Säule hoch zu bewegen.

Denken Sie daran, daß Energie dem Bedürfnis folgt, und daß es nicht Ihnen obliegt, das Bedürfnis festzulegen. Manchmal erscheint ein früheres Leben oder eine

Seelenvereinbarung, um eine gegenwärtige Herausforderung zu klären, oder Ihre Kunden werden das Verständnis ihrer Stellung im Seelenkontinuum nutzen können, oder Ihre Führer können Informationen von geliebten Menschen, die im Geiste wohnen, kanalisieren. Dann kommt es auch vor, daß Sie eine Unterbrechung im Fluß der Informationen verspüren, oder daß Ihre Klienten das Bedürfnis nach einer Ruhepause verspüren, bevor sie weitere Informationen aufnehmen. Fahren Sie in solchen Fällen fort, Dank auszusenden, und vertrauen Sie dem natürlichen Rhythmus der Lesung.

ZUGANG ZU PERSÖNLICHKEITSASPEKTEN

Informationen über die Persönlichkeitsaspekte Ihrer Klienten sollten Sie erst anstreben, wenn Sie deren Seelenqualitäten und Lebenslektionen näher behandelt haben. Die Persönlichkeit dient als Überlebensmechanismus des Körpers. Sie besteht aus Wissen, Wünschen, Verhalten und einschränkenden Überzeugungen in bezug auf einen selbst, auf andere Menschen oder auf das Leben im Allgemeinen.

Viele Persönlichkeitsaspekte stehen in direktem Gegensatz zu Seelenqualitäten und erfordern daher eine Umwandlung. So kann ein Klient zum Beispiel Verwirrung als Persönlichkeitsaspekt und Klarheit als eine Seelenqualität aufweisen. Andere Polaritäten sind Unbeugsamkeit - Flexibilität und Selbstverurteilung - Selbstliebe. Diese negativen Entsprechungen entstehen in Reaktion auf einschränkende Überzeugungen, die einem in früher Kindheit aufgezwungen wurden. Indem man sich bewußt entscheidet, die Seelenqualität vor dem Persönlichkeitsaspekt auszudrücken, erfolgt die erforderliche Umwandlung, um eine Orientierung an der Natur seiner Essenz zu fördern.

Eine gute Methode, die Persönlichkeitsaspekte der Menschen, mit denen Sie arbeiten, zu identifizieren, besteht darin, zu fragen. „Welche bleibenden Wunden erscheinen als Spannungspunkte zwischen der menschlichen Natur und dem inneren Wesen dieses Menschen?" Lassen Sie sich dann durch Ihre Intuition zu den Charakterzügen führen.

Hier folgt eine Liste von Persönlichkeitsaspekten:

Abhängigkeiten	Bitterkeit
Eifersucht	Frustration
Klagen	Kontrolle
Langeweile	Neid

Sarkasmus
Unehrlichkeit
Unsicherheit
Verteidigungshaltung
Wettbewerbsgeist
Zurückhalten
Zwistigkeiten schüren
Ausstrahlung
Freude
Glauben
Humor
Macht
Selbstvertrauen
Stabilität
Vertrauen
Vitalität
Zuversicht
Schuldgefühle
Ungeduld
Vermeidung
Verwirrung
Wut
Zweifel
Mangel an Anerkennung
Flexibilität
Geduld
Großzügigkeit
Kreativität
Mitgefühl
Spontaneität
Unterstützung
Visionen
Wille

Wenn Ihre Klienten in diesem Abschnitt der Lesung spezifische Angaben über Gesundheit, Beziehungen oder Finanzen verlangen, stellen Sie zuerst eine neuerliche Verbindung zu ihrer Essenz her. Ohne diesen Schritt könnten Sie mit ihrer Persönlichkeit zusammenhängende Gedankenformen aufnehmen; sie sehnen sich möglicherweise so stark nach einer bestimmten Antwort, daß sie diese energetisch projektieren und Sie sie aufnehmen. Vergewissern Sie sich stets, daß die Information, die Sie ausrichten, von der Essenz Ihrer Klienten stammt.
Bedenken Sie, daß es nicht Ihre Aufgabe ist, Ihren Klienten zu gefallen, sondern als Vertreter des Geistes zu wirken. Untadeligkeit ist ein Muß!

SCHLUSS

Um die Lesung zu beenden, erkundigen Sie sich, ob Ihre Klienten noch weitere Fragen haben. Wenn ja, beantworten Sie diese mit Hilfe Ihrer Führer. Auf manche Fragen erhalten Sie vielleicht keine Informationen, und in diesen Fällen dürfen Sie ruhig sagen: „Ich empfange keine Informationen zu diesem Punkt." Möglicherweise besteht die Lektion Ihres Klienten darin, aus der direkten Erfahrung zu lernen. Die auf andere Fragen empfangene Informationen scheinen womöglich eine andere als die gestellte Frage zu beantworten. Am besten übermitteln Sie die Information wie angegeben, ohne sich zu entschuldigen oder Fehlendes zu ergänzen. Die Frage kann Ihre Führer dazu bewegt haben, ein unausgesprochenes Problem hinter Ihrer Anfrage anzusprechen.

Setzen Sie sich dann noch einmal mit Ihren Führern in Verbindung, um sicher zu sein, daß alle Informationen durchgeleitet wurden. Nutzen Sie diesen Augenblick des Schweigens, um Ihren Helfern zu danken, daß sie Sie geleitet und die Lesung auf festen Grund gestellt haben, und bitten Sie, daß jegliches daraus folgende Karma neutralisiert werde. Dann ziehen Sie sehr sanft Ihre Energie zurück. Verschließen Sie Ihr Energiefeld durch Wiederholen Ihrer Telefonnummer, Ihres Geburtsdatums oder einer anderen, für Sie allein zutreffenden Identifizierung.

Bieten Sie Ihrem Klienten und sich selbst beim Beenden ein großes Glas Wasser an. Wenn Sie wieder allein sind, werden Sie Ihre Hände waschen wollen, um zu zeigen, daß Sie wieder frei sind in Ihrem eigenen Energiefeld.

Feinabstimmung Ihrer Intuition

Im Laufe einer Lesung erfahren Sie ebenso viel über sich selbst wie über Ihre Klienten. Vielleicht mehr als alles andere werden Sie in der Lage sein, den Stand Ihres Vertrauens zu beurteilen. Sie erinnern sich vielleicht an Momente, in denen Sie Ihrer Führung mißtraut und Informationen zurückgehalten haben, die Ihr Klient hätte hören müssen. Anflüge von Zweifel sind Botschafter, die Sie daran erinnern, das Vertrauen in Ihre Allianz mit Ihren Führern, Lehrern und Seelenverbünden zu vertiefen. Je vertrauensvoller Sie sind, um so mehr wird Ihre kanalisierte Information um die Weisheit zentriert sein.

Vervollständigen Sie die folgenden Sätze, um das Vertrauen in Ihre Intuition zu vertiefen.

Meine Intuition wurde an dem Tag geboren, als ....

Ich habe meine Intuition am meisten gewürdigt, als ....

Ich verlasse mich am meisten auf meine Intuition, wenn ....

Die geographischen Regionen, die meine Intuition verstärken, sind ....

Die Art von Musik, die mich mir meiner Intuition näher bringt, ist ....

Ich erinnere mich an einen intuitiven Traum: ....

Wenn ich anerkenne, daß meine Intuition die stille Stimme des Geistes ist, fühle ich mich ....

Wenn ich mir vorstelle, daß ich bewußten Zugang zu meiner Intuition habe, weiß ich ....

Ich kann mich auf .... verlassen, um meine wachsende Intuition zu stützen.

Ich verleihe bewußt meiner Entwicklung Antrieb durch ....

Versuchen Sie diese zwölf Übungen, um Ihre Intuition weiter zu entwickeln:
Das Wesen strebt nach Entwicklung. Stellen Sie sich eine Uhr vor, und beantworten Sie dabei die folgenden Fragen: Wie spät ist es hinsichtlich Ihrer Fähigkeit, Ihren physischen Körper zu entspannen? Ihren Geist zu beruhigen? Emotional gegenwärtig zu sein? Ihrer Intuition zu vertrauen?
Schaffen Sie ein Symbol, um die Entspannung Ihres Körpers, die Harmonie Ihrer Emotionen, die Stille Ihres Geistes und den Glauben in Ihre Intuition zu charakterisieren. Atmen Sie das Symbol in Ihr Herz und dann in jede Zelle Ihres Körpers. Das Symbol wird als Ihr persönlicher, fliegender Teppich für Ihre Intuition, die Führer Ihres Geistes und Ihre Seelenverbünde dienen.
Wir sind, was wir am meisten hegen. Wer sind Sie?
Wie lauten Ihre wertvollsten Wahrheiten? Mit wem teilen Sie sie? Wie zelebrieren Sie sie?
Inwiefern wäre Ihr Leben anders, wenn Sie sich zugestehen würden, friedvoller, gezielter und kraftvoller zu sein?
Wer sind die Lehrer Ihres Geistes? Wie haben Sie deren Lehren in Ihr Leben eingebaut?
Was inspiriert Sie?
Denken Sie nach über eine unangenehme Situation, mit der Sie momentan kämpfen. Fragen Sie sich: „Welche Überzeugung über mich selbst könnte diese Umstände hervorgebracht haben?“ Atmen Sie anschließend tief und fragen Sie nach dem ausgeprägtesten Ausdruck dieser Überzeugung.
Erinnern Sie sich an ein Gefühl, einen Traum oder eine Vision, die Sie kürzlich hatten. Fragen Sie sich: „Dient diese Wahrnehmung meiner Essenz oder meiner Per-

sönlichkeit?“ Wenn es Ihrer Persönlichkeit dient, fragen Sie: „Wie kann ich von der Wahrnehmung einer Trennung oder eines Mangels zu einer Wahrnehmung gelangen, die das Wesen umfaßt?“

Ergänzen Sie die beiden Aussagen: „Ich trage wesentlich zur Entwicklung des Planeten bei, weil ....“

Daher gelobe ich ....“

Führen Sie im Laufe der nächsten acht Tage Aufzeichnungen über die Entscheidungen, die Sie treffen. Beginnen Sie jeden Tag eine neue Seite. Beurteilen Sie am Ende des Tages, welche Entscheidungen Ihre Seele und welche Ihre Persönlichkeit nährten. Suchen Sie nach Mustern. Bestimmen Sie Bereiche, in denen andere Entscheidungen hilfreicher gewesen wären. Beenden Sie jede Seite mit: „Ich beteuere ....“

Führen Sie einen Monat lang ein Tagebuch, auf welche Weise Sie zur Vergrößerung der Liebe in der Welt beigetragen haben.

Fünf
ZUSÄTZLICHE TECHNIKEN ZUR INFORMATIONSFINDUNG

„Die Gesetze der Ökologie sind die Gesetze der Energie. Alles ist untereinander verbunden; jedes Atom, jede Bewegung in der Einstellung verändert das Universum."

Starhawk

Im Fortschreiten von der Stärkung der Persönlichkeit zur Stärkung der Seele können zwei weitere Techniken - das Neurolinguistische Programmieren und die Kinesiologie - eingesetzt werden, um Ihre Intuition zu unterstützen. Sie können auch für sich eingesetzt werden, wenn Sie Ihre intuitiven Fähigkeiten entwickeln.

In beiden Fällen sind sie sowohl zur Heilung als zur Information geeignet. Wenn wir zum Beispiel begannen, mit Klienten zu arbeiten, vereinten wir unsere Energie mit ihrer, um zu spüren, wo ihre Blockaden lagen. Manchmal waren wir nicht in der Lage, ihre Energie aus unserem Körper zu entfernen, und wir übernahmen schließlich einige ihrer Schmerzen. Nachdem wir Neurolinguistisches Programmieren und Kinesiologie erlernt hatten, konnten wir der Energie unserer Klienten folgen, ohne selbst auf der Ebene der Energie steckenzubleiben.

Neurolinguistisches Programmieren wird Ihnen helfen, Ihr Selbstverständnis zu vertiefen. Zusätzlich hilft es, die Art und Weise zu verfolgen, in der ein Klient Zugang zu Informationen gewinnt, sie verarbeitet, speichert und zurückgewinnt; es hilft, Ihre Intuition zu bestätigen, mögliche nächste Schritte zu bestimmen und Ihr Energiefeld rein zu halten. Auf das Energiefeld Ihrer Klienten angewandte Kinesiologie wird Ihnen helfen, festzustellen, ob es durch einen bestimmten Gegenstand, eine bestimmte Beziehung, einen bestimmten Gedanken oder eine bestimmte Substanz, wie Kräuter, ein homöopathisches Mittel oder eine andere Medikation, gestärkt oder geschwächt ist.

NEUROLINGUISTISCHES PROGRAMMIEREN (NLP)

Während der gesamten Kindheit nehmen wir über sechs Sinneswege Informationen auf: über unsere Augen (visuell), Ohren (Gehör), unseren Tastsinn (kinästhetisch), Mund (Geschmack), unsere Nase (Geruch) und Intuition (psychisch). Bis zum Zeitpunkt, in dem wir zur Schule gehen, haben die meisten von uns einen bevorzugten

Kommunikationsweg entwickelt. Die von der heutigen Bevölkerung am meisten genutzten Sinne sind das Sehen, das Hören und der Tastsinn oder Empfindungen. An diese drei Kanäle wendet sich das Neurolinguistische Programmieren, eine Methode, die darauf zielt, zu verfolgen und auszulegen, wie ein Mensch mit seiner Umgebung in Beziehung tritt.
Das NLP zeigt die zahlreichen Herausforderungen, die beim Kommunizieren auftreten. Der größte Teil hängt damit zusammen, daß die Menschen am liebsten mit jenen arbeiten, die auf dem gleichen Kanal kommunizieren wie sie selbst. Tatsächlich sind Kanäle, die nicht zusammenpassen, eine der Hauptursachen von Beziehungsproblemen, Lernschwierigkeiten in der Schule und Konflikten am Arbeitsplatz. Die Probleme bleiben, weil nur wenige Partner, Lehrer oder Manager in der Lage sind, gleich gut auf allen drei Kanälen zu kommunizieren. Um uns selbst und andere wirkungsvoll zu heilen, müssen wir diese Ergebnisse beachten und in einer Erweiterung unseres Bewußtseins die Tatsache einschließen, daß andere Menschen die Welt in einer Weise erfassen, die nicht der unseren entspricht.

DIE DREI ORIENTIERUNGEN

Visuelle Menschen empfangen und verarbeiten Informationen, indem sie mentale Bilder sehen und erschaffen. Typisch für sie sind Ausdrücke wie „Zeig mir", „Sieh doch", „Es schaut aus wie ...", oder „Schau her". Wenn sie verwirrt sind, sagen sie Dinge wie „Ich kann es nicht sehen." Die meisten Topmanager, Architekten und Ingenieure sind visuelle Menschen.

Gehörorientierte Menschen erhalten und verarbeiten Informationen, indem sie Worte und Töne hören. Sie verwenden gerne Sätze wie „Sag mir", „Es klingt wie...", und „Ich würde gerne mehr darüber hören." Wenn sie sich über etwas im Unklaren sind, können sie Dinge sagen wie „Das klingt nicht richtig in meinen Ohren" oder „Ich kann dich nicht hören." Viele Deutschlehrer, Musiker und Dichter sind gehörorientierte Menschen.

Kinästhetische Menschen empfangen und verarbeiten Informationen durch Gefühle und Empfindungen. Sie sagen Dinge wie: „Das ist ein Gefühl wie ...", „Das fühlt sich gut an für mich", und „Ich habe das Gefühl, daß du möchtest, ...". Wenn sie perplex sind, können sie sagen „Ich habe das Gefühl, daß etwas nicht in Ordnung ist" oder „Ich kann es nicht fühlen". Viele Künstler und Bildhauer sind kinästhetische

Menschen.
In einer sicheren, entspannten Umgebung sind die Menschen bereit, einen sekundären Kommunikationskanal zu benutzen. Wenn jedoch Konflikte auftauchen, werden sie auf ihren vorherrschenden Modus zurückgreifen. Zum Beispiel Liebende, die tief in einen Gefühlsaustausch verstrickt sind, reagieren auf Uneinigkeiten durch Zurückziehen auf ihre weiter entwickelten Sinneswege. „Du mußt mir sagen, daß du mich liebst", oder „Ich muß die Worte hören" (gehörorientiert), mag der eine sagen, während der andere vielleicht antwortet: „Ich zeige dir meine Liebe durch ... Warum kannst du nicht sehen, daß ich dich liebe?" (visuell). Obwohl sie sich lieben, kommunizieren beide nicht auf einer Ebene, die der jeweils andere eindeutig verstehen kann. Die verbale Flut kulminiert unvermeidlich in Frustration, ein Zeichen, daß sie auf unterschiedlichen Kanälen agieren.
Die Affinität zu bestimmte Wortreihen ist nicht der einzige Unterschied zwischen den drei Arten der Wechselwirkung. Visuelle Menschen sprechen oft sehr schnell und mit einer hohen Stimme. Sie müssen „das Bild sehen". Sie können ihnen endlose verbale Anordnungen geben, es wird verlorene Mühe sein. Wenn Sie beginnen, Ihre Gefühle zu beschreiben, werden Sie sie langweilen oder verwirren. Zeichnen Sie ihnen jedoch ein Bild oder geben Sie ihnen eine Karte, werden sie einen Blick darauf werfen und sich zufrieden abwenden. Mit dem Bild in ihrem Kopf verfügen sie über die erforderliche Information.
Gehörorientierte Menschen sprechen normalerweise in gemäßigteren Tönen der Mittellage, indem sie Resonanzeffekte und verbale Beschreibungen betonen. Detaillierte Bilder und Gefühlszustände sagen ihnen wenig. Um eine Situation wirklich zu verstehen, brauchen sie Worte und Töne.
Kinästhetische Menschen sprechen oft langsam mit einer sanften und tiefen Stimme. Eine leichte Berührung am Arm wird ihnen zeigen, daß man sie versteht. Damit ihre Welt für sie einen Sinn ergibt, müssen sie ihre Beschaffenheit erfahren.

AUGENBEWEGUNGEN INTERPRETIEREN

In den frühen 70er Jahren entdeckten Richard Bandler und John Grinder, die Begründer des NLP, eine Verbindung zwischen den Augenbewegungen und der Gehirntätigkeit. Indem sie die horizontale Ebene der Augen als Bezugsrahmen benutzten, entdeckten sie, daß eine Person, deren Augen sich nach oben bewegen, Informationen visuell verarbeitet. Wenn die Augen in der Ebene bleiben, hört diese Person Worte und Töne und verarbeitet Informationen durch den Gehörkanal. Eine Person, deren Augen unter diese Ebene fallen, verarbeitet Informationen kinästhetisch. Während Sie einen Menschen anschauen und dessen Augenbewegungen feststellen, können Sie diese Schlüssel nutzen, um den bevorzugten Kommunikationskanal dieser Person zu identifizieren. Sie können auch bestimmen, ob sie eine frühere Erfahrung aufruft oder eine neue Information aufbaut. Beobachten Sie die Augen, indem Sie die vertikale Ebene der Nase als Bezugslinie nutzen. Wenn sie sich rechts von dieser Ebene bewegen (rechts vom Betrachter aus gesehen), ruft die betreffende Person eine Erinnerung auf. Eine leichte Methode, sich diese Assoziation zu merken, besteht darin, das r in rechts ist dem r in rufen (rechts = rufen) gleichzusetzen. Bewegen sich die Augen nach links, (links vom Betrachter aus gesehen), werden neue Informationen aufgebaut (links = aufbauen).

Dieses Zeichen ist besonders aufschlußreich auf der kinästhetischen Ebene, wenngleich es auch in bezug auf die visuellen Kanäle und Gehörkanäle signifikant ist. Eine Person, die zu Ihrer Linken nach unten schaut, erfährt gerade ein Gefühl.

Abb. A: Augenbewegungen (vom Betrachter aus gesehen)

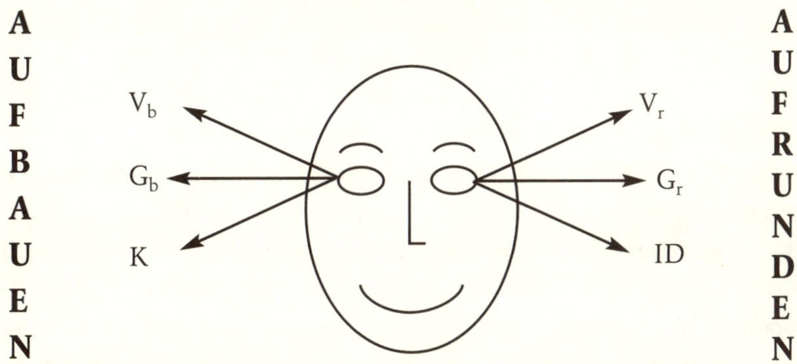

V = Visuell; G = Gehörorientiert; ID = Innerer Dialog; K = Kinästhetisch; Suskript r = (Auf)rufen; Suskript b = (Auf)bauen.

Wenn jemand zu Ihrer Rechten nach unten schaut, sucht er oder sie nach dem auszudrückenden, „korrekten" Gefühl auf der Basis früherer Erfahrungen, und nimmt einen internen Dialog auf.

Der interne Dialog wurzelt in früherer Programmierung. Viele Menschen, die von strengen Autoritätsfiguren erzogen wurden, hatten wenig Gelegenheit, einen Sinn für ihre eigenen Gefühle zu entwickeln. Wenn sie sich in einem internen Dialog befinden, suchen Sie nach den Gefühlen, mit denen sie für eine Reaktion programmiert wurden. Es ist sicher anzunehmen, daß ein Mensch, der zu Ihrer Rechten nach unten blickt, sich auf eine abfallende, negative Energiespirale einläßt, die zu Verwirrung, Negativität und Depression führt. Blickt er gerade nach unten, schämt er sich vielleicht.

Abb. B: Dissoziation und Schamgefühl

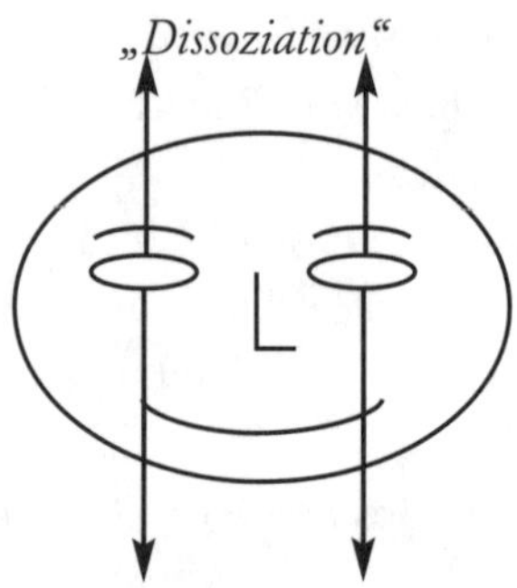

Zwei weitere Augenstellungen sind erwähnenswert. Bei der einen sind die Augen nicht fokussiert und starren geradeaus in der Gehörstellung. Starren hängt zusammen mit Tagträumen und zeigt an, daß diese Person visuell oder psychisch ein Bild sieht. In der anderen Stellung gehen die Augen gerade nach oben. Dies geschieht meistens dann, wenn die Menschen starke Gefühle empfinden und am Rande der Tränen sind. Obwohl sie nahe an einem Durchbruch sind, haben sie Angst davor, ihren Schmerz zu spüren und schauen nach oben, um sowohl ihre Gefühle zu vermeiden, als auch ihre Tränen zurückzuhalten. Sich von seinen Gefühlen abtrennen, um die neuerliche Erfahrung eines früheren Traumas zu vermeiden, kann auf einen Zustand der Dissoziation hinweisen.

Hier einige zusätzliche Punkte, die Sie beachten sollten:

1 Wenn Sie das NLP zur Eigenbeobachtung anwenden, müssen Sie die rechts - links Stellungen umkehren. In diesem Fall ist links = aufrufen und rechts = aufbauen.

2 Die NLP Suche stimmt, ob Sie rechts- oder linkshändig sind.

3 Der angeblich unsichere Mensch, dessen Augen hin und her gehen, ist vielleicht in Wirklichkeit jemand, der im Gespräch mit sich selbst ist.

4 Wir haben nur dann die Erfahrung gemacht, daß Menschen ihren bevorzugten Kanal änderten, nachdem sie frühere traumatische Erfahrungen geheilt hatten oder in NLP ausgebildet wurden.

5 Da jeder Kanal sich durch die Verwendung von unterschiedlichen Wortreihen, Inflektionen, Tönen, Stimmlagen und Wortgeschwindigkeiten kennzeichnet, kann das NLP auch eingesetzt werden, wenn Sie keinen visuellen Kontakt mit den Menschen haben, wie etwa am Telefon.

AUFBAUÜBUNGEN

Zwei der folgenden Übungen erfordern einen Partner. Üben Sie mit jemandem, mit dem Sie leicht sprechen können, mit einem Kollegen, einem Freund, oder mit einem für Sie wichtigen Partner. Alle drei Übungen können auch in einer Gruppe durchgeführt werden.

Die Augenbewegung beobachten - Ziel dieses Trainings ist es, Übung in der Beobachtung der Augenbewegungen zu erlangen, so daß Sie feststellen können, wie Menschen Zugang zu Informationen haben. Nehmen Sie zu Beginn direkt gegenüber Ihrem Partner Platz, entspannen Sie sich, und entscheiden Sie, wer von Ihnen als erster sprechen soll. Dieser kann eines der weiter unten angeführten „empfohlenen Themen" oder einen Gegenstand der eigenen Wahl ansprechen.
Der erste Redner spricht zuerst drei oder fünf Minuten. Der Zuhörer merkt sich mental die Worte, Sätze und Augenbewegungen der sprechenden Person, er setzt ein aktives Zuhören ein und unterbricht nicht durch Fragen oder Reaktionen. Das Niederschreiben des vorherrschenden Kommunikationsmusters und anderer Bemerkungen ist zulässig, vorausgesetzt, daß der Redner dadurch nicht befangen wird. Vertauschen Sie dann die Rollen und wiederholen Sie diese Schritte.
Besprechen Sie unter Bezug auf die unten angeführte „Prüfung", was jeder von Ihnen gesehen, gehört und gefühlt hat. (Wiederholen Sie bei einer Gruppensitzung diese Übung mit mindestens zwei anderen Partnern.)

Empfohlene Themen:

Beschreiben Sie das Haus und die Umgebung, in denen Sie aufwuchsen.

Beschreiben Sie Ihre erste Liebe.
Beschreiben Sie Ihr erstes eigenes Auto.
Beschreiben Sie Ihr Lieblingsrestaurant.
Beschreiben Sie den besten Urlaub, den Sie je erlebt haben.
Beschreiben Sie eine unvergeßliche Lernerfahrung.

Prüfung

Welche Augenbewegungen beobachteten Sie?
Welche Schlüsselworte wurden verwendet?
Wie viele Kanäle wurden benutzt?
Welcher war der bevorzugte Kanal Ihres Partners?
Welcher war der an zweiter Stelle bevorzugt benutzte Kanal Ihres Partners?
Was ist Ihnen noch aufgefallen?

Beachten Sie auch die Augenbewegungen und Schlüsselworte bei Freunden, Ihrer Familie, Geschäftspartnern, sogar Fremden. Je mehr Sie üben, um so geschickter werden Sie sein.

Brückenschlagen - Um das Verhältnis zu jemandem, der auf einem anderen Kanal kommuniziert, zu vertiefen, können Sie sich in Worten, Ton und Sprechgeschwindigkeit dieser Person anpassen, doch es ist außerordentlich schwierig, dies über längere Zeiten zu tun. Außerdem ist es ebenso wichtig, Ihren eigenen bevorzugten Kanal als denjenigen des anderen zu ehren. Ein gesunder Kompromiß besteht darin, eine Brücke von Ihrem Kommunikationsstil zu dem der anderen Person zu schlagen, indem Sie Vokabular, Töne und Geschwindigkeiten beider Kanäle kombinieren. Zweck dieser Übung ist, Ihren Kommunikationsstil mit dem anderer zu verbinden. Rechnen Sie pro Person drei bis fünf Minuten.
Nehmen Sie gegenüber Ihrem Partner Platz und legen Sie beide Ihren stärksten Kanal fest. (Wenn Sie beide über den gleichen primären Kanal verfügen, muß einer von Ihnen auf einen Hilfskanal schalten.) Legen Sie fest, wer zuerst sprechen wird. Der Redner beginnt, über ein Hobby oder ein besonderes Interessensgebiet zu sprechen. Der Zuhörer beteiligt sich an dem Gespräch über „Brückenaussagen“ wie sie im Folgenden aufgelistet werden. Tauschen Sie dann die Rollen. (Wiederholen Sie in einer Gruppe diese Übung mit mindestens zwei anderen Menschen, die einen anderen als den von Ihnen bevorzugten Kanal benutzen).

BRÜCKENAUSSAGEN

- **Visuell zu gehörorientiert:** „Ich kann wirklich *hören*, was Sie sagen. Vorher war mein *Bild* unvollständig."
- **Visuell zu kinästhetisch:** „Ich *sah* das anders. Nun, da Sie mir Ihre *Empfindungen* und Anliegen mitgeteilt haben, habe ich ein anderes *Gefühl* dafür, worum es Ihnen geht."
- **Gehörorientiert zu visuell:** „Ihre *Worte* sind so genau, daß ich klar *sehen* kann was Sie sagen."
- **Gehorörientiert zu kinästhetisch:** „ Ich kann Ihre Aufrichtigkeit *fühlen*, und es *hört* sich an, als ob ich das Projekt nochmals überdenken sollte."
- **Kinästhetisch zu visuell:** „Es ist ein *Gefühl*, als ob das *Bild*, das Sie *vorstellen*, wunderbar sei."
- **Kinästhetisch zu gehörorientiert:** „Das *klingt* toll! Diese *Worte* geben mir ein wirkliches *Gefühl* für Ihre Leidenschaft."

Üben Sie das Überbrücken von Kommunikationskanälen mit Freunden, Ihrer Familie und Geschäftspartnern. Je mehr Sie üben, um so vielseitiger werden Sie.

Den Inneren Dialog und Authentische Gefühle erfahren

Diese Übung wird Sie von den blockierten Emotionen des inneren Dialogs in die gegenwärtigen Gefühlszustände versetzen. Das Lernen dieses Wechsels wird Ihnen helfen, Sackgassen in der innerpersönlichen Kommunikation zu durchbrechen. Stehen Sie allein und verlegen Sie Ihr Hauptgewicht auf Ihren linken Fuß, neigen Sie Ihren Kopf schräg nach links nach unten, und blicken Sie konzentriert auf einen Fleck circa 45 cm links von und vor Ihrem gewichttragenden Fuß. Entspannen Sie sich nun und durchleben Sie voll alle Ihre Gefühle. Schreiben Sie nach einigen Minuten Ihre Erfahrungen nieder. (Fühlen Sie sich unwohl, zittrig, übel, schwer, dunkel oder negativ? Haben Sie das Gefühl, Autoritätspersonen aus Ihrer Vergangenheit wollten Sie beherrschen?)

Vertauschen Sie Ihre Stellung, legen Sie Ihr Hauptgewicht auf den rechten Fuß und neigen Sie Ihren Kopf nach rechts nach unten. Schauen Sie auf einen Fleck circa 45 cm rechts von und vor Ihrem tragenden Fuß. Entspannen Sie sich wieder und durchleben Sie Ihre Gefühle. Schreiben Sie diese Erfahrungen nach einigen Minuten auf. (Fühlten Sie sich leichter, klarer, glücklicher, vielleicht freier?) Wenn diese Übung in einer Gruppe durchgeführt wird, stellen viele Beteiligte fest, daß die Energie im Raum leichter wird. (Wenn Sie mit anderen arbeiten, hören Sie mit der zweiten Stellung auf, sodaß niemand in einem inneren Dialog verbleibt!)
Wenn Sie sich in der zweiten Stellung unwohl gefühlt haben, ist es wahrscheinlich, daß man Sie als Kind entmutigt hat, Ihre Gefühle zu entwickeln. Sind Ihnen tatsächlich Emotionen fremd, dann ist der innere Dialog, das heißt Echos auf Ihre frühere Programmierung durch Autoritätsfiguren, alles, was Sie kennen. Es wird Übung erfordern, bis Sie sich mit Ihren authentischen Gefühlen wohlfühlen. Um diesen Kommunikationskanal zu entwickeln, sagen Sie sich: „Mein Gewicht auf den rechten Fuß verlagern und schräg nach rechts nach unten zu blicken, ist richtig!“; und üben Sie es mehrere Male am Tag.

NLP ALS EINE HEILTECHNIK

Das NLP kann eingesetzt werden, um Zugang zu unbewußter Information zu erlangen, um Traumata zu lösen und den Geist mit positiver Information neu zu programmieren. Identifizieren Sie zunächst Ihren bevorzugten Kommunikationskanal, um Ihre eigene Heilung einzuleiten. Fragen Sie sich dann: „Habe ich meine anderen Kanäle verschlossen?“ Wenn die Antwort Ja lautet, fragen Sie sich, wie alt Sie damals waren und was Sie dazu veranlaßt hat. Wenn Sie ein Heiler sind, wird NLP Ihnen helfen, zu erfahren, wie Ihre Klienten Zugang zu Informationen bekommen; es wird Ihnen helfen, Ihren Kommunikationsstil mit dem ihrigen zu verbinden, und Kanäle ausfindig zu machen, die vielleicht gereinigt werden müssen.

Lösen von gegenwärtigen Traumata - Immer wenn Schmerz oder Angst zu schwer zu ertragen sind, können sie das Nervensystem überlasten. Um am Leben zu bleiben, ist es vielleicht erforderlich, daß die betreffende Person einen oder mehrere Sinneskanäle verschließt. Ist jemand Zeuge von einem Unfall, in dem ein geliebter Mensch oder ein Haustier verwickelt ist, oder sieht jemand, wie die Eltern sich schwer streiten, kann dies zu einem Verschluß des visuellen Kanals führen, um den Zugang zu den schmerzlichen Bildern zu versperren. Die Schreie eines geliebten Menschen

hören, den man nicht erreichen kann, dem Streit der Eltern lauschen, oder ein verbaler Mißbrauch kann den Gehörkanal verschließen. Sexueller Mißbrauch, Schläge oder andere Gefühlstraumata können den kinästhetischen Kanal absperren. Lang andauernder Mißbrauch oder Folter können ein Individuum dazu bringen, alle Sinneskanäle zu verschließen und sich von seinem Körper zu dissoziieren.
Unabhängig davon, wie leicht oder schlimm ein Trauma ist, bleiben alle Erinnerungen an das Ereignis im Unterbewußtsein verschlossen. Mit Hilfe des NLP können solche Ereignisse identifiziert und durch die ursprünglich betroffenen Sinneswege noch einmal durchlebt werden. Während Einzelheiten des Traumas im Gespräch an die Oberfläche kommen, tauchen die verdrängten Bilder, Töne und Gefühle wieder ins Bewußtsein auf, wie die Luft, die aus einem angestochenen Luftballon entweicht. Mit der Freisetzung der blockierten Energie öffnen die verschlossenen Kanäle wieder und setzen einen erhöhten Energiefluß in Gang, der den Heilungsprozeß des Körpers aktiviert.

Lösung von Traumata aus früheren Leben - Im Laufe der Jahrhunderte haben zahlreiche Menschen ihre visuellen Kanäle verschlossen, nachdem sie geliebte Menschen gefoltert oder getötet sahen, oder nach anderen grauenhaften Anblicken. Manche gingen so weit, sich die Augen auszustechen, damit sie nicht mehr sehen konnten. Auch die Zerstörung des Gehörkanals und kinästhetischen Kanals kam oft vor.
Menschen, die nicht von ihrem Trauma geheilt waren, bewirkten selbst solche Traumata. Individuen, die mit Seelenverpflichtungen zur Reinigung eines ungelösten Traumas in dieses Leben geboren werden, schaffen in der Tat neuerlich ähnliche Ereignisse, um das Trauma nun zu reinigen. Einfach ausgedrückt tragen die Menschen ein Trauma mit sich, bis es geheilt ist, oder, genauer gesagt, das Trauma kommt immer wieder hoch, bis es geheilt ist.
NLP funktioniert gut in diesen Fällen. Die Augenstellungen, die auf einen Sinnesverschluß in einem früheren Leben hindeuten, entsprechen jenen, die mit Verschlüssen in diesem Leben zusammenhängen.

Neuprogrammierung des Geistes - Nach einer Freisetzung müssen die leeren Stellen im Energiefeld eines Menschen mit positiven Frequenzen aufgefüllt werden. Die Essenz ihrer Seele, die Rückkehr ihrer Seelenqualitäten und die positiven Aussagen und Affirmationen werden ihr Energiefeld verstärken. Wenn Sie den bevorzugten NLP Kanal dieses Menschen kennen, werden Sie in der Lage sein, die positive Energie über jenen Kommunikationsstil zu liefern, den er am ehesten annehmen wird. Sein bewußter Verstand wird es dann zulassen, daß die Information ungehindert in sein Unterbewußtes dringen kann. Wenn sein überbewußter Geist bereits durch ein Eröffnungsgebet aktiviert wurde, wird er bei der Integrierung helfen.

TIPPS FÜR HEILER

Verabsäumen Sie nicht, NLP in Ihre Heilsitzungen einzubauen. Hier einige Hinweise, damit Sie bestmöglichen Nutzen aus dieser Technik ziehen können.

Ihre eigene Stellung - Der Weg des geringsten Widerstandes und der größten Auswirkung führt über die Gefühle. Daher werden Sie ein wenig tiefer als Ihr Klient und links (die Linke des Heilers) von ihm sitzen. Diese Position wird ihn auf natürliche Weise ermuntern, auf seine Gefühle (kinästhetisch) einzugehen, während er mit Ihnen interagiert.

Die Sitzung eröffnen - Beginnen Sie damit, Ihren Kunden zu fragen, weshalb er den Termin ausgemacht hat und was er ändern oder heilen möchte. Dann stellen Sie Fragen bezüglich erstmaliges Auftretens des Problemes und welcher Körperteil von diesem betroffen ist. Während Ihr Klient spricht, sollen Sie auf seine Augenbewegungen und Sprechmuster sowie auf den Ton und die Stimmlage achten. Nehmen Sie seinen bevorzugten Kanal an, indem Sie anschließend dementsprechende Fragen formulieren.

Lassen Sie die Erinnerung und die Integrierung von Informationen zu - Wann immer die Augen Ihres Klienten eine Erinnerungs- oder Aufbaustellung annehmen, sollten Sie schweigen und die Schwingungen der Liebe für ihn aufrecht erhalten. (Einzige Ausnahme zu dieser Regel ist, wenn Ihr Klient sich in einem inneren Dialog oder in Dissoziation befindet. Diese Fälle werden weiter unten besprochen.) Im Erinnerungsmodus ist er vielleicht dabei, ein früheres Trauma, das in seinem Unterbewußtsein weggesperrt war, ins Bewußtsein zu bringen. Eine Unterbrechung dieser Verbindung kann die Erinnerungen wieder in die Tiefen des Unterbewußtseins zurückgleiten lassen. Im Aufbaumodus könnte er die während eines Durchbruchs erhaltenen neuen Informationen integrieren. Ihn an dieser Stelle zu unterbrechen, würde ihn nur der Gelegenheit zu heilen berauben.
Ihre Aufgabe besteht darin, geduldig die Vollendung des Prozesses zuzulassen. Warten Sie, bis Ihnen Ihr Klient klar anzeigt, daß er die Suche oder Integrierung abge-

schlossen hat, indem er tief einatmet, seufzt, oder Ihnen neuerlich seine Aufmerksamkeit zuwendet. Dann fragen Sie sanft, ob er mehr Zeit braucht oder ob er bereit ist, weiterzumachen. Halten Sie bei Zweifel die Pause weiter ein.

Achten Sie auf innere Dialoge - Wenn Ihr Klient in einen inneren Dialog abgleitet, nehmen Sie ihn so bald wie möglich aus diesem Kanal. Lenken Sie seine Aufmerksamkeit ab durch Fragen wie „Mit wem haben Sie soeben gesprochen?“, „An was haben Sie sich erinnert?“, „Was haben Sie eben erfahren?“ oder „Wo sind Sie eben gewesen?“ Wenn Sie über die Information verfügen, bitten Sie ihn freundlich, „zurückzukommen“ und Sie anzuschauen.
Wenn Ihr Klient immer wieder in innere Dialoge verfällt, sagen Sie mit fester Stimme: „Kommen Sie da raus.“ Zögern Sie in einer Gruppensituation nicht, durch den ganzen Raum hinweg zu rufen: „Bill, bleiben Sie bei uns!“
Ihr Ziel ist es, den inneren Dialog aufzubrechen. Warum? Je länger Ihr Klient in seiner früheren Programmierung verhaftet bleibt, um so weiter wird er von seinen wirklichen Gefühlen wegtreiben, und um so größer wird die Gefahr von Energieverlust und Depression sein. Ihre Zielsetzung liegt auch darin, Themen zu beachten, die einen inneren Dialog auslösen, da sie Ihnen Hinweise auf die Natur der Programmierung und auf die Art, in der sich diese im Leben Ihres Kunden zeigt, liefern können. Mit diesen Informationen werden Sie in der Lage sein, Emotionen freizulegen und freizusetzen.

Mit Dissoziation umgehen - In Fällen von Dissoziation bleibt Ihnen sogar noch weniger Zeit, einzugreifen. Immer wenn Ihr Klient gerade nach oben starrt, lassen Sie ihn unverzüglich seine Augen senken, um ein Abspalten seiner Gefühle zu verhindern. Vermeiden Sie es, Fragen zu stellen, die ihn nur weiter ermutigen werden, sich in seinen Kopf zurückzuziehen. Fordern Sie ihn statt dessen deutlich auf, Sie anzusehen, in den Schmerz hineinzuatmen und durch ihn hindurch auszuatmen. Seien Sie vorbereitet, er könnte in Tränen ausbrechen, wenn er das Trauma durchbricht!

DURCH NLP ERREICHTE DURCHBRÜCHE

Bei einem Einführungsvortrag erwähnten wir kürzlich im Eröffnungsgebet, daß manche Menschen Energie spüren, andere sie hören, während wieder andere sie riechen können. Plötzlich sprang eine Frau im Publikum aufgeregt hoch. Sie erklärte, sie habe eben "zum ersten Mal Energie gehört." Offensichtlich hatte unser Gebet ihr die

Erlaubnis erteilt, die Frequenztöne in ihrem Innersten zu hören.

Im Alter von neununddreißig Jahren ergaben sich bei Sally Anzeichen dafür, daß sie als Kind sexuell mißbraucht worden war. Sie weigerte sich, uns direkt in die Augen zu schauen, und gab an, sich unter Männern nicht in Sicherheit zu fühlen; sie sei unfähig, eine Beziehung mit einem Mann aufrecht zu erhalten, und sie war übergewichtig. Wir fragten sie, ob sie bereit sei, ein Experiment durchzuführen, und sie willigte ein.

Wir ließen Sally tief einatmen und entspannen. Wir erklärten ihr dann, daß wir ihr Fragen stellen und sie auffordern würden, die Antworten in ihrem Körper zu spüren. Als wir fühlten, daß sie ruhig und zentriert war, fragte Rosalie sie mit sanfter, ruhiger Stimme: „Sally, wurden Sie als Kind sexuell mißbraucht?" Sofort gingen ihre Augen auf visuelle Erinnerung und ihre Gesichtsmuskeln verspannten sich. Sie gab zu, tatsächlich sexuell mißbraucht worden zu sein und ihr ganzes Leben lang Schweigen darüber bewahrt zu haben. Wir gingen daran, ihr bei der Loslösung ihres Schmerzes, ihrer Scham- und Schuldgefühle und der Freisetzung des energetischen Eindrucks des Mißbrauchs zu helfen.

Normalerweise erfolgt auf eine solche Frage entweder keinerlei physische Reaktion, was wir als „Nein" auslegen, oder eine sehr starke, die ein „Ja" nahelegt. Wenn die Augen der Kunden zur visuellen Erinnerung gehen (nach oben und rechts), wissen wir, daß sie etwas sehen, was in ihrer Vergangenheit geschehen ist; wenden sich ihre Augen zur Gehörerinnerung (Augenebene und nach rechts), hören sie etwas. Drehen die Augen zur kinästhetischen Stellung (nach unten und links), horchen sie in ihre Gefühle hinein. In jedem Fall suchen wir nach zusätzlichen Informationen, indem wir sanft direkte Fragen stellen wie: „Was haben Sie gesehen? Welches Bild haben Sie gesehen?" oder „Was haben Sie gehört? Mit wem haben Sie soeben gesprochen? Was haben diese gesagt?" oder „Was haben Sie gefühlt?" oder „Wie wollen die, daß Sie handeln?" Diese sinnesbezogenen Fragen helfen, die Wege zu blockierten Erinnerungen zu öffnen und erleichtern deren Lösung.

Christine, eine Lehrerin Anfang dreißig, nahm an einem Workshop teil. Als sich die Teilnehmer in Zweiergruppen teilten, um Übungen in NLP Augenbeobachtungen durchzuführen, war ihr Partner verwirrt, weil Sallys Augen nie auf Erinnerung gingen. Nachdem wir ungefähr fünfzehn Minuten lang versucht hatten, ihr Informationen aus ihrer Kindheit zu entlocken, was sie dazu geführt haben könnte, ihre Erinnerungen wegzusperren, sagte uns unsere Intuition, daß wir uns zurückhalten sollten. Wir erklärten ihr und der Gruppe, daß wir nicht ausmachen könnten, wieso dies geschah, und daß es am besten sei, weiterzugehen.

Als wir begannen, das nächste Thema zu besprechen, unterbrach uns Christine mit der Mitteilung, sie habe als Teenager einen Nervenzusammenbruch erlitten und geschworen, diese Erinnerung tief in ihrem Unterbewußtsein zu vergraben, aus Angst, einen neuerlichen Zusammenbruch auszulösen. Während sie sprach, ließ sie zu, daß sie weinte. Von diesem Augenblick an wechselte sie leicht zum visuellen und gehörorientierten Aufruf von Erinnerungen, und hatte keinerlei Probleme mehr, diese anzusprechen.

KINESIOLOGIE

Kinesiologie , auch bekannt als Muskeltest , wird eingesetzt, um die energetische Auswirkung verschiedener Reize auf den menschlichen Körper zu einem bestimmten Zeitpunkt zu bestimmen. Diese Technik funktioniert gut, um die Körperreaktionen auf besondere Nahrungsmittel, Vitamine, Kräuter, homöopathische Medikamente, Schmuckstücke, Kristalle, sogar auf Gedanken, Überzeugungen und Beziehungen zu prüfen. Wenn Sie sich zwischen mehreren Möglichkeiten entscheiden, können Sie diejenige herausfinden, die Ihren oder einen anderen Körper am meisten stärkt. Die Kinesiologie beruht auf dem Prinzip, daß Energie die Energie beeinflußt. Jede Person, jedes Tier, jede Pflanze oder jedes Mineral ist von einem empfindlichen Energiefeld umgeben, der Aura. Bei einem Menschen reagiert diese feine Aura energetisch auf alles, was er ißt, trinkt, denkt und trägt. Gutes Essen zu sich nehmen, reines Wasser trinken, aufbauende Gedanken denken, sich angemessen körperlich betätigen, Farben und Schmuck tragen, die das Aurafeld eines Menschen verbessern, all das stärkt seinen physischen Körper.

WIE MAN MUSKEL TESTET

Dazu brauchen Sie einen Partner und ein Prüfobjekt. Lassen Sie Ihren Partner mit dem Gesicht vor Ihnen stehen, seine Füße in Schulterbreite auseinander und die Augen entspannt geradeaus blickend. Bitten Sie ihn, seinen Schreibarm nach der Seite zu heben und eine Faust zu machen. Der Partner soll den Arm so starr wie möglich lassen und ihn nicht nach oben heben, während Sie arbeiten.

Beginnen Sie damit, die relative Stärke des Armes zu prüfen. Drücken Sie mit ihrer kräftigsten Hand nach unten auf die Faust oder den Unterarm des Partners und fordern Sie ihn auf, dagegen zu halten: „Wehren Sie sich, wehren Sie sich." Stellen Sie die Kraft seines Widerstandes fest.

Lassen Sie Ihren Partner einen Moment ausruhen. Dann lassen Sie ihn wieder die gleiche Stellung vor Ihnen einnehmen. Legen Sie den zu prüfenden Gegenstand in seine freie Hand und fordern Sie ihn auf, diesen vor sein Herz zu halten. Muskeltesten Sie wieder. Ist sein Arm stärker, schwächer oder gleich? Ein stärkerer Arm bedeutet, daß der Gegenstand das Aurafeld Ihres Partners verstärkt, während ein schwächerer Arm darauf hindeutet, daß das Energiefeld gefährdet wurde. Ein gleichbleibender Arm legt nahe, daß der Gegenstand wenig energetische Auswirkung auf Ihren Partner hat.

Wenn Ihr Partner durch Kräftigung reagiert, können Sie weitere Gegenstände testen. Wenn er schwächer wird, raten Sie ihm, die neue Energie abzuschütteln und einen Augenblick zu ruhen. Testen Sie dann ohne den Gegenstand, um sicher zu sein, daß er seine Kraft wiedererlangt hat. Sobald Sie wieder seine Kraft bestätigt haben, ist er bereit für weitere Tests, falls dies gewünscht wird.

Um die Auswirkungen von Gedanken, Überzeugungen oder Beziehungen zu prüfen, müssen Sie die Reaktionen Ihres Partners auf Ja - oder - Nein Fragen muskeltesten. Lassen Sie ihn normal stehen, mit dem Schreibarm nach der Seite. Fragen Sie seinen Körper nach einer „Ja“ Antwort und stellen Sie fest, ob sein Arm gleich bleibt oder stärker wird; testen Sie dann eine „Nein“ Antwort und prüfen Sie, ob der Arm schwächer wird. Sobald Sie die erforderlichen Bezugspunkte haben, fahren Sie fort, indem Sie Ihren Partner bitten, sich auf einen bestimmten Gedanken, eine bestimmte Überzeugung oder Beziehung zu konzentrieren. Testen Sie den ausgestreckten Arm, während Sie Ja - oder - Nein Fragen stellen wie „Steht diese neue Arbeit in Übereinstimmung mit Ihrer Essenz?“ „Unterstützt Ihre Beziehung zu .... Ihre Essenz?“ oder „Ist die Arbeit mit (Name des Heilers) vereinbar mit den Organisationsprinzipien Ihrer Seele?“ Stellen Sie immer nur eine Frage und geben Sie Ihrem Partner die Möglichkeit, jegliche negative Energie abzuschütteln, bevor Sie fortfahren. Tauschen Sie dann die Positionen und lassen Sie sich von Ihrem Partner testen.

Vielleicht möchten Sie gerne etwas über Ihre früheren Leben erfahren oder wo Sie auf Ihrem Entwicklungspfad stehen. Wenn ja, muß Ihr Partner Ihre Körperreaktionen auf Fragen wie „Haben Sie Seelenverbände mit dem Reich der Engel, mit dem devischen oder elementaren Reich, mit der Inneren Erde oder dem All?“ „Wo befinden Sie sich im Seelenkontinuum? Sind Sie in einem Übungsleben, in einer Rückkehr aus dem Seelenraum, in einem Aufhol-, einem Genesungs-, einem Meisterschafts- oder einem Vollendungsleben?“ „Haben Sie eine Seelenvereinbarung mit ....?“ und „Ist Ihre Entscheidung, zu ...., in Übereinstimmung mit Ihrem Seelenziel?“

Obwohl die Kinesiologie ein nützlicher Zusatz zu Seelenlesungen und NLP darstellt, sind die Anwendungen etwas begrenzt. Einerseits ermüdet ein ausgestreckter Arm ziemlich schnell, so daß zu einer bestimmten Zeit nur ein gewisses Testausmaß vorgenommen werden kann. Auf der anderen Seite schränkt Muskeltesten den interaktiven Dialog ein, den Sie mit Ihrem Klienten haben können.

DER KINESIOLOGIE ENTNOMMENE EINSICHTEN

Als Sue, eine Krankenschwester Ende dreißig, ankam, trug sie ein Knöchelband aus Stoff. Sie erzählte uns, es sei ein Geschenk von ihrem Freund. Wir fragten, ob sie es gerne testen wollte. Sie nahm es sofort ab und wir prüften es - um schließlich herauszufinden, daß es sie schwächte. Wir wurden dazu geführt, sie zu fragen, ob sie in einem früheren Leben das Sklavenmädchen des Mannes gewesen sei, der nun ihr Freund war. Sie hielt den Atem an, senkte ihre Augen in die Schamstellung und klagte über einen Knoten im Magen - Signale, die wir als „Ja“ Antwort Ihres Körpers auslegten. Sie erzählte uns dann, daß sie und ihr Freund immer, wenn sie das Knöchelband trug, mehr zu streiten schienen.

Sue verzieh ihm sein beherrschendes Benehmen in ihrer früheren gemeinsamen Inkarnation. An diesem Punkt angelangt, erwies sich das Knöchelband im Test als neutral. Dennoch erkannten wir keinen positiven Gewinn in einem neuerlichen Tragen, sondern nur zu viele potentielle negative Auswirkungen. Wir rieten ihr, es nicht zu tragen.

Carl war ein Manager Ende vierzig. Er trug ein großes Metallmedaillon am Hals. Als wir fragten, warum er es trage, sagte er, er liebte es und sei überzeugt, daß es ihn stärke. Er erklärte sich einverstanden, das Medaillon muskelzutesten. Als wir das Medaillon prüften, schwächte es seinen Arm bedeutend.

Wir fragten ihn dann, ob er in einem früheren Leben als Krieger ein solches Medaillon getragen habe. Seine Intuition sagte ihm, daß das der Fall gewesen war. Wir fragten ihn, ob er in jenem Leben freundlich und liebevoll gewesen sei. Seine Intuition ließ ihn dies verneinen. Als wir ihn fragten, ob er bereit sei, sich selbst zu vergeben, bejahte er dies. Nachdem er seine Energie gereinigt hatte, erwies sich das Medaillon als neutral. Dennoch rieten wir ihm dringend, es für eine Weile nicht zu tragen oder es noch besser wegen seiner potentiellen negativen Auswirkungen ganz wegzugeben.

Für Steve, einen Musiker Ende zwanzig, stellte Intimität eine Herausforderung dar. Er erzählte uns, seine geschiedene Mutter habe ihm als Teenager ihren Ehering gegeben und ihn versprechen lassen, für immer ihr zu gehören. Steve trug den Ring, ohne dessen Auswirkungen auf sich selbst in Frage zu stellen. Wir bestätigten durch Muskeltesten, daß der Ring ihn schwächte. Nach der Sitzung traf Steve seine Mutter; er brach seine Versprechen und nahm den Ring ab.

Inga, eine Astrologin Ende dreißig, wollte einen Quartzkristall testen, den sie trug, um sich mit der Erde zu verbinden. Der Test ergab, daß der Kristall sie in Wirklichkeit schwächte. Wir halfen ihr, sich von den Ängsten, die sie empfand, auf der Erde zu sein und ihre Macht zu mißbrauchen, zu befreien. Diese Ängste hingen zusammen mit Schaden, den sie Menschen in früheren Lebenszeiten zugefügt hatte. Dann testeten wir neuerlich den Kristall. Nun stärkte er sie. Da er eine positive Auswirkung auf sie hatte, waren wir sicher, daß ihre Ängste den Kristall hatten negativ testen lassen. Nachdem sie nun aufgelöst waren, empfahlen wir ihr, ihren Kristall weiter zu tragen.

Es ist interessant festzustellen, daß persönliche Gegenstände, die negative Auswirkungen hervorrufen, sich als positiv erweisen, nachdem ihre Träger sich von ihrem Trauma befreit haben. Grund für diese Umkehrung ist, daß unsere negativen Gedanken und Überzeugungen gelöst werden, unser Bewußtsein und damit unsere physischen Reaktionen sich ändern.

Sechs

KÖRPERSIGNALE LESEN

„In der Kindheit unterdrückte Gefühle behalten ihre Kraft und beeinflussen unseren Körper und unsere Seele oft für den Rest unseres Lebens."

Alice Miller

Für das multidimensionale Heilen ist das Entziffern von „Körpersignalen" ebenso wichtig wie das Zuhören. Der physische Körper liefert wertvolle Informationen über die Probleme, mit denen ein Mensch sich herumschlägt. Der emotionale Körper, sein „Energieglühen", kann ebenso aufschlußreich sein.

Botschaften vom physischen Körper

Der Körper trägt Erinnerungen an alle früheren Ereignisse während der Evolution der Seele. Er hält auch die Schlüssel für das Aufsperren jedes dieser Ereignisse, einschließlich jener, die zu unseren verborgensten Zwangslagen führen.

VERSCHLÜSSELTE SIGNALE IN DER KÖRPERSTRUKTUR

In die Struktur des physischen Körpers sind alle Hinweise auf Bestrebungen aus früheren Leben und gegenwärtige Herausforderungen enthalten. Grobknochige Menschen mit breiten Schultern, einem stämmigen Bau und einem kurzen, breiten Nacken waren oft Krieger in früheren Leben. Eine Person dieses Körpertyps arbeitet vielleicht an Dingen der Macht, Vertrauen, Sicherheit, Loslassen von Kontrolle oder Erlernen von Liebe.

Menschen mit steiferem, dünneren und etwas ausgezehrtem Körper waren wahrscheinlich Mönche, Nonnen oder Mitglieder anderer religiöser Orden. Sie erscheinen feierlich und mißmutig und suchen die Einsamkeit. Oft tragen sie ungelöste Auswirkungen von Armut, Zölibat, Schmerz, Leiden und Leugnung körperlicher Bedürfnisse weiter. Eine Person dieses Körpertyps kann an Angelegenheiten der Selbstliebe, des Aussprechens, der Wahrnehmbarkeit, Kreativität oder des Anspruchs auf persönliche Macht arbeiten.

Viele Menschen mit einem langen, dünnen Hals, fein geformten Fingern und einer

Neigung zu verfeinertem Benehmen, schicken Kleidern und subtilen Gedanken verbrachten Lebenszeiten als Mitglieder einer privilegierten Klasse. Nun lernen sie vielleicht, ihr Herz zu öffnen und ein gesteigertes Gefühl der Berechtigung loszulassen. Viele übergewichtige Menschen litten an Nahrungsmangel oder verhungerten in früheren Leben, oder wurden in diesem Leben sexuell mißbraucht. Die Herausforderung für Menschen dieses Typs liegt darin, ihre Wut, ihren Groll und ihren Schmerz zu artikulieren.

Maria, eine Genetikforscherin Ende fünfzig, sollte am Rücken operiert werden, und sie hatte Angst, diesen Eingriff nicht zu überleben. Seit ihren Jugendjahren litt sie an wiederkehrenden Rückenschmerzen und an Schuppenflechte an den Händen. Ihrer Körperstruktur entnahmen wir, daß sie ohne Zweifel in früheren Leben ein mächtiger Krieger gewesen war; ihre Gestalt war stark und stämmig. Ihre Stimme und ihr Auftreten waren dagegen ausnehmend freundlich und sanft. Als wir uns auf ihre Energie einstimmten, fühlten wir, daß sie an einer schrecklichen Schlacht teilgenommen hatte, nach welcher sie sich selbst verurteilt und ihre Hände, die vor Blut troffen, verflucht hatte.

Nachdem wir Maria geholfen hatten, die Gelübde früherer Leben zu brechen, ließen wir sie ihre Hände betrachten und ihnen all das Töten, das sie verbrochen hatten, vergeben. Dann forderten wir sie auf, ihnen ihre unbedingte Liebe auszusenden. Vor unseren Augen verloren die schuppigen Flecken auf ihren Händen ihre Röte und begannen zu heilen. Am Ende der Sitzung waren die Rückenschmerzen verschwunden und Maria wußte, daß wenn die Operation gut überstehen würde, falls sie noch erforderlich war.

Ken war Tischler und Ende vierzig. Er tat sich schwer, genug Geld für den Unterhalt seiner Familie zu verdienen. Er fühlte sich schuldig, verheiratet zu sein. Angesichts seines dünnen, fast steifen Körpers vermuteten wir, daß er viele Leben in strengen religiösen Orden verbracht hatte.

Ken brach die Schwüre seiner früheren Leben, einschließlich mehrerer Armuts- und Zölibatsgelübde. Wir teilten ihm dann mit, daß er sich in einem Genesungsleben befände und dabei sei, zu lernen, in dieser Welt zu leben - was Geldverdienen, eine Familie und das Genießen eines kreativen Lebens mit sich brachte. Bald danach ließen wir ihn die Energien der Mitglieder seiner früheren religiösen Orden zurückrufen, um zu fragen, ob seine Teilnahme an der Welt sie beunruhigte. Sie erklärten, daß er in Wirklichkeit einer der Letzten sei, der sich weiterbewegte, und daß er dadurch die gesamte Gruppe aufhalte. Erleichtert darüber, daß er seine ursprüngliche Verpflichtung gegenüber Gott nicht verriet, gelobte er seiner Familie und seiner Karriere Loyalität.

DIE BEDEUTUNG VON KÖRPERREAKTIONEN

Immer wenn eine Energieverschiebung stattfindet, reagiert der Körper. Zusammenzucken, Zuckungen, Veränderungen der Hautfarbe, Änderungen im Atemrhythmus, Tränen. Gelächter, Seufzen, Änderungen der Körper- oder Hauttemperatur, Prickeln, Augenrollen und Erweiterung der Pupillen sind alles Zeichen dafür, daß Energie freigesetzt wird. Der Teil des Körpers, in dem die Freisetzung erfolgt, seine Ausprägung und der auslösende Grund liefern Informationen über Art und Tiefe dieser Verschiebung.

Energieverschiebungen erfolgen in Reaktion auf alles, von einem einfachen Bewußtwerden bis zu einer größeren Freisetzung blockierter Energie. Je tiefer die Verschiebung reicht, um so ausgeprägter wird die Reaktion sein.

BOTSCHAFTEN VOM EMOTIONALEN KÖRPER

Der emotionale Körper hält viele Emotionen, die keinen unmittelbaren Ausdruck im physischen Körper erlangen. Zu den am tiefsten unterdrückten gehören Traurigkeit, Wut, Angst, Frustration, Eifersucht und Schmerz. Oft kann man Zugang zu diesen Gefühlen bekommen, indem man subtile energetische Hinweise genau beachtet. Sie könnten zum Beispiel während der Arbeit mit Klienten, die keine Tränen vergießen, bemerken, daß der emotionale Körper weint. Achten Sie auf Röte im Gesicht oder auf etwas Trauriges oder auf Schwere im Raum, die Ihr Gefühl bestätigen können. Lenken Sie dann die Aufmerksamkeit der betreffenden Person auf die Situation, indem Sie fragen „Wie fühlen Sie sich?“ oder „Was spüren Sie?“ oder „Ist Ihnen nach Weinen zumute?“ Als Antwort darauf wird sie wahrscheinlich den Tränen freien Lauf lassen. Fragen helfen, wieder eine Verbindung zwischen den Menschen und ihren Gefühlen herzustellen.

HINWEISE AUF TIEFLIEGENDE PROBLEME

Die Heilung von oberflächlichen Symptomen bringt Ergebnisse im Bereich der Persönlichkeit, und in solch einem Fall können die vorliegenden Symptome neuerlich auftauchen. Die Grundursache bereinigen, das heißt das zugrundeliegende emotionale, mentale, physische oder spirituelle Problem, wird eine tiefgreifende und andauernde Veränderung bewirken.

Die Arbeit mit einer Krankheit oder mit anderen Ungleichgewichten ist wie Unkraut jäten. Sie können die Blätter abreißen oder seinen Stengel abbrechen, doch das Unkraut wird überleben. Auf der Erde wird man keine Spur dieses Übeltäters finden, doch das noch intakte Wurzelwerk wird schließlich neues Wachstum hervorbringen. Das Unkraut wird erst sterben, wenn die Hauptwurzel entfernt werden wird.
Das Gleiche gilt für das Heilen. In der Tat wird die Heilung um so schneller und vollständiger erfolgen, je rascher Sie die Grundursache bestimmen können. Um über Oberflächensymptome hinaus zu gelangen, sollen Sie sich selbst die Frage stellen: „Welche Bedeutung liegt hier zugrunde?“ oder fragen Sie Ihren Klienten „Worin besteht das grundlegende Problem?“ oder lassen Sie Ihren Klienten entspannen und noch einmal in die Situation oder die Lebenszeit eintauchen, die das Trauma hervorgerufen hat.

DIE LOKALISIERUNG VON SYMPTOMEN

Der physische Schmerz, das Unbehagen oder die Krankheit eines Menschen ist unweigerlich Ausdruck eines ungeheilten Problems aus diesem oder einem früheren Leben. Dies trifft sowohl auf einen wiederkehrenden Schmerz, den die Ärzte nicht erklären können, als auf eine plötzliche, akute Krankheit zu. In nahezu allen Fällen kann die Lokalisierung des Problems zum Verständnis von dessen Ursprung führen. Jeder Körperteil ist dazu bestimmt, eine gewisse Funktion zu erfüllen und trägt daher anderseits den energetischen Abdruck von Traumata, die mit dieser zusammenhängen. So enthalten zum Beispiel die Augen Hinweise auf Sicht und Sehen, der Verstand auf Denken und Erinnerung. Hände und Arme stehen in Beziehung zu Empfangen, Geben oder Festhalten, während Hüften mit der Forwärtsbewegung zusammenhängen. (Für weitere Informationen zu diesen Übereinstimmungen beziehen Sie sich bitte auf Michaels Buch über Heilenergie.)
Sobald Sie wissen, wo die Symptome des Klienten lokalisiert sind, beruhigen Sie Ihren Geist und stimmen Sie sich auf die betreffende Person ein. Lassen Sie sie die Augen schließen und in einen Zustand tiefer Entspannung eintreten. Wenn sie vollkommen entspannt ist, fordern Sie sie auf, in ihrem Inneren nach einem Gefühl, einer Erinnerung, einem Bild oder einem Wort zu suchen, das ihr ein Gefühl dafür vermittelt, wo und wann die Verletzung erfolgte. Die Erinnerung an das ursprüngliche Trauma und dessen anschließende Lösung rottet fast immer den Schmerz aus.
Stellen Sie direkte Fragen, um das Aufrufen der Erinnerung zu unterstützen. Betreffen die Symptome zum Beispiel den Hals, können Sie fragen. „Was steckt in Ihrem Hals?“ oder „Was trauen Sie sich nicht aussprechen?“ oder „Vor wem fürchten Sie sich? Was schlucken Sie hinunter, anstatt darüber zu sprechen?“

Als Alternative können Sie die Technik verwenden, die als Dialogisieren bekannt ist, und bei der Sie einen Satz beginnen, während Ihr Klient ihn zu Ende spricht. Sie können zum Beispiel sagen: „Könnte mein Hals sprechen, würde er Ihnen sagen ..." Bringen Sie Ihren Klienten dann dazu, das Fehlende solange zu ergänzen, bis die Antwort Ihnen beiden vollständig erscheint. Normalerweise bricht ein emotionales Loslassen hervor, wenn die Grundursache zutage tritt.
Ellen, eine Kosmetikerin Ende vierzig, litt an wiederkehrenden Schmerzen in ihrem rechten Arm und ihrer rechten Schulter. Da der Schmerz auf der rechten (männlichen) Seite des Körpers lag und sie beim Sprechen ihre rechte Hand zur Faust ballte, schlossen wir daraus, daß sie mit unterdrückter Wut kämpfte. Als wir Ellen fragten, wen sie schlagen wollte, ließ sie ihrer Wut freien Lauf und begann, ihren Mann anzuschreien und ihn zu beschimpfen. Sie erzählte uns, sie fühle sich gedemütigt, weil ihr Ex-Ehemann sie vor vierzehn Monaten betrogen und weil sie entdeckt hatte, daß er den Großteil des im Laufe ihrer Ehe angesparten Geldes gestohlen hatte. Nach einer Weile weinte sie und der Schmerz ließ nach.
Jane, eine Pastorin Mitte fünfzig, wußte, daß ihr im Alter von drei Jahren etwas zugestoßen war, doch sie konnte sich an kein auslösendes Ereignis erinnern. Während sie sprach, griff ihre Hand immer wieder an den Hals und sie hustete von Zeit zu Zeit. Wir hatten den Eindruck, sie sei in einem früheren Leben in den Hals gestochen worden. Als wir sie fragten, ob dieses Bild eine Bedeutung für sie habe, erinnerte sie sich an ein Leben, als sie, eine ruhige, zierliche Frau, einem Mann begegnete, der untadelig schien. Ohne Vorwarnung zog er einen Dolch und stach auf ihren Hals ein. Als wir sie fragten, ob dieser Mann nun am Leben und in ihrem gegenwärtigen Leben sei, schrie sie sofort auf: „Oh mein Gott, es ist meine jüngere Schwester!" Sie erklärte uns, daß sie in Panik geriet und ihre Stimme sperrte, als ihre Schwester geboren wurde, aus Angst, wieder getötet zu werden. Zu diesem Zeitpunkt war sie drei Jahre alt.

KÖRPERFLÜSSIGKEITEN, GERÜCHE UND TÖNE

Der Geist greift in jedem Augenblick in das Leben ein. Zeichen von einer emotionalen Blockade, die sich nicht in physischen Symptomen oder Worten äußert, neigen dazu, in Form von Körperflüssigkeiten, Gerüchen und Tönen hervorzutreten. Ihre Aufgabe besteht in solchen Situationen darin, ohne Angst bereit für alle Dimensionen zu sein, jeder Führung zu folgen und dem Vorgang zu vertrauen. Denken Sie daran, nicht Sie sind verantwortlich, sondern der Geist!
Im Laufe von mehreren Heilsitzungen bemerkten wir, wie aus einem oder aus bei-

den Augen eines Klienten gelber Eiter hervorquoll, so dick, daß die Person nicht klar sehen konnte. Jeder dieser Ausflüsse wurde von einem emotionalen Durchbruch begleitet, der in Verbindung stand zu Krankheit, Verletzung, Blindheit oder zu der Weigerung zu sehen.

Claudia, eine Hausfrau Mitte dreißig, wollte eine private Sitzung, weil bestimmte Gerüche ihre Nase irritierten. Wir ließen sie die Augen schließen und entspannen. Als ihre Atmung langsamer wurde, fragten wir sie, ob das Problem seinen Ursprung in diesem Leben habe. Sie verneinte und nickte, als wir fragten, ob es in einem anderen Leben begonnen habe. Während wir arbeiteten, sahen wir brennende Körper und Bilder vom Deutschland der 40er Jahre unseres Jahrhunderts. Wir nahmen an, daß die Wurzel ihrer Überempfindlichkeit im Holocaust zu finden war.

Ohne ihr von dieser Vision zu berichten, forderten wir Claudia auf, zu dem Zeitpunkt zurückzukehren, an dem sie die Irritation in ihrer Nase das erste Mal verspürt hatte. Sie beschrieb sehr genau Öfen und den Geruch brennender Körper. Je mehr sie sprach, um so mehr Trauma litt sie neuerlich durch und um so mehr wich jede Farbe aus ihrem Gesicht. Wir fühlten, daß ihre Lebenskraft ihren Körper verließ und wußten instinktiv, daß sie sehr rasch ihren Körper verlassen und sterben könnte, falls wir nicht eingriffen.

Michael beschloß, sie anzusprechen. „Sie sind nun an einem Punkt der Wahl," sagte er. „Sie entscheiden sich entweder zu leben und sich diesem Trauma zu stellen oder zu sterben und sich ihm in einem anderen Leben wieder gegenüber zu finden." Rosalie wies sie darauf hin, daß sie auf die eine oder andere Art das Trauma würde lösen müssen. Wir beteten und hielten unsere liebende Energie für Claudia bereit, während sie ihre Entscheidung traf. Sie beschloß, sich dem Schmerz zu stellen. Daraufhin kehrte langsam die Farbe in ihr Gesicht zurück und wir beendeten die Sitzung erfolgreich.

Flora, eine Ernährungswissenschaftlerin Ende dreißig, nahm an einem Workshop unter unserer Leitung teil. Als sie die Augen schloß und sich nach innen kehrte, füllte sich der Raum mit dem Geruch von brennendem Holz. Zuerst dachten wir, im Haus stünde etwas in Flammen. Dann fragten wir sie, ob sie jemals lebendig verbrannt worden sei. Sie schrie und brach in Tränen aus, und die Leidenschaft ihrer Emotionen kam der Intensität des Geruches gleich. Während ihr Trauma abklang, wurde auch der Geruch weniger, bis er vollständig verschwand. Später erzählte sie der Gruppe, sie habe sich daran erinnert, lebendig verbrannt worden zu sein, weil sie sich geweigert hatte, andere Mitglieder einer geheimen Gruppe spiritueller Wahrheitssuchernder preiszugeben.

Wir verließen den Workshop mit dem unauslöschlichen Bewußtsein, daß alle Sin-

nesbegleitungen eines Traumas im menschlichen Energiefeld gefangen sind. Wir zweifeln nicht daran, daß Floras Seele uns durch die Freisetzung des Geruches von brennendem Holz zu der Heilung, die sie brauchte, geführt hatte.
Jane, eine Berufsathletin Anfang vierzig, war in diesem Leben und, wie sie vermutete, auch in früheren Leben vergewaltigt worden. Während wir mit Hilfe der später in diesem Buch beschriebenen Reinigungstechnik bei sexuellem Mißbrauch eine Reinigung an ihrem Energiefeld vornahmen, erfüllte ein starker Geruch von Sperma den Raum. (Anmerkung: Der Geruch von Sperma wurde bei einer Reihe von Sitzungen, die Vergewaltigung oder sexuellen Kindesmißbrauch im gegenwärtigen oder in einem früheren Leben betrafen, wahrgenommen. Manchmal tritt der Geruch durch den Mund der betroffenen Person aus, oder er äußert sich in einer allgemeinen Durchflutung des Raumes.)
Susan war eine Managerin im Ruhestand und Ende fünfzig. Sie hatte in einem Workshop eine Sackgasse erreicht. Was immer wir unternahmen, gelang es uns nicht, ihr zu einem Durchbruch zu verhelfen. Wir hörten auf, beruhigten uns und baten um spirituelle Führung. Sofort erhielten wir das Bild von zwei Händen, die eine Flöte hielten. Verwirrt über die Bedeutung der Flöte baten wir um Unterstützung und empfingen wieder das gleiche Bild. Nach unserer dritten Bitte und nach der dritten Erscheinung des Bildes fragte Michael sie: „Welche Bedeutung hat für Sie jemand, der Flöte spielt?"
Innerhalb von Sekunden war für fast alle im Raum Flötenmusik hörbar geworden, auch für Susan, die plötzlich ruhiger schien. Bis heute wissen wir nicht, was die Flöte bedeutetet oder wieso Susan sie hören mußte. Der Geist ist offensichtlich klüger als wir und weiß, was für einer Heilung erforderlich ist.

Teil III

Heilung auf der Grundlage der Seele

Sieben
DIE DYNAMIK DES HEILENS

„Geist wie Körper brauchen Ehrlichkeit und Integrität, um sich zu entwickeln. Aus diesem Grund müssen wir uns aus dem Wesen heraus von allen Verzerrungen befreien, die wir geschaffen haben."

Caroline Myss

Wir alle wuchsen in Familien auf, die zumindest mäßige Fehlfunktionen aufwiesen. Um unsere Welt zu begreifen, schlossen wir unsere Gefühle aus, verinnerlichten beschränkende Glaubenssysteme und entwickelten Persönlichkeitsstrategien wie Widerstand, Projektion oder Leugnung. Unser Körper paßte sich an und stellte sich ein, bis er nicht länger in der Lage war, zu kompensieren, und auf die eine oder andere Art krank wurde.

Tief eingebettet in unserem Bewußtsein sind Erinnerungen an die schmerzlichen Erfahrungen, die uns ursprünglich veranlaßten, unseren Zugang zum Leben zu verändern. Tatsächlich lagert in den Kammern dieses großen Magazins eine komplette Wiedergabe unseres gegenwärtigen Lebens, unserer früheren Leben und unserer Seelenessenz. Um die aufschlußreichen Informationen zu lokalisieren, die Zerstörungsmuster auszumerzen und uns wieder an unserer Essenz zu orientieren, müssen wir zuerst lernen, wie das Bewußtsein funktioniert.

DAS BEWUSSTSEIN: EIN HEILINSTRUMENT

Das Bewußtsein ist ein interaktives Netzwerk bestehend aus dem Bewußten, dem Unterbewußtsein und dem Überbewußtsein. Das Bewußte ist der Torhüter, dessen Aufgabe darin liegt, wachsam zu vergleichen, zu beurteilen und die ankommenden Informationen zu bearbeiten. Vorgegeben von verinnerlichten Haltungen und Glaubenssystemen, weist es jeder unserer laufenden Erfahrungen einen negativen oder positiven Wert zu. Wenn diese Haltungen und Glaubenssysteme mit unserer Seelenessenz übereinstimmen, kann das Bewußte unser bester Freund sein und uns zu einem Zustand von Harmonie und Gleichgewicht anspornen. Wenn es mit falschen Daten programmiert wurde, kann es zu unserem schlimmsten Feind werden, uns von unseren Emotionen abschirmen und sogar Informationen verwerfen, die entscheidend wären für unser Wohlbefinden.

Das Unterbewußtsein birgt eine detaillierte Aufzeichnung der Geschichte all unserer Aufenthalte auf der Erde, einschließlich eines kompletten Farbfilms mit Tönen, Gerüchen, Geschmacks- und Tastempfindungen. Solche Informationen tauchen nur auf, wenn sie durch das Bewußte aktiviert werden. Das Unterbewußtsein setzt keinen Verstand ein, Erfahrungen werden von ihm weder bewertet noch emotional belastet. Es reagiert lediglich auf Anregungen.

Das Überbewußtsein verbindet uns mit unserer Essenz und der Weisheit des Universums, und der Zugang wird direkt durch Intuition, Gebet, Meditation oder konzentrierte Absicht vermittelt. Oft können Sätze wie „Klopfet an die Tür und Euch wird aufgetan" oder „Bittet, und Ihr werdet erhalten" uns über die Schwelle führen. Hier sehen wir, daß wir alles anziehen, auf das wir unsere konzentrierte Aufmerksamkeit richten. Das Überbewußtsein ist reines Denken; es kann sich augenblicklich manifestieren und wundersame Heilungen vollbringen.

Jede in diesem Buch beschriebene Heilung setzt alle drei Teile des Bewußtseins ein, um die Heilung zu fördern. Sie regen das Bewußte an, das Tor zu den unbewußten Erinnerungen zu öffnen und ebenso das Überbewußtsein zu aktivieren, um unser Seelenziel zu erhellen. Eine solcherart angeregte Heilung vollzieht sich gleichzeitig auf emotionaler, mentaler, physischer und spiritueller Ebene.

Zugang zu Ihren Gefühlen

Die primäre Ursache von unausgeglichenen Zuständen wie Verzweiflung, Frustration, Schmerz und physische Krankheit liegt in einer Blockade emotionaler Energie, die meistens durch ein fehlfunktionierendes Familiensystem ausgelöst und verstärkt wurde. Genauso wie die erwachsenen Mitglieder einer solchen Familie dazu erzogen wurden, ihre Gefühle zu vernachlässigen, zu verurteilen und zu übergehen, um sich statt dessen um andere Menschen zu kümmern, war dies auch bei ihren Kindern der Fall. Um zu überleben, lernen sie schon früh, ihre wahren Emotionen zu entkräftigen, zu ignorieren und zu unterdrücken. Sie lernen auch, Menschen, die nicht zur Familie gehören, zu mißtrauen, was sie noch weiter von gesunden Rollenvorbildern, die ihre wirklichen Gefühle wahrnehmen und sich durch einen klaren Kommunikationsstil auszeichnen, entfernt. Viele Kinder aus fehlfunktionierenden Familien beherrschen es bestens, „gut auszusehen", und sie vermitteln dies auch an andere.

Verschlossen hinter der durch das Bewußte aufrecht erhaltenen Fassade läuft ein vollständiger Sinnesfilm ab mit Allem, was passiert ist. Auch die Vernichtung einer Emotion nach der anderen, zusammen mit dem begleitenden Schmerz und der begleitenden Reue, ist auf diesen Film gebannt. Die Oberfläche jedoch ist makellos, abgesehen von gelegentlichen Ausbrüchen von Ehrlichkeit. Die folgenden drei Zeichen sind beredte Hinweise dafür, daß etwas nicht in Ordnung ist.

EINSCHRÄNKENDE GLAUBENSSYTEME

Eine einschränkende Überzeugung ist ein programmierter Lehrsatz, der unser multidimensionales Wesen unterläuft. Während manche einschränkenden Überzeugungen ihren Sitz im Bewußten haben, liegen andere im Unterbewußtsein verborgen. Peggy, eine Lehrerin Ende vierzig, hatte eine schwere Kindheit. Ihr alkoholkranker Vater mißhandelte die Familie körperlich, und ihre Mutter war nicht stark genug, um für sich selbst oder die Kinder zu sorgen. Als Teenager übernahm Peggy die Erwachsenenrolle und sorgte dafür, daß ihre Mutter und ihre beiden jüngeren Schwestern in eine andere Stadt zogen, und sie ließ sich dort mit ihnen nieder. Als Erwachsene unterstützte sie ihre Mutter und sorgte für das Studium ihrer Schwestern. Sie hatte jedoch Probleme mit Liebesbeziehungen. Wenn sie sich in einen Mann verliebte, erklärte sie stets: „Ich habe Angst, daß ich nie mehr in der Lage sein werde, für mich selbst zu sorgen, wenn ich Dir mein Herz öffne." Und das war das Ende der Beziehung. Peggy ist immer noch allein.

SELBSTERFÜLLENDE VORHERSAGEN

Eine selbsterfüllende Vorhersagung ist eine angstvolle Prophezeiung, die sich erfüllt, weil wir energetisch das befürchtete Ergebnis anziehen. Angst hält uns in negativen Erwartungen gefangen und kann eine Reihe von selbsterfüllenden Vorhersagen hervorrufen. Angst ist auf manche Art wie ein lebender Organismus, der sich von laufenden Erfahrungen ernährt. Der Angst liegt ein lang vergrabener Schmerz zugrunde.

Für viele Menschen ist das Bedürfnis, Recht zu haben, so groß, daß sie ihre Befürchtungen bewahrheiten, indem sie zerstören, was sie am meisten wollen. Wer sich vor Liebe fürchtet, wird die Illusion schaffen, nicht geliebt zu werden, auch wenn das nicht stimmt. Menschen, die Angst vor Unterstützung haben, durchlöchern ihr Unterstützungssystem, und Menschen, die in der Angst leben, nie Erfolg zu haben, sabotieren sich selbst auf ihrem Weg zum Erfolg.

Selbsterfüllende Vorhersagen folgen dem zweiten universellen Gesetz. Das erste, das Karmagesetz, besagt, daß „was wir anderen antun, auf uns zurückfällt", das zweite, das göttliche Gesetz, lehrt, daß „was wir uns selbst antun, zu uns zurückkommt." Wenn wir uns nicht ehren, pflegen oder für uns sorgen, ziehen wir Menschen und Situationen an, die uns die Erfahrung vermitteln, nicht angesehen zu sein. Sind wir verbittert, wütend und hegen wir Groll gegen uns selbst, ziehen wir Menschen an, die uns gegenüber verbittert, wütend und voller Groll scheinen.

Bill und Sarah, beide Ende vierzig, trugen ungelöste Schmerzen aus ihrer Kindheit und aus früheren gescheiterten Ehen mit sich. Bill war von seinem Vater abgelehnt und nie von seiner Familie akzeptiert worden. Er war überzeugt, nicht gut genug zu sein. Sarah hatte in ihrer Familie die Schuld auf sich genommen. Sie war sicher, daß sie nichts richtig machen konnte und daß sie nur Männer anzog, die sie finanziell ausnutzen wollten.

Bill liebte Sarah und wollte ihr Geschenke machen. Eines Tages gestand er ihr, er wolle ihr gerne ein Haus mit einem weißen Palisadenzaun kaufen. „Ich bin nicht käuflich", entgegnete sie, „du kannst mich nicht kaufen!" Bill, der sein Herz geöffnet und endlich beschlossen hatte, sich niederzulassen, fühle sich wieder einmal abgelehnt. Und Sarah, die sich oft beschwert hatte, daß sie von Männern keine Unterstützung erhalte, versetzte sich selbst neuerlich in eine unerträgliche Situation. Ihre selbsterfüllenden Vorhersagen hatten ineinander gegriffen und eine Doppelzerstörung bewirkt.

DOPPELFESSELN

Doppelfesseln sind ein Entweder - Oder - Dilemma, in dem beide Möglichkeiten uns von unserem Seelenziel und unseren Seelenvereinbarungen fernhalten. Anstatt authentisch auf unsere Situation zu reagieren, lähmen uns unsere einschränkenden Überzeugungen und wir reagieren automatisch. Hinweise auf Doppelfesseln umfassen eine niedrige Selbstachtung und die Unfähigkeit, eine positive Wirkung zu haben, fehlende Motivierung sowie ein Gefühl von Hilflosigkeit, Frustration, beschränkte Zufriedenheit und Hoffnungslosigkeit.

Nina, eine Architektin Anfang vierzig, wollte Heilerin werden. Gleichzeitig hatte sie panische Angst, dieses Wirkungsfeld zu beherrschen. Sie gab die Heilkunstkurse, in die sie sich einschrieb, immer wieder auf.

Susan war eine Managerin Anfang dreißig und litt an niedriger Selbstachtung. Obwohl sie einem Country-Club beitreten wollte, war sie überzeugt, daß jeder Club, der sie aufnehmen würde, den Beitritt „nicht wert sei". Unabhängig von der Einrichtung, die sie sich anschaute, blieb sie in dieser Verlust - Verlust - Perspektive gefangen.

SICH DEN GEFÜHLEN ÖFFNEN

Wenn Sie eines dieser Kommunikationsmuster perfekt beherrschen, können Sie mit großer Wahrscheinlichkeit annehmen, daß Sie schmerzliche Emotionen hegen. Um zu heilen, müssen Sie alle Ihre Gefühle anerkennen, sogar willkommen heißen - eine Leistung, die Übung und Ausdauer verlangt. Der Erfolg ist Ihnen sicher, vorausgesetzt Sie ermutigen Ihren bewußten Geist, die Abwehrmechanismen, die er sich zurecht gelegt hat, zu lösen und sich an Ihrem Seelenziel auszurichten.

Zuerst sind Sie vielleicht der Ansicht, daß die Zurückgewinung von Gefühlen weder die Zeit noch die Mühe rechtfertigt, oder Sie würden lieber Ihren Schmerz und Ihr Leid umgehen. Vielleicht verzweifeln Sie, wenn Sie mit einigen Ihrer Gefühle in Berührung gekommen sind: „Ich kriege das nicht hin" oder „Wozu das alles?" Bitte bedenken Sie in solchen Augenblicken, daß aufgeben Sie nur noch weiter von Ihrer Essenz entfernt. Wenden Sie sich als Unterstützung zum Gebet, zu Meditation, zu Beteuerungen und führen Sie Aufzeichnungen.

Der einfachste Weg, um Zugang zu Ihren Gefühlenzu bekommen, ist, sich bei übertriebenen Reaktionen zu ertappen. Immer wenn Sie beginnen anzugreifen, sich zurückzuziehen, jemanden zu beschuldigen oder sich zu beschweren, halten Sie inne, atmen Sie einige Male tief ein und treten Sie von dem Zusammenstoß zurück. Mit anderen Worten, werden Sie zum Beobachter. Versuchen Sie von diesem Gesichtspunkt aus, den Wert zu erkennen, der in einem Ersatz Ihrer fruchtlosen Kommunikationsmuster durch klar formulierte Bitten liegt. Statt sich zu beschweren und Schuld zuzuweisen, sollten Sie lernen, um das zu bitten, was Sie möchten.

Wir zeigen im Folgenden eine gute Einstiegsmöglichkeit. Während Sie immer noch Ihre Emotionen fühlen, verbringen Sie fünf oder mehr Minuten damit, über jede der unten angeführten Fragen nachzudenken. Schreiben Sie Ihre Antworten auf, wenn Sie wollen.

Wie fühle ich mich?

Ihre Emotionen beim Namen nennen wird Ihnen helfen, ehrlich zu Ihnen selbst zu sein.

Wie intensiv sind diese Gefühle?

Wenn Ihre Reaktion relativ mild ist, kämpfen Sie vermutlich mit einem Problem Ihres derzeitigen Lebens. Wenn Sie außer Kontrolle geraten sind, könnte die Situation ein ungelöstes Trauma eines früheren Lebens berührt haben. Die Intensität, die Dauer und die Häufigkeit Ihrer Reaktion wird Ihnen Aufschluß über das Ausmaß des unterdrückten Traumas geben. Diese Übung wird ebenso bei einem Ereignis aus diesem wie bei einem Zwischenfall aus einem früheren Leben wirken.

<u>In welchem Teil meines Körpers nehme ich diese Empfindungen wahr?</u>

Entspannen Sie sich und verfolgen Sie Ihre Gefühle zu bestimmten Stellen in Ihrem Körper. Beachten Sie, wie Ihr Körper reagiert. Manchmal reicht es, den Sitz aufgewühlter Emotionen zu bestimmen, um Sie zu alten Wunden zu führen. An diesem Punkt können Sie dann die in ihnen gefangene Energie freisetzen.

<u>Wann habe ich bereits früher ähnliche Emotionen gespürt?</u>

Rufen Sie frühere Ereignisse und die Menschen, mit denen Sie damals zusammen waren, auf. Während Sie Ihre Absicht auf frühere Umstände konzentrieren, wird Ihr Geist nach früheren Belegen für übertriebene Reaktionen suchen. Als Reaktion können Sie ein unvermitteltes Aufblitzen des Bewußtseins spüren.

<u>Wo liegt meine früheste Erinnerung an diese Gefühle?</u>

Die Bestimmung der Grundursache für Ihre emotionale Reaktion wird Ihnen helfen, frühere, damit zusammenhängende Entscheidungen zu prüfen, das Ausmaß festzulegen, in dem diese Ihnen heute nützen, und sie falls erforderlich zu lösen. Wenn Sie sich nicht erinnern können, was geschah, bitten Sie Ihr Unterbewußtsein um einen Traum, der das ursprüngliche Trauma und Ihre sich daraus ergebenden Entscheidungen freilegt.

Vergeben Sie und setzen Sie die Vergangenheit frei! Die Heilung ungelöster Probleme aus früheren Zeiten hilft oft, die emotionale Belastung, die in gegenwärtigen Situationen davon ausgeht, zu beseitigen. Zumindest wird es Sie befreien, damit Sie Ihre Gefühle und Bedürfnisse ehrlich ausdrücken können. Bevor Sie sich nun wieder auf das stürmische Zusammentreffen einlassen, sollten Sie festlegen, wie Sie sich am besten Ihrer selbst annehmen können. Dient dieses Zusammenspiel Ihnen? Können Sie einen Waffenstillstand aushandeln? Ist es besser, weiter zu kommunizieren oder den Austausch zu beenden?

Fehlfunktionierende Familienmuster erkennen

Zu den Mustern, die einer gesunden Entwicklung am schädlichsten entgegenwirken, gehören unausgesprochene Botschaften, die das Selbstwertgefühl und die Multidimensionalität eines Kindes herabsetzen. Diese Verletzungen können tiefe emotionale Narben hinterlassen, die den Energiefluß des Kindes verlegen und das Kind von seiner Essenz abschneiden. Erst wenn die tief in seinem Unterbewußtsein lagernde, heimtückische Dynamik erkannt wird, ist dieser Mensch in der Lage, die Erfahrung von Mißbrauch freizusetzen und die Entwicklung seiner Seele zu beschleunigen.

EMOTIONALER INZEST

Emotionaler Inzest ist ein viel häufigeres, doch weniger diskutiertes Phänomen als sexueller Inzest. Er tritt auf, wenn Väter, Mütter, Stiefeltern oder andere Verwandte ein Kind in unangemessener Weise an sich binden, um eine emotionale Leere in ihrem Leben zu füllen. In solchen Situationen wird ein Kind nicht länger als solches mit seinen eigenen Wünschen, Bedürfnissen und Sehnsüchten respektiert.

Es ist schwer, diese Form des Inzestes zu erkennen, weil sie oberflächlich gesehen als umsorgende und liebende Tat wahrgenommen wird. So kann ein Vater seine Tochter zum Beispiel „Papis kleines Mädchen" nennen und das Kind emotional verführen, indem er sie fragt: „Wirst Du mich später einmal heiraten?" Eine geschiedene Mutter könnte etwa ihrem jungen Sohn sagen: „Nun bist Du der Mann im Haus." In einem Partnerhaushalt sind die Opfer von emotionalem Inzest wie außereheliche Geliebte zwischen Vater und Mutter gefangen. Opfer im Haushalt von Alleinerziehern werden schließlich versuchen, für den Elternteil zu sorgen. Immer werden gegenseitige Abhängigkeit und Selbstaufgabe beherrschend sein.

Wenn Opfer eines emotionalen Inzestes heranreifen, beginnen sie an ihrer Fähigkeit, über den Rahmen der elterlichen Bindung hinaus emotional zu gedeihen, zu zweifeln. Die meisten sind außerstande, angemessene Beziehungen zu anderen Erwachsenen zu finden. Viele haben Schwierigkeiten, sich an einen Partner zu binden und eine eigene Familie zu gründen. Manche bleiben nahezu ihr ganzes Leben lang zu Hause und verlassen sich für ihre Selbstachtung auf den betreffenden Elternteil.

Paula, eine geschiedene Frau zwischen dreißig und vierzig Jahren, hatte einen neunjährigen Sohn. Im Alter von sechs Jahren kroch er immer zu ihr ins Bett, wenn er sich fürchtete. Weil sie es genoß, mit jemandem kuscheln zu können, schliefen sie die nächsten drei Jahre jede Nacht eng umschlungen. Sie verbrachten auch zahllose Stunden am Tag miteinander. Paula war stolz darauf, daß sie sich so nahe waren, und sie erzählte den Leuten, sie und ihr Sohn seien die besten Freunde.

Dieser Mutter blieb so wenig freie Zeit, daß sie sich selten verabredete und nur eine Handvoll erwachsener Freunde hatte. Einige wenige Male brachte sie einen Mann mit nach Hause, damit er ihren Sohn kennenlernte, doch dieser bekam unweigerlich einen Wutanfall und begann zu streiten, voll Wut, daß sie ihre Zeit nicht mit ihm verbrachte. Schließlich mußte er die Schule verlassen, weil er sich weigerte, Hausaufgaben zu machen, seine Lehrer belog und verbal und körperlich ausfallend wurde. Mit neun Jahren war er nicht mehr zu kontrollieren.

Harry und Barbara heirateten, als sie Mitte dreißig waren. Zu dieser Zeit strebte Harry nach Sicherheit und Barbara wünschte sich Kinder. Obwohl sie wußte, daß Harry keine Familie wollte, überlistete sie ihn und wurde schwanger. Bald danach kam ihr Sohn zur Welt, und sie machte ihn zum Mittelpunkt ihres Lebens. Jedes Mal, wenn Harry ihr erklärte, daß auch er Aufmerksamkeit benötigte, warf sie ihm vor, selbstsüchtig zu sein. Mit dem Gefühl, ausgeschlossen zu sein, voller Groll und sehr böse, gab er seinem Sohn die Schuld daran, daß er seine Frau verloren hatte.

Fünf Jahre später brachte Barbara eine Tochter zur Welt. Endlich hatte Harry jemanden gefunden, den er lieben konnte. Je älter sie wurde, um so mehr Zeit verbrachte er mit ihr, und schließlich vertraute er ihr die Geschichte seiner unglücklichen Ehe an. Sie wiederum lernte, für ihren Vater zu sorgen und als Gleichaltrige angesehen zu werden. Beide Kinder sind nun über vierzig; sie sind geschieden und nicht in der Lage, längere Beziehungen aufrecht zu halten.

Obwohl die Familienbande, die einem emotionalen Inzest zugrunde liegen, als liebevoll empfunden werden können, stellt der Verlust von Grenzen dem Kind Identitätsprobleme. Wenn diese Form von Mißbrauch Ihnen zutreffend erscheint, bereiten Sie sich auf eine erschreckende, doch befreiende Suche vor. Es erfordert ungemein viel Mut, sich seinem Familiensystem zu stellen, die in der Kindheit vorherrschende Dynamik neu zu beurteilen und zu prüfen, ob man wirklich geliebt oder manipuliert wurde, um die Bedürfnisse der Eltern zu befriedigen. Die Wahrheit kann erschütternd sein. Doch zugeben, daß Sie mißbraucht wurden, kann Sie zu einer gesünderen Art der Wechselwirkung anspornen und Ihnen Gelegenheit zur Heilung bieten.

VERLETZUNGEN DES INNEREN KINDES

Im frühen Leben ist das innere Kind eine Quelle der Freude, Spontaneität und Schöpfungskraft, die sich nur nach bedingungsloser Liebe sehnt. Im Alter von sechs Jahren ist das innere Kind oft unglücklich, wütend, manipulierend, erschrocken oder verloren - kurz, verwundet worden. Ohne den Schutz von psychischen Grenzen hat es sowohl die ausgesprochenen als auch die unausgesprochenen Emotionen der Familie aufgenommen.

In manchen Fällen trägt das verletzte innere Kind den ausgedrückten und unausgedrückten Zorn der Eltern. In anderen Fällen hält es eine Überfülle an elterlichen Urteilen. Doch selten wird dieser Inhalt angesprochen. Die Verschwörung des Schweigens, die die meisten fehlfunktionierenden Familien beherrscht, nimmt keine Rücksicht auf die stürmische innere Welt des Kindes. Leugnung setzt ein und wird jedes Mal verstärkt, wenn das Kind erkennt, daß etwas geschehen ist, doch daß es nicht länger in der Lage ist, es zu fühlen.

Tricia, eine Postangestellte von zweiunddreißig Jahren, erinnerte sich daran, als kleines Kind fröhlich, phantasievoll und spontan gewesen zu sein. Sie träumte davon, Schauspielerin zu werden. Als sie sechs Jahre alt war, vermittelten ihre Eltern ihr, daß sie sich wegen ihrer Offenheit und ihres Vertrauens schämen müßte. Danach wurde sie still, zog sich immer mehr nach innen zurück, bis sie sich fast vollständig vom Leben abgekapselt hatte.

Ralph, ein Buchhalter von achtundvierzig Jahren, war lethargisch und unbestimmt. Als er ein Kind war, sagte er, hätten seine Eltern ihn nicht beachtet, ihn beschimpft und sich geweigert, ihn in seinen Interessen zu unterstützen oder zu ermutigen. „Alles was Du brauchst, ist die Familie", behaupteten sie. Als Kind fürchtete er sich vor sozialen Situationen und mit zwanzig war er vollkommen introvertiert.

Einfühlsam hinsichtlich der Wunden des inneren Kindes fragt die Psychologin Virginia Satir ihre Patienten: „Erhellt Ihre Vergangenheit Ihre Gegenwart oder vergiftet sie Sie?" Wenn Sie ein verwundetes inneres Kind hegen und sich auf Erhellung zubewegen möchten, gewähren Sie an erster Stelle dem Kind Amnestie. Gewinnen Sie es in seinem ganzen Verwundetsein zurück und trauern Sie um die Jahre verlorener Unschuld.

Während Ihr Unterbewußtsein vergessene Erinnerungen zum Vorschein bringt, empfinden Sie vielleicht Wut darüber, daß ein heiliger Teil von Ihnen nicht anerkannt wurde. Sprechen Sie diesen Zorn an, wieviel Verwundbarkeit das auch hervorbringen mag. Verleihen Sie Ihrer Wut Ausdruck, geben Sie der Schuld eine Stimme, artikulieren Sie dann die Sehnsüchte und Erwartungen, die nie anerkannt wurden. Fordern Sie Ihr inneres Kind schließlich dazu auf, die Kommunikation mit nicht bedrohlichen Menschen zu üben, durch Sätze wie: „Ich möche hören, was ich fühl" und „Was ich möchte, ist ...." Die Wahrheit auszusprechen ist ein wesentlicher Bestandteil der Heilung!

Nachdem Sie Ihr verwundetes inneres Kind befreit haben, werden Sie der- oder diejenige sein, die seine Spontaneität, Kreativität und Freude schätzen und pflegen werden. Sie werden auch in der Lage sein, Vergebung zu gewähren - Ihren Eltern ebenso wie Ihnen selbst.

BESCHÄMUNG

Beschämung ist ein nagendes Gefühl der Demütigung und der Schande und entsteht als Überlagerung eines fehlfunktionierenden Familiensystems, die dazu bestimmt ist, die Mitglieder in Leiden und Abhängigkeit zu halten. Beschämungsangriffe richten sich gegen Kinder wegen ihres Geschlechtes, ihrer Begeisterung, ihrer emotionalen Empfindsamkeit, wegen körperlicher Merkmale, wegen ihrer Sexualität, ihres Lernstiles oder wegen der Manifestation von Individualität. Die Opfer solcher Angriffe erfahren Gefühle, die von Selbstverachtung bis zu einer überwältigenden Verzweiflung reichen. Während Schuldgefühle - eine eigene Überlagerung - tun oder nicht tun betreffen, beziehen sich Schamgefühle auf das Sein.

Scham trägt eine dichte Schwingung mit sich, die sich wie eine schwere Last anfühlt. Selbstachtung verwandelt sich in Selbstzweifel und Verwirrung. Die Opfer von Beschämungsangriffen sind überzeugt, daß sie keiner Beziehung wert sind und suchen Sicherheit, indem sie sich unsichtbar und unhörbar machen. In unangenehmen Situationen fallen sie in das Alter zurück, in dem sie sich zu schämen begannen. Nicht erkannte Schamgefühle werden oft als spirituelle Bitterkeit erfahren.

Sophia war eine neunundvierzigjährige Zahnarztassistentin und fast ihr ganzes Leben lang voller Groll und depressiv gewesen. Als sie zur Welt kam, waren ihre Eltern enttäuscht, weil sie kein Junge war. Sie beachteten sie selten als Kind, und wenn sie es taten, war es um sie schlecht zu machen. Trotz ihrer andauernden Versuche, ihren Eltern zu gefallen, fühlte sich Sophia nie geliebt oder akzeptiert. Als sie zu einer Sitzung kam, war sie gegen jeden verbittert, auch gegen Gott.

Wenn diese Symptome Ihnen bekannt vorkommen, dann müssen Sie bedenken, daß das Bewußtsein sich ausweitet, um alles zu umfassen, worauf Sie sich konzentrieren und was Sie bejahen. Konzentrieren Sie sich auf Ihre eigene Würde, um Ihre Heilung mental zu aktivieren. Bedenken Sie, daß Sie ein Recht darauf haben, eine gesunde Beziehung einzugehen und sich aktiv an Ihrer Entwicklung zu beteiligen. Einerseits baut die Genesung von den Schamgefühlen die Selbstachtung wieder auf, die das Fundament für persönliche Stärkung bildet. Andererseits kann der Weg vom Schamgefühl zur Würde ein ganzes Leben in Anspruch nehmen!

Eingliederung früherer Leben

Die Seele lebt Hunderte, wenn nicht Tausende, von Inkarnationen. Erfahrungen aus früheren Leben, die nicht in die Gegenwart aufgenommen werden, üben oft so einen starken Einfluß aus, daß sie unsere Fähigkeit, wichtige Entscheidungen zu treffen, beeinträchtigen. Unter der Wirkung von Durchbrüchen aus der Vergangenheit schaffen wir es nicht, eigenmächtig zu handeln. Wir verfallen in automatische Verhaltensweisen, als ob wir in ein psychisches schwarzes Loch geglitten wären. Das Aufrufen eines früheren Lebens - das kann von Teilerinnerungen bis zu einem vollständigen Abruf reichen - erfordert oft die Unterstützung durch einen Heiler, der mit den Funktionsprinzipien der Seele vertraut ist.

Ein ungelöstes Trauma aus einem früheren Leben geht bis zum Äußersten, um unsere Aufmerksamkeit zu erregen. Manche Menschen erleben Krisen, die durch ein ähnliches Ereignis in diesem Leben ausgelöst wurde. Das Erreichen des Alters, in dem sie in der Vergangenheit traumatisiert wurden, kann für andere bedeuten, daß sie sich durch ein emotionales Minenfeld hindurch kämpfen müssen, in dem sie plötzlich das gleiche Verhalten an den Tag legen als früher. Frühere Leben, die nicht eingegliedert wurden, zeigen sich als irrationale Gedanken, flüchtige Emotionen oder Störhandlungen. Sie bewirken auch eine Reihe von physischen oder emotionalen Krankheiten, wie zum Beispiel das Chronische Müdigkeitssyndrom (ME) und mehrfache Persönlichkeitsstörungen.

Um einen Durchbruch aus einem anderen Leben selbst zu integrieren, müssen Sie sich fragen: „Wo und in welchem Leben hat diese Erfahrung ihren Ursprung?“ Oder fragen Sie: „Was ist der wirkliche Grund für diese Situation? Welches ist das Magnetleben? Was brauche ich, um es in mein gegenwärtiges Leben einzugliedern?“ Setzen Sie dabei ständig das Gebet, die Intuition und die konzentrierte Absicht ein, um Ihrem Unterbewußtsein Unterstützung zu entlocken.

Die Ehe von Helen und Ralph, einem Paar Ende vierzig, schien in einer Sackgasse. Helen war untröstlich nach dem Tod ihres Hundes. Das Tier war fünfzehn Jahre lang ein Verbündeter für sie gewesen. Ralph erzählte: „In meinem ganzen Leben habe ich nie jemanden so trauern sehen. Was immer ich tue, bleibt ohne Bedeutung. Es ist kein Kontakt möglich. Das Leben hat für sie jeden Sinn verloren.“ Wir entdeckten, daß Helen sich in einem Durchbruch aus einem früheren Leben befand.

Wir fragten die beiden, ob sie bereit seien, ein früheres Leben, an das sie sich beide erinnerten, zu erforschen. Sie willigten ein, worauf wir sie daran erinnerten, daß es unser Ziel sei, die Organisationsprinzipien ihrer Seelen herauszufiltern, um dadurch eine Sicht auf ihr Dilemma zu erlangen. Helen begann damit, Beziehung aufzunehmen zu einem früheren Leben, in dem sie die stolze und liebende Mutter ihres derzeitigen Partners war. Sie beschrieb sich selbst als junge Frau, deren Stellung in der Gemeinschaft durch seine Geburt verbessert worden war. Das ganze Dorf freute sich.

Ralph nickte und sagte, er könne sich daran erinnern, die grenzenlose Liebe seiner Mutter und den herzlichen Empfang durch die Dorfbewohner genossen zu haben. Doch wie er uns erklärte, schienen die Erinnerungen an dieses Leben zu verschwinden, als er ungefähr drei Jahre alt war.

Helen erinnerte sich nun daran, daß ihr Sohn von ihr entführt wurde, als er sieben Jahre alt war. Er sollte von seinem Vater, der zu dem Zeitpunkt wieder geheiratet hatte, zum Führer erzogen werden. Ralph weinte, als er sich erinnerte, wie die Freunde seines Vaters ihm befohlen hatten, still zu sein; sollte er schreien und seine Mutter wecken, würden sie diese töten. Aus Angst hatte er getan, was sie ihm sagten.

Helen erfuhr nie, was mit ihrem Sohn geschehen war. Von diesem Zeitpunkt an erlebte sie nur mehr Kummer, der ihr Leben einhüllte und sie jeglichen Glücks beraubte.

In diesem Leben wie in dem vergangenen wußte Ralph nicht, was er tun sollte. Worte waren sinnlos, Kontakt unmöglich. Beide Individuen fühlten sich voneinander getrennt, von der Welt abgeschnitten und ohne Hoffnung. In der Erkenntnis, daß sie nunmehr über die Organisationsprinzipien von Kummer und Verlassenheit hinaus gelangen konnten, forderten wir Ralph auf, für die Beziehung zu kämpfen, da er nun ein Mann mit Macht sei. Gleichzeitig ermutigten wir Helen, ihren Kummer zu durchleben und darauf zu vertrauen, daß Ralph sie unterstützen würde.

Er umarmte sie und sie schmiegte sich weinend in seine Arme: „Ich muß nur wissen, daß Du hier bist," sagte sie.

„Ich möchte Dir mehr als nur das geben." erwiderte er.

Für dieses Paar kam die Isolierung des Magnetlebens dem Aufstechen eines Abszesses gleich. Helen trauerte weiter um ihren Hund, doch ihr Bewußtsein wußte nun, daß eine Heilung möglich war.

Paulette, eine Fünfzehnjährige, die am Chronischen Müdigkeitssyndrom (ME) litt, war physisch so erschöpft, daß sie drei Jahre lang keine Schule besuchen konnte. Wir entdeckten, daß sie als Teenager in einem früheren Leben nicht zu Hause gewesen war, als ihre Mutter Selbstmord beging. Von Schuldgefühlen verfolgt, war sie überzeugt, daß ihre Mutter noch am Leben hätte sein können, wenn sie zu Hause geblieben wäre. Als Paulette in diesem Leben in die Pubertät kam, war sie von der Angst besessen, daß ihre Mutter sterben könnte. Sie opferte ihre Freundschaften, drei Jahre Erziehung und ihre Gesundheit dem Schutz ihrer Mutter.

Wir halfen Paulette zuerst, das durchbrechende Trauma vom Tod ihrer Mutter loszulassen. Dann bestanden wir darauf, sie solle ihrer jetzigen Mutter die Wahrheit sagen und forderten dagegen die Mutter ihrerseits auf, ihre Tochter das Gefühl zu vermitteln, sie würde nicht sterben. Bald danach waren wir in der Lage, die Krankheit zu heilen und Paula ging zurück zur Schule in der Gewißheit, daß ihre Mutter ihre Abwesenheit überleben würde.

Carmen war Ende dreißig und besaß ein Fitness-Center. Sie litt unter schmerzvollen Menstruationskrämpfen. Ihr Ehemann nannte sie wegen der Intensität des Zorns, der ihre Monatsblutungen begleitete, scherzhaft einen „Tasmanischen Teufel". Während wir mit Carmen arbeiteten, fragten wir sie, ob ihre Schmerzen aus diesem oder einem anderen Leben stammten. Sie gab an, daß sie von einem früheren Leben herrührten. Als sie wieder in das Magnetleben eintauchte, sah sie sich selbst inmitten einer Gruppe von Mädchen in einem Tempel. „Wir waren Jungfrauen, die zum Zeitpunkt ihrer ersten Menstruation geopfert wurden", erklärte sie.

Wir fragten sie, was sie fühlte, als sie geopfert werden sollte. Sie sagte, daß sie Angst und Zorn empfand. Gleich darauf begann sie zu schreien, und berichtete dann von einer unmittelbaren Befreiung in ihrem Unterleib. Die ganze Sitzung dauerte nicht länger als 20 Minuten. Einige Monate später bestätigten sie und ihr Ehemann in einer Folgesitzung, daß die Heilung vollständig war.

Carmen ist kein Einzelfall. Nach unseren Erfahrungen entdecken die meisten Frauen, die zur Zeit ihrer Menstruation Probleme haben, eine Verbindung entweder zu Erinnerungen an frühere Leben oder zu Verboten aus der frühen Pubertät gegen das Zurschaustellen von Zorn zu anderen Zeiten als zur Menstruation.

Harriet war Ende dreißig bereits durch die ganze Welt gereist und man brachte ihr wegen ihrer spirituellen Fähigkeiten großen Respekt entgegen. Trotz der vielen Menschen, denen sie geholfen hatte, lehnte sie jede Berührung außer jene von engen Freunden ab. Nicht einmal ihr Arzt durfte sie anfassen.

Als wir Harriet trafen, hatten wir das Gefühl, sehr schnell arbeiten zu müssen oder sie würde davonstürzen. Nach einem Eröffnungsgebet forderten wir sie auf, die Ängste loszulassen, die sie von einer Körperberührung mit anderen abhielten. Bald sah sie ein früheres Leben, in dem sie bei lebendigem Leibe auf einem Scheiterhaufen verbrannt wurde, umgeben von einer Menschenmenge. Obwohl das Feuer sie umzingelte, so erzählte sie, berührten die Flammen sie nicht. Schließlich holten die Menschen sie vom Scheiterhaufen herab und versuchten, sie zu töten, doch irgendwie überlebte sie. An diesem Punkt brach sie in Tränen aus und erlaubte uns, sie zu halten.

Einige Tage später rief sie an, um uns zu sagen, daß sie keine Probleme mehr habe,

berührt zu werden. Sie erlitt keine Folgetrauma und konnte in ihrem Leben weiterschreiten.
Alle diese Sitzungen bewirkten eine tiefe Verwandlung. In jedem Fall begannen wir damit, über das Überbewußte zum Wesen des Individuums vorzudringen. Während wir mit dem Bewußtsein des betreffenden Menschen arbeiteten, gelangten wir zum Unterbewußtsein, um Zugang zu den Erinnerungen zu bekommen, die verantwortlich waren für die Blockierung der emotionalen Energie. Nachdem wir das Trauma erkannt hatten, wandten wir uns an das Bewußtsein der Person, um die Verwirrung zu lösen und eine Heilung zu ermöglichen.

Acht

WAS MAN VON EINER HEILSITZUNG ERWARTEN KANN

„Die Verwandlung bezeichnet das Ende eines zufälligen Lebens und den Beginn eines bewußten Lebens, das vom Inneren nach außen gelebt wird.“

Kathleen Noble

Das Ziel von Heilsitzungen liegt darin, die Verbindung eines Menschen zu seiner eigenen Essenz zu stärken, was zu einer größeren Spontaneität, zu einer erweiterten emotionalen Verfügbarkeit und zu Befreiung von Schuld, Schamgefühlen und Verurteilungen führt. Das energetische Ergebnis ist ein größerer Energiefluß auf allen Seins- ebenen. Positive Auswirkungen sind dabei verbesserte Beziehungen, größere Aussichten auf Erfolg und Wohlstand, eine optimistischere Lebensauffassung, eine verbesserte Gesundheit und vertiefte spirituelle Bindung.

Wenn Sie Ihre Bemühungen um Selbstheilung in diesen Bereichen vergrößern wollen, ist eine Heilsitzung in höchstem Maße zu empfehlen. Sie kann Ihnen helfen, Ihre Lebensrichtung weiter zu klären, während Sie Traumata und blockierte Energie aus diesem und aus früheren Leben loslassen.

Doch machen Sie sich auf inneren Widerstand gefaßt. Bevor Sie einen Termin ausmachen, verspüren Sie womöglich Hintergedanken, die von alten Schutzmustern, tief verwurzelten Verteidigungsmechanismen oder von Ansprüchen, die Sie während all diesen Jahren aufrecht erhalten haben, hervorgerufen werden. Seien Sie beruhigt, alte Gewohnheiten können verändert werden, und Ihre Führer und Lehrer werden Sie in der Ausrichtung auf Ihre Essenz unterstützen.

AUF EINE HEILSITZUNG VORBEREITEN

Die Vorbereitung ist wesentlich. Stellen Sie vor dem Termin Überlegungen dazu an, was Sie sich von der Sitzung erhoffen, welche Fragen Sie stellen möchten und welche Muster Sie gerne heilen möchten. Vielleicht schreiben Sie diese Ziele nieder. Vergessen Sie nicht, für die Klärung Ihrer Zielsetzungen Ihre Führer um Hilfe zu bitten. Es obliegt Ihnen, um Unterstützung zu bitten, und deren Aufgabe ist es, Ihnen in der Erfüllung Ihres Seelenzieles beizustehen.

ZU ZEIT UND GESUNDHEITSZUSTAND

Vermeiden Sie mindestens 24 Stunden vor und 48 Stunden nach der Sitzung jedes Suchtmittel. Teilen Sie sich am Tag Ihres Termins eine Stunde zur Entspannung ein, bevor Sie den Heiler treffen, rechnen Sie etwa eine Stunde für die Sitzung und eine oder zwei Stunden nachher für eine ununterbrochene Integrationszeit. Planen Sie im voraus, dadurch werden Sie relativ entspannt ankommen und bereit zu größtmöglicher Offenheit, positiv und auf Ihren Einsatz zur Heilung konzentriert sein.

ÄNGSTE UND ZWEIFEL

Vor einer Sitzung fühlt sich die Persönlichkeit oft unwohl oder ängstlich, weil sie spürt, daß eine Veränderung unmittelbar bevorsteht. Unwillig, die Kontrolle über das Leben der betreffenden Person einzubüßen, sendet sie Wellen von Angst, Zweifel und Unsicherheit aus, die tatsächlich eine Heilung behindern, wenn sie nicht angesprochen werden.
Wenn eine der unten angeführten Reaktionen der Persönlichkeitsdynamik bei Ihnen auftritt, müssen Sie verstehen, daß das normal ist. Atmen Sie durch Ihren Widerstand hindurch und bestätigen Sie Ihren Entschluß, sich nach Ihrer Essenz auszurichten. (Anmerkung: Diese Behinderungen können auch während oder nach einer Sitzung auftreten. Wenn das der Fall ist, sollten Sie eine nach der anderen als einschränkende Überzeugung erkennen und neuerlich Ihre Entscheidung bekräftigen, Ihr Seelenziel zu bejahen.)

- Angst vor Veränderungen, vor Kontrollverlust, vor dem Unbekannten
- Angst, Ihre Gefühle wahrzunehmen
- Angst, sich Ihrer Heilung zu widmen
- Angst vor Entscheidungen, die andere Menschen beunruhigen könnten
- Angst vor der Macht
- Angst davor, in Ihrem eigenen Körper zu sein und das Leben zu spüren
- Angst, auf der Erdebene „in die Falle" zu gehen
- Angst vor Liebe, Freude und Glück
- Angst davor, falsche Entscheidungen zu treffen
- Angst vor spirituellen Geschenken und Erfahrungen
- Angst, verrückt zu werden
- Angst davor herauszufinden, daß Sie nicht perfekt sind
- Angst davor, Gelübde, Versprechen und Verpflichtungen aus früheren Leben zu lösen

- Leugnen, daß ein Problem besteht
- Mangel an Glauben an den Heiler oder sich selbst
- Mangel an kritischem Urteilsvermögen hinsichtlich Ihrer Ergebenheit gegenüber Eltern, Kultur, Land oder Religion
- Unfähigkeit, an eine höhere Gewalt zu glauben
- Überzeugung, vergangene Ereignisse seien unwichtig
- Überzeugung, daß Sie kein Recht darauf haben, fröhlicher (oder erfolgreicher, kreativer, bewußter) als Ihre Eltern zu sein
- Glaube, daß Kämpfe, Schmerz und Leiden sein müssen

ENTSCHULDIGUNGEN FÜR EIN AUFGEBEN

In den vielen Jahren, in denen wir den Menschen helfen, sich wieder nach ihrer Essenz auszurichten, haben wir Hunderte von erworbenen Beschränkungen gehört, die zu einem niedrigen Selbstwertgefühl, zu einem Gefühl der Machtlosigkeit, der Mittelmäßigkeit und der gegenseitigen Abhängigkeit beitragen. Diese Halbwahrheiten - die alle als „Grund“ für den Verzicht auf eine Heilsitzung genannt werden - sind ebenso wie Ängste und Zweifel Eingaben einer Persönlichkeit, die nicht bereit ist, ihre Kontrolle aufzugeben.

Es folgt eine Liste mit den am häufigsten vorgebrachten Eingaben. Wenn Sie sich bei der Formulierung einer oder mehrerer dieser Aussagen wiedererkennen, müssen Sie begreifen, daß Sie sich an einem Scheidepunkt befinden: Sie müssen entweder die Gebote Ihrer Persönlichkeit oder die Entwicklung Ihrer Seele bejahen.

- „Es wird sowieso nie funktionieren.“
- „Ich habe keine Energie dazu.“
- „Ich kann das nicht allein machen.“
- „Ich muß das allein machen.“
- „Es ist nicht der richtige Zeitpunkt.“
- „Ich habe zuviel Angst.“
- „Was ist, wenn ich mich nachher nicht mag?“
- „Ich schäme mich zu sehr.“
- „Ich bin unfähig, mir oder anderen zu verzeihen.“
- „Wenn ich heile, muß ich Verantwortung für mein Leben übernehmen.“
- „Ich fürchte, daß wenn ich meinen Zorn spüre, ich jemanden töten könnte.“
- „So wurde ich erzogen; das ist alles was ich kenne.“
- „Was immer ich selbst oder Sie tun mögen, es wird nie die Leere in mir auffüllen.“

- „Ich habe Angst, die Kontrolle zu verlieren."
- „Ich habe Angst davor, verurteilt zu werden."
- „Ich kann es mir nicht leisten."
- „Was soll's? Meine Eltern wollten mich nicht, warum sollte das sonst jemand tun?"

Die Heilsitzung

Versuchen Sie Ihr Möglichstes, um einen Zustand bedingungsloser Liebe und bedingungslosen Denkens zu erreichen; das wird es Ihnen ermöglichen, sich selbst mit einem erweiterten Bewußtsein der Möglichkeiten zu sehen. Bereiten Sie sich darauf vor, dem Heiler die Gründe für Ihren Besuch und die Natur Ihrer Ziele zu nennen; stellen Sie sich darauf ein, daß Ihre bedingungslose Liebe und Ihr bedingungsloses Denken voll unterstützt werden. Rechnen Sie damit, Informationen von Ihrem Unter- und Überbewußtsein zu bekommen, die Sie wieder mit Ihrem spirituellen Kontext vertraut macht.
Erwarten Sie vor allem, überrascht zu werden. Selbst wenn Sie mit einer klaren Vorstellung dessen, was zu Ihrer Heilung erforderlich ist, ankommen, wird die Energie dem Bedürfnis folgen, und es gibt keine Möglichkeit vorauszusehen, worin dies liegen kann. Vielleicht tauchen Versprechen auf, die Sie sich selbst oder anderen gegeben haben, und die überdacht werden sollen. Es können sich Seelenvereinbarungen zeigen, die Sie mit Ihnen bekannten Menschen getroffen haben, und somit zur Klärung Ihrer Beziehungen beitragen. Geistige Wesen - entweder ungeborene Kinder oder verstorbene Freunde oder Familienmitglieder - können mit Ihnen kommunizieren. Vielleicht gewinnen Sie Einsicht in die tiefere Bedeutung eines Leidens oder einer Krankheit, oder Sie entdecken eine Verbindung zwischen einem körperlichen Zustand und einem Widerstand gegen Ihre Essenz. Eines ist sicher: Sie werden einem Reigen Ihres Bewußten, Ihres Unter- und Ihres Überbewußtseins beiwohnen, in dem diese gemeinsam die nächste Stufe in Ihrer Entwicklung erschaffen.

Nachbetreuung

Bevor Sie die Sitzung verlassen, sollten Sie ein Glas Wasser trinken, um Ihnen wurzeln zu helfen. Trinken Sie weiter während der folgenden 48 Stunden große Mengen Wasser, um die während der Sitzung freigesetzten Giftstoffe auszuspülen. Nicht aus dem Körper geschwemmte Giftstoffe werden neuerlich aufgenommen.

Sofortmassnahmen

Die unmittelbar auf die Sitzung folgende Zeit ist ebenso bedeutend wie die Zeit der Sitzung selbst. Diese stille Pause während einer oder zwei Stunden dient der vollständigen Aufnahme der Heilenergien und dem Nachdenken über das, was Sie erfahren haben. Bleiben Sie ganz in Ihrer Erfahrung, doch versuchen Sie nicht, sie zu begreifen. Besuchen Sie einen Lieblingsplatz zur Erholung, wandern Sie in der Natur oder schreiben Sie. Wofür Sie sich auch entscheiden, meiden Sie Drogen, Alkohol, negative Menschen, Menschenmengen, Lärm und belastende Situationen. Kehren Sie nicht vor zwei Stunden zu Ihrer Arbeit zurück.

Um das Aurafeld um den Körper zu reinigen, empfehlen wir am Abend ein heißes Bad. Badewasser mit einem Zusatz von einem Löffel Apfelessig, Bittersalz oder Meersalz hilft, die Freisetzung von Giftstoffen über die Haut anzuregen. Vergessen Sie nicht, auch Ihren Kopf unter Wasser zu tauchen.

HÄUFIGE NACHWIRKUNGEN

Die Freisetzung von blockierter Energie wird entweder zu erhöhter oder zu verringerter Vitalität und zu einem breiten Spektrum an Emotionen führen. Diese energetische Veränderung ist ein Zeichen, daß die Meridiane Ihres Körpers sich einer Heilung geöffnet haben. Um den Weg zur Heilung zu ebnen, müssen Sie bereit sein, alle Ihre Emotionen ohne Verurteilung oder Zuordnung zu empfinden.
Bei vielen Frauen setzt innerhalb von Stunden nach der Heilung die Menstruation ein. Meistens ist der auslösende Faktor für diese Erscheinung die Freisetzung von lang unterdrückter Energie in Verbindung mit einem Trauma. Manchmal ist es auch das Loslassen von der Angst, eine Frau zu sein.

Positive Gefühle - Die meisten Menschen fühlen sich belebt, selbstsicher, klar, freudig, glücklich, friedlich und frei. Sie empfinden auch eine stärkere Verbindung zu ihren Körpern und ihren inneren Leitquellen. Viele Kunden sprechen davon, ihr Herz „offen" zu fühlen oder mit sich selbst „Flitterwochen" zu erleben. Diese Euphorie kann Stunden oder für den Rest Ihres Lebens dauern. Dieses Hoch stellt jedoch nicht das Ziel dar; dieses liegt in einer Stärkung der Seele. Wieder in Übereinstimmung mit Ihrem Seelenwesen, werden Sie Optimismus, Fülle, Harmonie, ein Gefühl des inneren Wissens und der Freude verinnerlichen und ausstrahlen.

Kopfschmerzen - Ursachen für pochende Schläfen umfassen:

- das Bemühen, die Erfahrungen nach der Sitzung zu begreifen oder zu kontrollieren
- Schuldgefühle wegen eines Ereignisses, mit dem Sie in der Sitzung konfrontiert wurden und das Sie verurteilt haben
- Widerstand gegen die Veränderung
- Angst vor Wahrhaftigkeit
- Löschen von alter und unangemessener Programmierung
- Freisetzung von Giftstoffen aus dem Gehirn
- das Öffnen der Spiritualität. Besonders im Bereich des Dritten-Auges und Kronen-Chakras können Schmerzen durch die Erinnerung an ein Trauma aus einem früheren Leben ausgelöst werden.

Wenn Kopfschmerzen auftreten, atmen Sie in Ihren Schmerz hinein. Lieben Sie sich bedingungslos. Trinken Sie viel Wasser und nehmen Sie ein wie oben beschriebenes Bad, um Ihr Energiefeld zu reinigen. Dann ruhen Sie sich aus und geben sich noch tiefer der Heilung hin.

Grippenartige Symptome - Fieber ist ein Anzeichen dafür, daß der Körper alte Erinnerungsmuster verbrennt. Körperliche Schmerzen sind das Ergebnis von Spannung. Bei den ersten Zeichen von Unwohlsein sollten Sie Ihre Gefühle wahrnehmen und Sie durch Kunst, Tanz, Dichtung oder durch Gespräche mit einem Freund ausdrücken.

Erschöpfung - Erschöpfung wird durch Anspannung, Widerstand oder durch die Abnahme der zur Heilung benutzten Energie beschleunigt. Wenn Sie sich erschöpft fühlen, sollten Sie zurückstecken und sich ausruhen. Die Integrationszeit, die man nach einer Heilsitzung braucht, ist der Genesungszeit nach einer Operation zu vergleichen.

Wut - Meistens entspricht aufkommende Wut einer alten, unterdrückten Empörung, die nicht sicher gegenüber den Eltern oder anderen Autoritätsfiguren zum Ausdruck kommen konnte. Manchmal bedeutet sie auch gegen sich selbst gerichteten Zorn, weil man eigene Erwartungen oder Forderungen von anderen nicht erfüllt hat. In beiden Fällen tauchen die Gefühle auf, um freigesetzt zu werden. Die Heilung wird erfolgen, wenn die Wut nicht verurteilt wird.

Wenn Wut oder Zorn aufbrechen, dürfen Sie ruhig schreien oder auf einen weichen Gegenstand, wie zum Beispiel ein Kissen, schlagen. Was Sie auch tun, vermeiden Sie es, Ihre Wut gegen einen Menschen, ein Tier oder einen festen Gegenstand zu richten. Wirkungsvoll ist auch anstrengende körperliche Betätigung. Fragen Sie sich immer wieder: „Auf wen bin ich wirklich wütend? Was ist mit mir geschehen? Wann geschah es?“ Bedeuten Sie Ihrem Bewußtsein, daß Sie bereit sind, die Wahrheit zu erfahren, und rufen Sie dann die Erinnerungen auf, damit sie geheilt werden können. Oder führen Sie Selbstgespräche und schreiben Sie Ihre Gedanken und Gefühle nieder.

Angst - Angst neigt dazu, in Form von Fragen aufzutauchen wie „Wer wird mich verstehen? Wer wird mich lieben? Wie soll ich handeln?“ Wenn Angst Sie überflutet, atmen Sie in sie hinein, füllen Sie sich mit weißem Licht und bedingungsloser Liebe an. Vergessen Sie nicht: Sie sind ein multidimensionales Wesen. Rufen Sie Ihre Seelenverbände und die göttliche Liebe um Unterstützung an. Jede Angst, der Sie sich auf diese Weise stellen, wird die Macht über Sie verlieren.

Einsamkeit - Das Loslassen eines geliebten Menschens, eines überalteten Musters, einer Sucht oder auch einer psychischen Bindung kann Gefühlen der Traurigkeit, des Verlustes oder der Trauer Platz machen. Auch die Beendung einer schlecht funktionierenden Beziehung oder Abschied von alten Freunden können ähnliche Emotionen hervorrufen. Wenn der Verlust Sie befällt, gestehen Sie sich Trauer zu, während Sie sich ständig mit weißem Licht und bedingungsloser Liebe erfüllen lassen. Wenn eine abschließende Zeremonie berechtigt ist, versuchen Sie, eine Kerze anzuzünden, ein Gebet zu sprechen oder einen Gegenstand, der mit der betreffenden Person oder Angewohnheit zusammenhängt, zu verbrennen oder zu vergraben.

Zittern - Körpertremor wird üblicherweise durch den Widerstand gegen die Lösung von fehlfunktionierenden Mustern und gegen einen Fortschritt im Leben ausgelöst. Schlimme Fälle von Zittern stehen oft in Verbindung zu einem Trauma aus einem früheren Leben und mit der Angst, daß eine Öffnung zu Vernichtung führen könnte. Wenn Sie plötzlich anfangen zu zittern, müssen Sie sich fragen „Setze ich Energie frei oder halte ich sie zurück?“ Wenn Sie der Energie den Durchgang versperren, fragen Sie Ihr Innerstes: „Warum habe ich Angst, loszulassen?“ Dann gestehen Sie sich bedingungslose Liebe zu; trinken Sie große Mengen Wasser, nehmen Sie ein wie oben beschriebenes Bad, ergeben Sie sich dem Zittern und beteuern Sie, daß Sie heilen. Wenn das Zittern nicht vorbeigeht, wenden Sie sich wieder an Ihren Heiler.

Eine Heilkrise - Auf einen wesentlichen Durchbruch oder eine bedeutende Freisetzung von Energie folgt oft eine Heilkrise, die sich durch eine Kombination der oben beschriebenen Symptome auszeichnet, zusammen mit Angst, Verwirrung, Desorientierung und Frustration. Befreit von überalteten Mustern oder negativen Verhaltens- und Glaubenssystemen wird die Person zu einem unverzeichneten Gebiet ohne bekannte Markierungen. Diese Situation löst sich von selbst mit der zunehmenden Entdeckung neuer Seinsmöglichkeiten.
Wenn Sie spüren, daß eine Heilkrise im Anmarsch ist, vertrauen Sie darauf, daß Sie ohne Ihre alten, weggeworfenen Krücken überleben können. Bedenken Sie: Energie strebt nach Gleichgewicht. Ihre Heilung könnte tiefere Ebenen unterdrückter Energie betroffen haben. Es erfordert oft 24 bis 48 Stunden, um wieder ins Gleichgewicht zu gelangen. Ruhen Sie in der Zwischenzeit, trinken Sie viel Wasser und verwöhnen Sie sich. Wenn Sie Hilfe brauchen, wenden Sie sich an Ihren Heiler.

In den folgenden 48 Stunden zu vermeidende Aktivitäten

Um Ihr gereinigtes Energiefeld zu stabilisieren und sich mit ihm zu verbinden, sollten Sie die folgenden Verhaltensweisen und Aktivitäten meiden:

- Aufnahme von Geschlechtsverkehr
- Wichtige Entscheidungen über Änderungen in einer Beziehung oder bezüglich der Karriere treffen. Dies ist nicht der Augenblick, um sich zu verlieben, zu trennen, Heirat oder Scheidung festzulegen, oder Ihre Arbeitssituation zu verändern
- Versuchen, Menschen den Durchbruch zu erklären, die ihn nicht verstehen werden
- Die Erfahrung mit Freunden oder der Familie durcharbeiten, bevor Sie sie selbst aufgenommen haben
- Die Erfahrung intellektualisieren
- Ihren Ärger an jemandem auslassen
- Jemand anderen für Ihren Schmerz verantwortlich machen
- Zu beschäftigt sein, um die Erfahrung verinnerlichen zu können
- Hart zu Ihnen selbst sein
- Denken, daß eine Veränderung so einfach sein könnte
- Auf die Ihnen zugänglichen Erkenntnisse verzichten
- Glauben, daß der Heiler für die Heilung verantwortlich ist
- Die Augen verschließen vor der Schönheit und dem Göttlichen, das in Ihnen wohnt.

Den Heilprozess in den folgenden Tagen unterstützen

Heilung ist nicht etwas einmalig Erfolgtes. Im Gegenteil, sie verlangt andauernde Stärkung und eine Bereitschaft, die volle Verantwortung für sich selbst zu übernehmen. Wenn Sie zu Ihrer alltäglichen Wirklichkeit zurückkehren, sollten Sie mehrere der folgenden Tätigkeiten einbauen, um Ihren Heilprozeß zu tragen:

- Ruhen Sie, nehmen Sie gesunde Nahrung zu sich, atmen Sie reine Luft, trinken Sie viel, viel Wasser
- Betätigen Sie sich körperlich - machen Sie Yoga, Tai Chi, Stretching
- Genießen Sie die Natur - wandern Sie, schwimmen Sie in einem natürlichen Gewässer
- Verbringen Sie Zeit mit unterstützenden Freunden und Gruppen
- Setzen Sie Grenzen, die Ihrer Zeit und Ihrem Energiestand entsprechen
- Lachen Sie und seien Sie verspielt
- Hören Sie auf Ihre innere Führung; kommunizieren Sie mit Ihrem inneren Kind
- Trainieren Sie Ihre Fähigkeiten, in Ihrer Kraft und in Ihrer Liebe zu sein
- Schaffen Sie sich eine sichere, geheiligte Umgebung
- Seien Sie freundlich gegen sich selbst; würdigen Sie die Zeit Ihres Heilprozesses
- Meditieren Sie und behalten Sie eine positive Sicht
- Gönnen Sie sich Massagen oder andere Arten von Arbeit mit dem Körper
- Arbeiten Sie an der Lösung Ihrer Wut
- Verwenden Sie Blütenessenzen, um die erneuerte Harmonie Ihres Energiefeldes zu stützen
- Setzen Sie Affirmationen und Gebete ein, um positive Qualitäten zu stärken
- Denken Sie über gute Augenblicke nach
- Fühlen Sie Ihre Empfindungen, ohne über sie zu urteilen
- Trainieren Sie es, Risiken zu übernehmen und die Wahrheit zu sagen
- Machen Sie Aufzeichnungen über positive Veränderungen
- Reinigen Sie Ihr Energiefeld durch Reiben mit Salbei
- Konzentrieren Sie sich auf positive Energie, indem Sie eine weiße Kerze abbrennen
- Konzentrieren Sie sich auf Ihre Ziele und Ihre Herzenswünsche
- Hören Sie sanfte Musik; kaufen Sie sich Blumen
- Führen Sie eine Traumliste.

WIE SIE WISSEN KÖNNEN, OB SIE EINE WEITERE HEILSITZUNG BRAUCHEN

Wenn Sie sich festgefahren, verängstigt, desorientiert oder niedergeschlagen fühlen, ist eine Folgesitzung zu empfehlen. Eine zweite Sitzung ist auch dann anzuraten, wenn Sie in Zorn verfallen oder wenn zusätzliche Problempunkte auftauchen, die Sie selbst nicht bearbeiten können.

Neun

RICHTLINIEN FÜR DIE LEITUNG EINER HEILSITZUNG

„Die Welt ist ein Feld von Bewußtsein, in dem Sie und ich Teilchen sind."
Joseph Campbell

In den Heilsitzungen werden Sie mit der Illusion konfrontiert, daß Ihre Klienten verwirrt oder krank sind, oder daß sie von einem unheilbaren Leiden betroffen sind. Denken Sie daran, daß dieses Bild trügt. Das beste Geschenk, das Sie Ihren Klienten machen können, ist, über ihre Herausforderungen hinaus ihre Vollkommenheit zu sehen, sie als multidimensionale Wesen anzusehen, die in der Lage sind, Wunder zu bewirken, wenn sie in Übereinstimmung mit den Regeln ihres Wesens sind. Die folgenden Richtlinien werden Ihnen helfen, diese Sicht und für sich selbst die Orientierung aufrecht zu erhalten.

VORBEREITUNG FÜR EINE HEILSITZUNG

Die Vorbereitung ist für Sie ebenso entscheidend wie für die Menschen, mit denen Sie arbeiten. In vielen Fällen wird die Promptheit Ihrer Hilfe nicht so sehr von den Maßnahmen abhängen, die Sie unmittelbar vor der Sitzung treffen, sondern davon, wie Sie Ihren Alltag leben.

ERDEN

Es ist entscheidend, mit der Erdebene verwurzelt zu bleiben, während man Zugang zu anderen Dimensionen erhält. Wie jemand es einmal ausdrückte: „Spirituelle Arbeit ist wie die altmodischen Straßenbahnen: Sie müssen nach oben mit den Stromleitungen verbunden bleiben und gleichzeitig müssen Ihre Räder in den Schienen laufen. Wenn eine der Verbindungen abbricht, kommen Sie nirgendwo hin!" Je stärker Sie verwurzelt sind, um so leichter können Sie sich mit spirituellen Energien verbinden.

Versuchen Sie diese Erdungstechnik. Stellen Sie sich einen Ball intensiven weißen Lichts vor, das von der „Quelle" herabkommt, und stellen Sie sich vor, wie Ihr Kopf sich öffnet, um diese reine Energie aufzunehmen. Während der Lichtball durch Ihren Kopf eintritt und entlang Ihrer Wirbelsäule nach unten wandert, verbildlichen Sie sich, wie das Licht jedes Ihrer Chakren oder Energiezentren reinigt, heilt und segnet. Lassen Sie den Energieball durch Ihr Basis-Chakra aus- und in die Erde eintreten, bis er das Zentrum des Planeten erreicht. Halten Sie für einen Augenblick ein und fühlen Sie Ihre Verbindung zum Mittelpunkt der Erde. Dann lassen Sie etwas Energie dort zurück und bringen den Ball wieder zur Erde hoch und in Ihren Körper, bis er Ihr Herzzentrum erreicht. Füllen Sie Ihr Herzzentrum mit dieser besonderen Energie. Wenn Ihr Herz überfließt, senden Sie die Energie durch Ihr Herz, Ihre Augen und Ihre Hände zu Ihrem Klienten aus.

Hier eine andere Technik. Stellen Sie sich vor, Sie seien ein riesiger Baum, vielleicht ein Redwood aus Kalifornien, mit Wurzeln, die tief in die Erde reichen. Nun aktivieren Sie so viele Ihrer Sinne wie möglich. Sehen Sie, hören Sie, riechen Sie den Duft der Erde; fühlen Sie das Innere des Erdreiches. Sobald Sie sich verwurzelt fühlen, bewegen Sie Ihre Sinne zur Baumkrone, zum Himmel darüber und zu Allem, was oberhalb des Himmels existiert. Strahlen Sie diese geerdete Ausweitung auf Ihren Klienten aus.

Zusätzlich können Sie sich erden, indem Sie als Leuchtfeuer für Ihre Seelenverbände dienen. Während Sie sich mit Ihnen verbinden, fühlen Sie sich geborgener, und bald werden Sie überfließen vor Segnungen. (Um die Vertrautheit mit Ihren Seelenverbänden zu erhöhen, siehe Meditation S. 175)

Auch in Ihrem Alltag sollten Sie alles Mögliche tun, um in Ihrem Körper verwurzelt zu bleiben. Essen Sie Wurzelgemüse, duschen Sie kalt, trinken Sie große Mengen Wasser, praktizieren Sie Yoga, trainieren Sie, gehen, tanzen, trommeln und schwimmen Sie. Seien Sie sich jede Minute Ihres Lebens Ihrer Gefühle bewußt.

SCHÜTZEN SIE IHR ENERGIEFELD

Die Heilsitzung wird Sie unter anderem dichten Emotionen von Angst, Wut, Groll und Disharmonie aussetzen. Ihre Aufgabe besteht darin, ein inneres Milieu bedingungsloser Liebe und bedingungslosen Denkens aufrecht zu erhalten, so daß Sie Ihren Klienten in der Erfahrung und dem Ausdruck des Schmerzes, der den Empfindungen zugrunde liegt, unterstützen können.

Eine Möglichkeit, negative Energie abzuwehren, ist den durch bedingungslose Liebe ausgelösten hohen Schwingungspuls zu halten. Zu diesem Zweck sollen Sie versuchen, regelmäßig Dankbarkeit auszudrücken; vermitteln und halten Sie ein Metallschild um die Blase, die in der Lage ist, auch die größte negative Energie abzuwehren.

Die Heilsitzung

Keine Heilsitzung ist wie die andere. Es ist auch nicht möglich, vorherzusagen, wohin die stille Stimme des Geistes Sie führen wird. Die folgenden Richtlinien werden als Entwurf gegeben, damit Sie sich mit den allgemeinen Bereichen Ihre Verantwortung vertraut machen können.

PROBLEME EINKREISEN

Wenn Sie mit großer Hellsichtigkeit und einer ausgezeichneten Bindung zu Ihren Führern und Lehrern gesegnet sind, sind Sie vielleicht in der Lage, eine ganze Sitzung zu leiten, ohne Fragen zu stellen. Wenn Sie jedoch wie die meisten Menschen sind, werden Sie zumindest einige Fragen stellen müssen, um die anzusprechenden Probleme einkreisen zu können. Typische Fragen sind: „Warum haben Sie diesen Termin ausgemacht? Was möchten Sie aus dieser Sitzung gewinnen? Wo fühlen Sie in Ihrem Körper eine Energieblockade? Wie lange dauert .... schon? Was geschah in Ihrem Leben, als es anfing?“ Die Antworten Ihres Klienten werden Ihnen helfen, fortzufahren. Verlassen Sie sich auf die Hilfe Ihrer Intuition. Bleiben Sie während der gesamten Sitzung in bedingungsloser Liebe und bedingungslosem Denken zentriert. Vergleichen Sie Kapitel 11, 12 und 13 bezüglich der wirksamsten Heiltechniken. Beispiele für Mustersitzungen scheinen in Kapitel 14 auf.

AUF ÜBEREINSTIMMENDE BILDER ACHTEN

Ein übereinstimmendes Bild tritt auf, wenn ein Heiler ein ungelöstes Problem hat, das dem des Klienten ähnelt. Ein Heiler, dessen Schmerz berührt wird, verliert seine Objektivität und gefährdet seine Fähigkeit, mit der betreffenden Person zu arbeiten. Wenn Sie in einem übereinstimmenden Bild gefangen sind, müssen Sie versuchen, Ihr Energiefeld von dem Problem zu befreien, indem Sie sich mit weißem Licht füllen, sich erden und zu einer Einstellung bedingungsloser Liebe zurückkehren. Wenn es Ihnen zu schmerzlich ist, Ihr Energiefeld zu reinigen, teilen Sie dies dem Klienten mit und bitten Sie um Verzeihung, nicht helfen zu können. Bevor Sie ihn auf halbem Wege im Stich lassen, empfehlen Sie ihm lieber die Dienste eines anderen Heilers. In der Zwischenzeit sollten Sie in der Berührung Ihres Schmerzes eine Gabe sehen, mit der Sie zu rechnen müssen, und Sie müssen sobald wie möglich an dem zugrundeliegendem Problem arbeiten.

Rosalies Sohn Mike wurde 1977 im Alter von vierzehn Jahren durch einen Stromschlag getötet. Wenn sie mit Menschen arbeitet, deren Kinder gestorben sind, tritt sie bewußt zurück und hebt ihre Frequenz an. Nur so kann sie sich über das übereinstimmende Bild ihres eigenen Schmerzes und Verlustes erheben.

Michael war das Opfer emotionalen Inzestes durch seine Mutter und wurde von seinem Vater abgelehnt. Bei der Arbeit mit Menschen, die emotional mißhandelt oder von einem Elternteil abgelehnt wurden, atmet er tief ein, löst sich für einen Augenblick und hebt seinen Schwingungspegel an. Dann ist er in der Lage, das übereinstimmende Bild seiner Kindheit zu meiden.

TEMPOVORGABE EINER SITZUNG

Würdigen Sie das Tempo Ihres Klienten. Achten Sie ebenso auf seine Energie wie auf seine Worte. Wenn er sagt: „Fahren Sie fort - mir geht es gut," und wenn Sie spüren, daß das nicht stimmt, machen Sie langsam weiter. Drängen könnte ihn dazu bringen, sich zu verschließen.

Wenn er dem Fortgang Widerstand entgegensetzt, fragen Sie, ob er Hilfe braucht. Wenn er das bejaht, und wenn Sie spüren, daß das mit seiner Energie übereinstimmt, unterstützen Sie ihn. Wenn er es ablehnt, verschieben Sie Ihre Aufmerksamkeit von der Reinigung seines Energiefeldes zur Erforschung seines Widerstandes. Sie können zum Beispiel fragen: „Was nutzt Ihnen das Festhängen? Wofür fürchten Sie sich am meisten bei einer Befreiung?" oder „Möchten Sie lieber wiederkommen und dies in einem anderen Leben bewältigen?" Nachdem er seinen Widerstand durchbrochen hat, wird er mit großer Wahrscheinlichkeit offen sein für eine Heilung.

EINSCHÄTZEN, WANN EINE HEILUNG ZU BEENDEN IST

Unsere Sitzungen dauern üblicherweise eine bis eineinhalb Stunden. Bei einigen wenigen Anlässen sind wir Menschen mehr als zwei Stunden lang beigestanden. Schlußendlich hängt die Länge einer Sitzung vom Ausmaß der Offenheit des Klienten ab, von der Höhe seiner Bereitschaft, zu heilen und von seiner Fähigkeit, Veränderungen aufzunehmen.

Eine Sitzung, die sich über mehr als eineinhalb Stunden ausdehnt, kann bedeuten, daß Sie mit einem Menschen arbeiten, der einen starken Widerstand aufweist. Wenn dem so ist, könnte er nicht allzu empfänglich für Ihre Hilfe sein. In der Tat könnte er eines bedeutenden Energieaufwandes bedürfen und im Gegenzug Ihren Beistand minimieren oder sich ihm widersetzen. Sich stark sträubende Personen sind solche, die perfekte Persönlichkeitsstrategien entwickelt haben, die es ihnen erlauben, sich weiter mit ihren Beschränkungen zu identifizieren und die sie von der Orientierung an ihrer Essenz fernhalten. Die Arbeit mit ihnen könnte möglicherweise nicht in Ihrem oder in deren Interesse liegen. Vergleichen Sie bitte Kapitel 9 für eine Beschreibung von Widerstand leistenden Persönlichkeitsstrategien.

Das Ende einer Sitzung kann durch die Zeit oder den Vorgang bestimmt werden. Welchen Ansatz Sie auch wählen, vergewissern Sie sich, daß Ihr Klient den Abschnitt, den er begonnen auch abgeschlossen hat, und daß dieser Teil in sein Seelenziel oder in seine Lebenslektionen eingewoben wurde. Je gründlicher die Integration ist, um so besser wird die Heilung halten. Wenn Ihr bevorzugter Maßstab die Zeit ist und nur mehr wenige Minuten bleiben, sollten Sie lieber die Sitzung noch einmal durchgehen als einen neuen Arbeitsabschnitt beginnen. Wenn Sie mehr zum Vorgang selbst neigen, beenden Sie die Sitzung nach Abschluß eines vollständigen Arbeitsabschnittes, nicht nach einem Einzelteil. Bleiben Sie in beiden Fällen aufmerksam gegenüber dem Energiepegel Ihres Klienten; vermeiden Sie es, ihn zu überfordern, indem Sie zuviel erreichen wollen.

LOSLÖSEN UND REINIGEN

Wenn die Sitzung dem Ende zugeht, lösen Sie sich vom Energiefeld Ihres Klienten und kehren Sie vollständig zu Ihrem eigenen zurück. Dafür können Sie eine eigene Lösungstechnik oder im Stillen eine nur Ihnen eigene Identifizierungsform benutzen, wie zum Beispiel Ihre Telefonnummer oder Ihr Geburtsdatum.

Als Nächstes reinigen Sie Ihr Energiefeld und die Energie in Ihrem Arbeitsbereich. Der Reinigungsakt kann so einfach wie Händewaschen mit Seife und Wasser sein, während Sie sich vorstellen, daß Sie sich selbst und Ihre Umgebung von negativer Energie reinigen. Oder zünden Sie eine weiße Kerze an und stellen Sie sich vor, wie Sie die Negativität im Raum verbrennen. Auch andere Erdungstechniken, Meditation oder Zentrieren kann helfen.

Ziel ist, die Energiefelder zu trennen, damit Sie nicht die Schmerzen, negativen Emotionen oder Krankheiten Ihres Klienten absorbieren. Die Aufnahme freigesetzter Energie wird Sie untauglich machen und Ihren Klienten daran hindern, seine Kraft zu beanspruchen, seine Lebenslektionen zu lernen und hinsichtlich bedeutender Angelegenheiten in den kommenden Tagen Schritte zu unternehmen.

WAS IST WESSEN AUFGABE?

- Es ist Aufgabe des Heilers, den Klienten vor der Sitzung über die Kosten der Leistung zu informieren.
- Es ist Aufgabe des Klienten, am Ende der Sitzung Zahlung zu leisten.
- Es ist Aufgabe des Heilers, Geheimhaltung zu wahren.
- Es ist Aufgabe des Klienten, bei der Weitergabe von Informationen außerhalb der Sitzung Diskretion und Verantwortlichkeit zu berücksichtigen.
- Es ist Aufgabe des Heilers, in liebenden Energien zu wurzeln, eine gleichbleibende Frequenz zu halten und die Essenz des Klienten zur Teilnahme aufzufordern.
- Es ist Aufgabe des Klienten, zu entscheiden, wie verletzbar er sich gibt.
- Es ist Aufgabe des Heilers, Informationen über das Seelenziel, über Seelenqualitäten, Lebenslektionen, Persönlichkeitsaspekte und die Stellung des Klienten im Seelenkontinuum zu liefern.
- Es ist Aufgabe des Klienten, die Integrität der Erfahrung zu würdigen.
- Es ist Aufgabe des Heilers, mit Erlaubnis des Klienten die Freisetzung unterdrückter Emotionen zu erleichtern.
- Es ist Aufgabe des Klienten, ehrlich zu sein und die Emotionen zu spüren.
- Es ist Aufgabe des Heilers, sich aus einem Willenskampf zu lösen.
- Es ist Aufgabe des Klienten, über Gewohnheitsverhaltensmuster hinauszugehen.
- Es ist Aufgabe des Heilers, das Ausmaß der Bereitschaft des Klienten, zu heilen und es zu vermeiden, mehr als der Klient selbst zu arbeiten.
- Es ist Aufgabe des Klienten, festzulegen, wieweit er sich engagiert.
- Es ist Aufgabe des Heilers, die Sitzung zu beenden, wenn die Arbeit abgeschlossen ist.
- Es ist Aufgabe des Klienten, für das entscheidende Feedback zu sorgen.
- Es ist Aufgabe des Heilers, bei der Integration von Informationen, die bei der Sitzung herausgekommen sind, zu helfen.
- Es ist Aufgabe des Klienten, die Information zu integrieren.
- Es ist Aufgabe des Heilers, Vorschläge für eine Nachbetreuung zu machen.
- Es ist Aufgabe des Klienten, sich selbst Pflege und Sorgfalt zukommen zu lassen.

Tipps zur Zusammenarbeit mit einem Partner

Die Zusammenarbeit mit einem Partner, besonders einem Partner des anderen Geschlechts, bietet die Gelegenheit, Ihre Heilfähigkeiten mit denjenigen eines Menschen zu vereinen, die auf unterschiedlichen Erfahrungen und Sichtweisen basieren. In Übereinstimmung mit Ihrem Partner werden Sie die Liebe, das Einfühlungsvermögen und die Hilfe, die zu Ihrem Klienten ausgeht, vergrößern. Dies ist besonders wichtig, wenn Sie mit Opfern von Mißhandlungen arbeiten.

Zuerst müssen Sie Ihren Partner sorgfältig auswählen. Der Autor Sam Keen sagt: „Es gibt nur drei Fragen, auf die Sie die Antwort wissen müssen. Wer bin ich? Wohin gehe ich? Und, nachdem Sie die beiden ersten beantwortet haben, wer geht mit mir?" Verlassen Sie sich bei der Entscheidung, wer Sie begleiten soll, auf Ihr Wahrnehmungsvermögen - auf das innere Wissen, das Sie jenseits von Denken und Illusionen zu absoluter Sicherheit führt.

Es gibt mehrere Möglichkeiten, das Potential Ihrer Heilpartnerschaft maximal zu vergrößern. Vergewissern Sie sich, daß ein Mitglied des Teams sich zur richtigen Zeit löst. Zum Beispiel kann sich einer von Ihnen aus dem Dialog zurückziehen und in einen Zustand entspannten Bewußtseins eintreten, um Informationen zu erhalten über die tiefere Bedeutung des besprochenen Problems. Später kann einer sich lösen, um die Seelenqualitäten des Klienten zu unterstützen oder die zugrundeliegenden Ursachen für seinen Widerstand zu verfolgen, während der andere dem Klienten hilft, die Angelegenheit zu lösen. Wenn auf einen von Ihnen ungelöste Konflikte projiziert werden, kann der andere als „unabhängiger Zeug" dienen und dem Klienten helfen, die Projektion als solche zu erkennen. Wenn der Klient eine Leugnung durchlebt, können Sie die Möglichkeiten verdoppeln, eine Realitätsprüfung durchzuführen.

Der Teamansatz kann auch Widerstand überwinden. Bei mehreren Gelegenheiten wurden wir dahin geführt, uns vom Klienten zu lösen und die reine, energetische Liebe zwischen uns zu stärken, indem wir einen Strahl Liebe von Herz zu Herz, von einem zum anderen, schickten. Nachdem wir die Schwingung der Liebe zwischen uns erhöht hatten, umgaben wir den Klienten mit unserer verstärkten Energie. Oft braucht es nicht mehr, um Widerstand aufzulösen.

Um noch mehr Vorteile aus Ihrer Heilpartnerschaft zu ziehen, sollten Sie Ihre Sitzungen noch einmal gemeinsam durchgehen. Mit einem Kollegen über eine Sitzung, bei der dieser anwesend war, nachzudenken, fördert Unterstützung, andauerndes Lernen und erhöhte Leistung.

Tipps für die Arbeit mit einem Übersetzer

In Augenblicken von emotionalem Streß kehren mehrsprachige Menschen oft zu ihrer Muttersprache zurück und dies bis zu einem Punkt, an dem sie unfähig werden, Ihre Worte zu verstehen. Daher ist es eine gute Idee, bei der Arbeit mit fremdsprachigen Menschen einen Übersetzer einzuschalten. Der Übersetzer erfüllt eine doppelte Aufgabe: auf Sie konzentriert zu bleiben - mit gleichem Ton, gleicher Inflektion, gleichem Rhythmus und gleicher Intensität zu sprechen - und die Antworten des Klienten zu übersetzen.

Setzen Sie jeden Übersetzer, mit dem Sie arbeiten, davon in Kenntnis, daß eine Verbindung mit dem Klienten, ein Sich-Verlieren in dessen Geschichte oder der Versuch, diesen zu schützen oder Ihnen zuvor zu kommen möglicherweise den Erfolg der Sitzung unterläuft. Erklären Sie auch, daß wenn der Übersetzer nicht sicher weiß, was zu tun ist, es besser ist, sich vom Klienten zu lösen und auf Sie um Führung zu blicken.

Die Verzögerung durch das Übersetzen wird das Tempo der Sitzung verzögern. Um Komplikationen zu vermeiden, überlassen Sie es dem Übersetzer, zu entscheiden, welcher Anteil des Gespräches leicht übersetzt werden kann. Einigen Sie sich auch im vorhinein über Signale, die „Halt", „Schneller" oder „Langsamer" bedeuten sollen.

Zehn
WEGWEISER DES WIDERSTANDES

„Wenn Ihr Herz verschlossen ist, sind Sie verschlossen gegenüber Ihrer Seele."
Don und Linda Pendleton

Von Zeit zu Zeit werden Sie auf einen Klienten treffen, der einen sehr starken Widerstand gegen Heilung zeigt. In der Heilsitzung werden solche Kunden, ebenso wie im täglichen Leben, bewußt oder unbewußt eine Persönlichkeitsstrategie ausführen, die ihnen die Identifizierung mit ihren erworbenen Beschränkungen ermöglicht. Solche Personen sind vielleicht nicht bereit, ihre Persönlichkeitsaspekte gegen Seelenqualitäten einzutauschen. Im Folgenden sind die verbreitetsten Widerstandstaktiken und manche Profile der Menschen, die sich hinter ihnen verstecken, angeführt.

HILFLOSIGKEIT

Mangelnde Bereitschaft, Informationen anzunehmen - Indem sie sich hinter einer Maske der Hilflosigkeit verstecken, werden diese Menschen verwirrt, streiten und spielen den Wert der an sie weitergegebenen Informationen herab, oder sie lenken das Gespräch durch Konzentrierung auf unwesentliche Dinge ab. Verwirrung wird von diesen Kunden als Strategie benutzt, die sie davon abhält, Entscheidungen zu treffen, die andere Menschen beunruhigen oder den gegenwärtigen Zustand stören könnten. Wenn Verwirrung auftritt, werden Sie feststellen müssen, ob Ihr Klient einen Durchbruch erreicht hat und auf einem neuen Weg ist oder ob er sich nur weigert, zu handeln.

Verwendung des vorbehaltlichen „Ja, aber" - Diese Menschen sind anscheinend mit Ihnen einer Meinung, um dann die Übereinstimmung abzustreiten. Unabhängig von der Anzahl positiver Anregungen oder vom Ausmaß der Unterstützung, die Sie ihnen gewähren, wird ihre Reaktion bedingt bleiben. Solche Menschen sabotieren dabei sowohl sich selbst als auch jene, die versuchen, ihnen zu helfen.
Jean war eine Schauspielerin Ende vierzig und klagte über Erschöpfung. Sie bejahte jeden unserer Vorschläge, um uns anschließend darzulegen, warum das nicht funktionieren könnte. Als wir zum Beispiel vorschlugen, sie solle einige ihrer Tätigkeiten

einschränken und sich mehr Zeit für sich selbst gönnen, sagte sie: „Ja. Sie haben vollkommen recht! Das sollte ich tun, doch ich kann nicht, weil alle mich brauchen und ich sie nicht im Stich lassen kann, nicht wahr?“

Anderen gefallen wollen - Diese Menschen sagen ja, doch sie setzen keinerlei Tätigkeiten. Sie befürchten, daß sie die Liebe der anderen verlieren, wenn sie sich ihrem eigenen Wohlsein verschreiben. Sie suchen womöglich einen Heiler nach dem anderen auf der Suche nach Hilfe auf, ohne jemals die erhaltenen Anregungen umzusetzen. Wenn man sie darauf anspricht, sind sie der gleichen Meinung, verweigern jedoch Handlungen und verlassen still und betrübt die Sitzung.

Sich selbst herabsetzen - Diese Menschen haben viele Ausreden, um ihre Untätigkeit zu entschuldigen, darunter: „Ich bin schon zu alt und es ist ja auch eigentlich überhaupt nicht wichtig,“ „Ich lebe in einer Beziehung und mein Partner würde mich nie in einer Veränderung unterstützen,“ und „Was würden meine Kinder denken?“ Wenn man sie dazu ermutigen möchte, entsprechend ihrer neu gewonnenen Einsicht zu handeln, antworten sie oft: „Ich kann einfach nicht.“

Anderen die Schuld an Lebensumständen zuschieben - Darauf bedacht, andere zu verurteilen, beklagen sich diese Menschen über die Familie, Freunde oder Geschäftspartner. Sie bringen eine ganze Jammerlitanei vor und versuchen, Sie dazu zu bringen, sie in ihrer „Ist es nicht schrecklich?“ - Realität zu bestärken. Indem sie anderen, auch Ihnen, die Schuld zuschieben, brauchen sie keine Veränderungen zu bewirken. Wie sehr Sie auch versuchen, ihre Zwangslage zu klären oder ihnen die Freiheit darzulegen, die durch eine Übernahme der Verantwortung für ihre Taten möglich wird, werden sie ihre Opferrolle nicht aufgeben.

Geisel für eine andere Persönlichkeit spielen - Diese Menschen werden ständig Opfer eines tief verwurzelten Verhaltensmusters. Sogar wenn sie sich dieses selbstzerstörerischen Kreislaufs bewußt sind, erkennen sie nicht, daß sie in der Lage sind, ihn zu durchbrechen. Tatsächlich wird es um so schwieriger, das Muster zu durchbrechen, je länger dieses schon besteht. Einer unserer Klienten gab offen zu: „In den letzten Jahren befand ich mich fünfmal an einem Wendepunkt. Ich gehe bis zu diesem gewissen Punkt und dann halte ich mich selbst davon ab, weiterzuschreiten. Ich bin nicht bereit, meine Sicherheit zu riskieren.“ Was einmal ein Anliegen war, ist nun zu einer unüberwindlichen Barriere geworden. Was Sie auch sagen oder tun, solche Menschen erlauben es sich nicht, auszubrechen.

Geistige Behauptung von Macht und Kontrolle

Darauf bestehen, alles allein zu machen - Solche Menschen verstecken sich hinter ihrem ausgeprägten Sinn für Macht und Kontrolle und glauben, daß sie isoliert arbeiten und alles allein machen müssen. Selbst wenn Beiträge möglich sind, die ihren Prozeß erleichtern und beschleunigen würden, wählen sie den langen, schwierigen Weg. Michael hatte früher einen Geschäftspartner, der seinen Ratschlag ablehnte und sagte: „Ich kann Deine Hilfe nicht nutzen und Riesensprünge nach vorne machen. Ich muß selbst jeden einzelnen Schritt gehen und alle Fehler machen. Wie kann ich sonst den Bogen rausbekommen?" Bald darauf ging das Geschäft zugrunde.

Die Angst, außer Kontrolle zu geraten - Diese Menschen glauben, daß sie absolute Kontrolle über sich selbst, über andere und über die Umwelt haben müssen, um ihre Sicherheit zu garantieren. Sie fürchten, daß sie, sobald sie die Zügel loslassen, verfallen, sterben oder der Zerstörung anheim fallen werden. Ihr Bedürfnis nach Kontrolle ist so verzehrend, daß sie sich selbst keine Entspannung oder Hilfe zugestehen oder es sich erlauben, verletzbar zu sein. Für sie ist Verletzbarkeit gleichbedeutend mit Schwäche.
Frances, eine Finanzberaterin Mitte vierzig, klagte während der ganzen Sitzung über die „kalte Luft" im Zimmer, über „ein Zuviel an Licht", das angeblich durch das Fenster fiel, sogar über die Kerze, die in einer Ecke brannte. Sie verlangte eine Decke und ein Kissen, dann hatte sie etwas gegen den „Lärm" einzuwenden, der von der Heizung ausging. Was wir auch sagten oder taten, sie widersetzte sich unserer Hilfe. Schließlich sagte sie uns, wir wären bessere Heiler, wenn wir sie zu ihren Emotionen führten. Sie wüßte, daß wir sie nicht mochten, daß wir das Ende der Sitzung nicht erwarten könnten, und daß wir uns nur einverstanden erklärt hätten, sie zu sehen, weil wir das Geld haben wollten. Als wir sie auf ihre Projektionen ansprachen, sagte sie: „Das weiß ich. Ich mache das immer mit Heilern. Erzählen Sie mir etwas Neues." Die Sitzung dauerte länger als üblich, doch trotz der zusätzlichen, gemeinsam verbrachten Zeit weigerte sie sich, Verantwortung zu übernehmen für eine Änderung ihres Verhaltens gegenüber uns, sich selbst und ihrem Leben.

Einen Willenskampf aufnehmen - Diese Menschen lieben es, die Konkurrenz auszutricksen, denn für sie ist die Hauptsache, recht zu haben. Einen Fehler zugeben oder anerkennen, daß Sie recht haben, kommt einer Niederlage gleich. Manchmal trainieren sie nur ihren starken Willen, doch öfter lassen sie die Muskeln ihres Widerstandes spielen, weil sie herausgefunden haben, daß Widerstand die einzige Quelle ihrer Macht ist. Wenn Sie in einen Willenskampf verwickelt werden, sollten Sie sich in dem Moment zurückziehen, in dem Sie feststellen, daß Sie stärker arbeiten als Ihr Gegenüber.

John, ein Football-Trainer Anfang fünfzig, versuchte alles Mögliche, um unsere Unterstützung zu blockieren. Trotz der Vielzahl an Ansätzen, derer wir uns bedienten, mied er weiter seine Gefühle und verweigerte uns weiterhin den Zugang zu seinem Energiefeld. Eigenartigerweise wurde er immer dann, wenn wir begannen, uns zurückzuziehen, besänftigend und griff nach unserer Hilfe. Wenn wir uns jedoch wieder konzentrierten, um ihm zu helfen, kam seine Abwehr wieder an die Oberfläche. Dann zog Michael sich plötzlich zurück und Rosalie umgab John mit Mitgefühl, einer seiner Seelenqualitäten. Sofort entspannte er sich und gab zu, Angst davor zu haben, die Kontrolle zu verlieren, weil er „jemanden verletzen“ oder „den Planeten zerstören“ könnte.

Streben nach Zweckdienlichkeit - Diese Menschen machen nur, was vorteilhaft für sie ist. Sie haben kein Interesse daran, mit etwas konfrontiert oder auch unterstützt zu werden. Sie konzentrieren sich nur darauf, recht und sich selbst unter Kontrolle zu haben. Diese Haltung kann Sie doppelt in Schwierigkeiten bringen. Sie können nur wenig anderes tun als zuhören und Anregungen bieten, bis diese Menschen das Bedürfnis, alles nach ihrem Willen zu haben, loslassen.

Shawn, ein Autor Ende vierzig, empfing oft klare spirituelle Leitung, doch er hörte nur dann auf seine Führer, wenn es ihm paßte. Jedesmal, wenn sie ein angstbesetztes Thema anschnitten, blockte er ihre Kommunikation ab. Als wir auf das Ja - Nein Spiel hinwiesen, das er trieb, sagte er uns, seine Führer seien zu fordernd und er würde ihnen nicht trauen. Uns war die Spaltung zwischen seiner Treue zum persönlichen Willen und seinem Wunsch, der inneren Führung zu folgen, bewußt und wir fragten ihn, ob seine Führung in Liebe wurzeln würde. Er bejahte dies und erinnerte uns daran, daß er immer ihr entsprechend gehandelt habe, wenn er mit ihr einverstanden war. Wir erklärten ihm, daß die Wahl bei ihm lag, und daß wir nicht dazu bestimmt seien, ihn zu überzeugen, auf seine Führer zu hören. Er kreuzte Arme und Beine, lächelte selbstgefällig und sagte: „Gut.“

Kommunikatives Unvermögen

Eingehüllt in eine Hülle des Schweigens, haben diese Menschen versteckte Pläne und

sie erwarten, daß andere Menschen ihre Gedanken lesen können. Sie hegen auch geheime Erwartungen und hoffen bewußt oder unbewußt, daß die Leute diese verstehen mögen. Wenn sich ihre Erwartungen nicht erfüllen, werden sie wütend und voller Groll. Dieses Unvermögen, zu kommunizieren, wiegt bei jenen Menschen vor, die in gestörten Familien aufwuchsen.
Karen, eine schwer kranke Büromanagerin Ende vierzig, klagte, daß ihr Mann nie mit ihr kommuniziere. Wie fragten sie mehrere Male, ob sie ihrem Mann ihre Gefühle mitgeteilt habe. Jedesmal antwortet sie angriffslustig: „Inzwischen sollte er es wissen" „Das ist offensichtlich" und „Egal wie sehr ich versuche zu kommunizieren, er antwortet nicht." Egal welchen Ansatz wir auch wählten, war sie nicht in der Lage, den Teil zu erkennen, den sie in dem Engpaß spielte, von dem ihre Familie und ihre Gesundheit betroffen war.

Spiritueller Bypass

Diese Menschen verstecken sich hinter einer vorgetäuschten Spiritualität und leugnen ihren Schmerz, ihre Wut oder andere ungelöste emotionale Probleme. Sie schwärmen davon, wie wunderbar das Leben sei, von der Schönheit in jedem Menschen, von der Bedeutung, nur positive, liebende Gedanken und Gefühle zu beteuern. Manche glauben wirklich, sie seien zu einem Zustand der Vergebung gelangt, während sie sich noch nicht einmal mit ihren unterdrückten Gefühlen beschäftigt haben. Diese Menschen zeichnen sich aus in der Kunst des spirituellen Bypasses.
Richard, ein ehemaliger Regierungsbeamte Mitte vierzig, war an seinem Arbeitsplatz gekündigt worden. Seine Geliebte hatte ihn nach zwanzig Jahren verlassen, er war finanziell schwer getroffen und gezwungen, das Haus, an dem er zehn Jahre geplant hatte, zu verpfänden. Als wir anboten, mit ihm zu arbeiten, behauptete er, sein Leben sei wunderbar, die Götter seien mit ihm und er habe keine Probleme.

Meiden von Gefühlen

Philosophieren - Diese Denker verstecken sich hinter einer philosophischen Orientierung und sind entweder unwillig oder unfähig, ihre Gefühle oder sogar ihre Körperempfindungen anzusprechen. Sie beginnen Sätze gerne mit „Ich denk", „Ich denke ich fühl", oder „Ich fühle daß ..". Sie ziehen die Sicherheit vor, Dinge zu entdecken und über das Leben zu grübeln und lehnen es ab, sich in ihre Gefühle zu vertiefen. Solange sich solche Menschen nicht zugestehen, auf der Ebene der Erfahrung zwischen einem Gefühl und einem Gedanken zu unterscheiden, werden sie in ständigem Meiden weiterleben.

Festhalten am Äther - Diese Menschen lehnen es ab, vollständig in ihren physischen Körper einzutreten und lehnen oft die gesamte Erdendimension ab. Sie haben die Erfahrungen auf der Erde und ihre Menschen als minderwertig beurteilt, und sie scheinen nur auf den Augenblick zu warten, an dem sie „nach Hause" zurück dürfen. Viele sind stolz auf ihre Ablehnung. Paradoxerweise erkennen gerade jene Menschen, die ihre Menschlichkeit meisterhaft zu umgehen verstehen, nicht, daß die einzige Möglichkeit, ihren Aufenthalt auf der Erde zu vollenden eben im vollen Erleben der Lektionen, denen sie sich verschrieben haben, liegt. Dadurch, daß sie diesen aus dem Weg gehen, sichern sie sich nur einen weiteren Aufenthalt in dieser Dimension. Die zweiundvierzigjährige Paula war bereits bei vielen Heilern gewesen und stolz darauf, so „einzigartig" zu sein, daß niemand ihr helfen könne. Sie machte auch mit uns einen Termin aus, obwohl sie bezweifelte, daß wir ihr helfen könnten. Als wir begannen, mit ihr zu arbeiten, konnte keiner von uns ihre Energie lesen oder ihr eine emotionale Reaktion entlocken. Nachdem wir uns gelöst hatten, erfuhren wir von unseren Führern, daß nur 30 Prozent von Paulas Energie in ihrem Körper war. Als wir ihr diese Information mitteilten, brachte sie nur ihre Verachtung für die Menschheit zum Ausdruck. Sie gab zu, mit Raumwesen verbunden und zur Erde gekommen zu sein, um etwas über die menschliche Erfahrung zu lernen, doch sie sei unwillig es zu versuchen.
Wir teilten Paula mit, daß sie bereit sein müsse, stärker in ihrem Körper zu sein, um weiter mit uns zu arbeiten. In diesem Augenblick bemerkten wir, daß ihr Brauen-Chakra - der Sitz des Dritten Auges und das Zentrum für übersinnliche Wahrnehmung - blockiert war. Wir erkannten, daß die Blockade ein Zeichen dafür war, daß sie etwas so Schreckliches erlebt oder begangen hatte, daß sie sich nicht daran erinnern wollte. Trotz unseres Angebotes, ihr bei der Erfüllung ihres Seelenzieles zu helfen, weigerte sie sich, stärker in ihren Körper einzutreten und wehrte sich gegen weitere Hilfe.

Fantasieren - Diese Menschen haben Angst davor, ihre emotionale Wirklichkeit anzunehmen und schaffen ein Fantasieleben, das sie auf die Welt projizieren. Sie ertragen es nicht, mit der Wahrheit konfrontiert zu werden, und sie können sogar eine emotionale oder körperliche Krise provozieren, um einer solchen Konfrontation aus dem Weg zu gehen. Sie werden alle Mittel anwenden, um Sie zur Annahme ihres falschen Wirklichkeitssinns zu bringen. Sie erkennen dabei möglicherweise die

zugrundeliegende Selbsttäuschung selbst dann nicht, wenn sie in sich gehen, um zu erkennen, ob ihre Lebensart auf ihr Seelenziel und ihre Lebenslektionen ausgerichtet ist.
Trevor, ein Innenarchitekt Mitte dreißig, kam zu uns, weil er davon überzeugt war, verrückt zu werden und weil er Informationen über sein Seelenziel wollte. Er schien deprimiert und klagte, seine Ehe sei dabei, auseinander zu gehen. Er erzählte, er und seine Frau hätten sich bereits mehrere Male getrennt, doch er sei nicht in der Lage, ein neues Leben für sich allein, ohne seine Familie, aufzubauen. Als er erfuhr, daß er sich in einem Übungsleben befand und daß sein Seelenziel in der Erforschung von Unabhängigkeit lag, sagte er, daß er keine Ahnung habe, wie er das anstellen sollte. Obwohl Trevor seit Jahren wußte, daß seine Ehe vorbei war, hatte er sich und andere belogen, weil er die Konsequenzen einer Scheidung nicht ertragen konnte. Das Ende seiner Beziehung war so fürchterlich für ihn, daß er eine ganze Reihe von finanziellen, emotionalen und körperlichen Krisen bewirkt hatte, um seine Frau daran zu hindern, ihn zu verlassen. Er versuchte sogar, uns für die Unterstützung seiner Fantasievorstellung einer funktionierenden Ehe zu gewinnen.

Projizieren - Diese Personen sind von ganzem Herzen überzeugt, daß andere Menschen Quelle ihres Unglücks sind, das in Wirklichkeit in ihren unerforschten Gefühlen wegen einer früheren Verletzung wurzelt. Die ungelösten Probleme werden auf Individuen projiziert, welche die ursprünglichen Gefühle auslösen, weil sie meistens Gemeinsamkeiten mit dem Täter aufweisen. Menschen, die projizieren, bilden unbewußt schmerzvolle Situationen aus der Vergangenheit nach und halten dabei fälschlicherweise unbehandelte frühere Traumata für gegenwärtige Ereignisse.
Tina war Anfang zwanzig und hatte eben ihr Studium abgeschlossen. Sie war immer von ihrem Vater beherrscht worden. Als sie in das Arbeitsleben eintrat, begann sie, ihre ungelösten Vaterprobleme auf ihren Arbeitgeber zu projizieren und empfand neuerlich das Gefühl von Unzulänglichkeit, das sie als Kind erfahren hatte. Während der Heilsitzung weigerte sie sich, Michaels Anregungen Gehör zu schenken und warf ihm vor, sie nicht zu verstehen. Rosalie jedoch verkörperte die mitfühlende, besorgte Mutterfigur und erhielt Tinas positive Projektionen.

Überidentifizierung mit Gefühlen

Völlige Identifizierung mit Gefühlen der Ohnmacht - Diese Menschen haben ihr der Nutzlosigkeit und Ohnmacht nicht verarbeitet und reagieren heftig auf Personen, die ihr Leben in die Hand genommen haben, auch auf einen Heiler des gleichen Geschlechts wie die Person, mit dem sie ungelöste Probleme haben. Zusätzlich haben sie gelernt, zurecht zu kommen, ohne ihre Probleme anzusprechen. Wenn Sie solchen Menschen helfen, ihren Schmerz anzusprechen, können Sie ihre angehäuften Emotionen zu spüren bekommen. Nehmen Sie sich in acht - solche Individuen können unbarmherzig in ihrer Rache sein!

Tanya, eine Stewardess Mitte dreißig, schien unbedingt heilen zu wollen und erlangte leicht Zugang zu ihren Emotionen. Ihr Leben war von Versagen gekennzeichnet: ein geringes Einkommen, keine intime Beziehung, Alkoholabhängigkeit und andere Enttäuschungen. Wir arbeiteten mehrere Male mit ihr, und eines Tages brach ihre Wut und ihr Zorn auf ihren Vater und Männer im allgemeinen gegen Michael los. Entschlossen, ihrem Vater alles heimzuzahlen, schien sie zu sagen: „Ich kann nur gewinnen und sicher sein, wenn Du verlierst."

Sich wie die Hauptperson in einem Drama benehmen - Diese Menschen leben in einem Dauerzustand der Krise. Sie erregen nur Aufmerksamkeit und beziehen ihre Identität ausschließlich aus einer endlosen Folge von Katastrophen. Wieviel Hilfe und Unterstützung ihnen auch zuteil werden mag, sie schaffen es immer, ein neues Drama zu inszenieren. Von gesunden Beziehungen gelangweilt, suchen sie belastende Situationen, um ihr Bedürfnis nach emotionaler Aufregung zu stillen. Die Sucht nach dem Drama und der Aufregung, das es bewirkt, ist mit der Abhängigkeit von Alkohol oder Drogen vergleichbar.

Vollständige Identifizierung mit einer Krankheit - Diese Menschen verfügen normalerweise über wenig ausgeprägte soziale Fähigkeiten und halten an ihren Symptomen fest, als ob ihr Leben davon abhinge. Sie benutzen die Krankheit, um Liebe und Aufmerksamkeit zu bekommen, projizieren das Bild eines „armen, hilflosen Ichs" und erwarten von anderen, daß sie sich um sie kümmern. Obwohl sie Heiler zu Rate ziehen, haben sie eine zwiespältige Haltung zum Gesundsein und spielen meistens ihre Lieblingsrolle des „Therapeutenkillers" mit dem Heiler aus. Solche Klienten kommen zu uns und sagen: „Mir hat noch niemand helfen können, und ich bin sicher, daß Sie es auch nicht können, doch ich werde Ihnen eine letzte Chance geben." Seien Sie vorsichtig - solche Menschen fordern geschickt Honorarermäßigungen, zusätzliche Zeit und unbegrenzte Aufmerksamkeit. Oft werden sie professionelle Patienten und Energiesauger.

Charlotte, eine Grafikkünstlerin Anfang fünfzig, bat um einen Termin, indem sie sagte: „Ich bin sicher, daß Sie schon von mir gehört haben. Ich bin die Frau mit der chronischen Müdigkeit." Bevor wir die Gelegenheit hatten, Fragen zu stellen, erzählte sie uns, daß niemand ihr jemals hatte helfen können, daß sie nicht an Energiearbeit glaube und daß es sie ärgere, immer wieder zu hören, sie schaffe ihre Krankheit selbst. Sie erklärte auch, daß ihr Schwächezustand sich entwickelte, nachdem ihr Mann sie nach fünfundzwanzig Jahren wegen einer jüngeren Frau verlassen hatte. Sie habe kein Transportmittel zur Verfügung, könne keine Stiegen steigen, nur zu bestimmten Zeiten kommen und sie habe kein Geld. Daraus schlossen wir sofort, daß ihr nichts an ihrer Heilung lag und schlugen ihr vor, sie solle zu jemandem gehen, der sie auf einer dauerhaften Basis behandeln könne.

Starrer Glaube an eine Langzeittherapie

Menschen, die zu der Überzeugung neigen, daß Heilen eine lange Zeit erfordert, setzen rasche und leichte Eingriffe herab. Viele haben Dutzende von Jahren und Tausende von Dollar in ihre Suche nach Hilfe investiert. Tatsächlich sind die meisten ihrer tagtäglichen Unternehmungen auf ihren Schmerz ausgerichtet.
Beth, eine außerordentliche Studentin Mitte dreißig, hatte mindestens fünf Jahre damit zugebracht und ein Vermögen ausgegeben, um zu einem Verständnis ihres Zustandes zu gelangen. Trotz weitreichender Bemühungen war sie kaum in der Lage, ihr Leben zusammen zu halten. Als wir zu ihrem Seelenziel, zum Einsatz ausgeglichener Intuition, kamen, reagierte sie mit Tränen und begann, Gelegenheiten aufzuzählen, an denen sie ihre Intuition verraten hatte. Am Ende der Sitzung schmälerte sie diese Freisetzungsarbeit, weil sie bezweifelte, daß ein Energiefeld so rasch gereinigt werden könnte.

Märtyrertum

Buße tun - Im Glauben, daß sie als Strafmaßnahme zur Erde geschickt wurden, akzeptieren diese Menschen blind, daß es hier ihre Aufgabe ist, zu leiden. Sie ignorieren dabei andere Möglichkeiten. Viele von ihnen werden krank, weil sie sich bis zur Erschöpfung anderer Menschen, sogar „der Welt" angenommen haben. Manche geben sich so sehr ihrem Leiden hin, daß sie sich nicht beschweren. Mehrere organisierte Religionen unterstützen ihren Eifer, indem sie dafür eintreten, daß der einzige Weg,

Gott nahe zu kommen, über das Leiden führt. (Prüfen Sie hinsichtlich alter Gelübde!)
Steven, ein erfolgreicher Geschäftsmann Mitte vierzig, konnte keine Befriedigung in einer intimen Beziehung finden. Oberflächlich schien er sich für seine Heilung zu engagieren. In einer Diskussion über das Leben und das Übernehmen von Risiken wurde er jedoch zynisch und verwies auf die Erde als ein Gefängnis. Er vermutete, daß er etwas angestellt hatte und nun zur Strafe hierher geschickt worden sei. Seine negative Haltung und sein Mißtrauen gegenüber den Menschen, die auch viele mögliche Dauerbeziehungen zerstört hatten, untergruben auch seine Versicherung, heilen zu wollen.

Aufopferung - Diese Menschen sind so sehr damit beschäftigt, herumzulaufen und sich um andere zu kümmern, daß sie die nötige Zeit für ihren eigenen Heilprozeß nicht aufbringen. Während einer Sitzung erscheinen sie nicht sehr abwehrend. Doch anschließend weigern sie sich, die Zeit zu nehmen, um über die Sitzung zu reflektieren und die hervorgebrachten Veränderungen aufzunehmen. Ihre aufopfernde Lebensweise zerstört einen Großteil der Arbeit, die sie leisten.

Teil IV

Fortgeschrittene Heiltechniken

Elf

IN JEDER SITZUNG ANZUWENDENDE HEILTECHNIKEN

„Der Grund ist Liebe. Alles andere sind Ausreden."
Alan Cohen

Der Heilansatz der Seelenstärkung verlangt nach Techniken, die oberflächlich gesehen einfach wirken mögen. Doch in der Praxis sind die Energieverschiebungen, die sie hervorrufen, tiefgreifend. Wenn der Heilraum sich mit spirituellen Wesen füllt und die Energie von fast allen Anwesenden wahrgenommen wird, ist es unmöglich, die multidimensionale Unterstützung in Frage zu stellen, die Ihnen zur Verfügung steht, wenn Sie zu einem Instrument der Heilung geworden sind.
Die folgenden Techniken werden Ihnen helfen, den Beistand dieses stets verfügbaren Hilfssystems in Anspruch zu nehmen. Bauen Sie diese Techniken in jede Sitzung, die Sie leiten, ein. Spezielleres Werkzeug werden wir im nächsten Kapitel behandeln.

Gebündelte Absicht

Die Konzentrierung des Bewußtseins schafft ein mächtiges Energiefeld, das die Ressourcen und Informationen anzieht, die eine Heilung erleichtern. Fordern Sie zu Beginn Ihre Persönlichkeit auf, in den Hintergrund zu treten. Binden Sie sich mit Ihrem Glauben an die ständig verfügbare Führung, während Sie mit Ihrem Klienten arbeiten. Bündeln Sie Ihre Absicht, indem Sie so viele Sinne wie möglich aktivieren, so daß Sie die erwünschten Resultate sehen, hören und fühlen können. Vergewissern Sie sich, daß Ihr Wille in Übereinstimmung mit Gottes Wille ist und daß das, nach dem Sie suchen, zum Besten aller Beteiligten ist. Der Einsatz Ihres Willens, um einen Klienten zu überwältigen, bewirkt Karma; der Einsatz Ihres Willens, um mit dem Energiefeld des Kunden zu verschmelzen, fördert die Heilung.

Geistige Führer anrufen

Der Geist ist stets zum Helfen bereit, meistens in Form von Führer und Lehrer. Sie haben ebenso wie jeder Ihrer Klienten Führer und Lehrer. Sie kommen aus vielen

Dimensionen und umfassen Devas, elementare, innere Erdenwesen, Engel und Raumwesen. Bedenken Sie, daß Ihre Beziehung zu diesen Wesen eine gegenseitige ist: Sie bieten Ihnen Beistand an, und Sie würdigen ihre Anwesenheit, indem Sie Entscheidungen treffen, welche die Seele stärken. Aus diesem Grund sollten Sie sich vergewissern, daß Sie nur solche Führer und Lehrer anrufen, die in Übereinstimmung mit Ihrer Essenz sind.

Ihre erste Aufgabe besteht darin, sich auf den Erhalt von Informationen vorzubereiten. Ihre zweite liegt darin, Ihrem Klienten zu helfen, Taten zu setzen. Wenn einer von Ihnen nicht entsprechend den vermittelten Botschaften handelt, werden Ihre Führer sich schließlich zurückziehen, Sie mit eigener Kraft arbeiten lassen und Sie im Heilprozeß von einer Stärkung der Seele auf einer Stärkung der Persönlichkeit zurückfallen lassen.

Bitten Sie zu Beginn jeder Sitzung um Beistand Ihrer geistigen Führer ebenso wie um jenen der Führer Ihres Klienten. Rufen Sie auch Ihre und Ihres Klienten Seelenverbände an. Diese werden Ihnen helfen, Ihre Seelenfrequenz zu stabilisieren. Zusätzlich werden Sie vielleicht alle Energien der Evolution herbeirufen, die sich dem Dienste des Wohlergehens des Planeten und seiner Menschen verschrieben haben. Beenden Sie jede Sitzung mit Dank an die Führer für ihren Beistand und mit der Bitte, daß die Heilengel in den folgenden Tagen mit Ihrem Klienten weiterarbeiten mögen.

Dialoge

Dialoge verleihen schmerzlich blockierten Erinnerungen eine Stimme und bringen unterdrückte Gefühle an die Oberfläche, wo an ihnen gearbeitet werden kann, wo sie geheilt und integriert werden können. Ihre Aufgabe ist es, offene Aussagen vorzugeben, die den Klienten zu einer Bewußtwerdung der Grundursache seines Dilemmas lenken. Die Aufgabe Ihres Klienten ist es, entspannt zu sein und jeden Satz mit der ersten Antwort, die ihm in den Sinn kommt, zu beenden.

Sie können zum Beispiel sagen: „Versuchen Sie so gut Sie können die Lücken in den folgenden Sätzen auszufüllen. Den Nutzen, den ich daraus ziehe, verwirrt (krank, in Schmerzen, in Trauer ...) zu sein, ist .... Wenn mein Gemüt (mein Magen, mein Rücken, mein Herz ...) sprechen könnte, würde er /es sagen ...." Wiederholen Sie jede offene Aussage, bis die Antwort vollständig erscheint.

Das Ausmaß der emotionalen Befreiung, welche die Antworten Ihres Klienten begleitet, wird die Intensität des im Körper gefangenen Traumas zeigen. (Anmerkung:

Diese Technik klärt auch Persönlichkeitsprobleme, durch welche die Ausrichtung Ihres Klienten auf sein Seelenziel unterbrochen ist. Ihr Ziel ist es jedoch, über die Persönlichkeitsanliegen und Familienüberzeugungen, die den Inhalt seines Lebens ausmachen, hinauszugehen und sich auf das Seelenziel und die Seelenqualitäten, die seinen Gehalt bilden, zu konzentrieren.)

In die Hände klatschen

Dieses ist eines der schnellsten und wirkungsvollsten Mittel, blockierte Energie freizusetzen und mit einem Problem, einem Verhalten oder einem Glaubenssystem zusammenhängende, negative Energie auszuräumen. Denken Sie während des Klatschens daran, Ihre gebündelte Absicht einzusetzen und auf das gewünschte Ergebnis zu konzentrieren. Das Geräusch des Klatschens wird Ihnen anzeigen, ob Energie freigesetzt wird oder nicht. Ein knappes, festes Klatschen zeigt, daß dies der Fall ist; ein Klatschen, das flach, schwach oder hohl klingt, zeigt, daß dies nicht geschieht. (Anmerkung: Vermeiden Sie zu klatschen, wenn Ihr Klient die Heilung integriert, ansonsten könnten Sie den Prozeß sabotieren.)

Um blockierte Energie freizusetzen, lassen Sie Ihren Klienten die Augen schließen und sich die Lockerung der Blockade und die Freisetzung der Energie vorstellen. Wenn Sie intuitiv spüren, daß er bereit ist, konzentrieren Sie Ihre Absicht auf das Lösen der blockierten Energie und klatschen so laut wie möglich neben dem betroffenen Körperbereich, so nahe an ihm, wie es möglich ist, ohne ihn zu berühren. Überraschung ist dabei ein entscheidender Faktor, also müssen Sie sich vergewissern, daß Ihr Klient die Augen geschlossen hält und das Klatschen nicht voraussehen kann. (Dieser Ansatz ist auch wirkungsvoll zum Durchtrennen von psychischen Nabelschnüren, wie weiter unten beschrieben, und um Wesen [siehe Kapitel 13] freizusetzen.)

Um negative Energie auszuräumen, lassen Sie Ihren Kunden mit geschlossenen Augen alle negativen Energien, die er spürt, sammeln und sie zu einem dichten Ball von etwa 15 cm Durchmesser vor seinem Dritten Auge bündeln. Bitten Sie ihn, diesen Sammelprozeß mehrere Male zu wiederholen, bis er fühlt, daß alle negative Energie aus seinem Körper in diesen Ball übergegangen ist. Lassen Sie ihn dann sich darauf konzentrieren, den Ball noch dichter zu festigen und zusammenzupressen. Wenn er am wenigsten darauf vorbereitet ist, klatschen Sie so laut Sie können im Bereich des Energieballs in die Hände.

Harry, ein Zahnarzt Mitte zwanzig, klagte über einen wiederkehrenden Schmerz im oberen Rückenbereich. Er beschrieb sich selbst als einen extrovertierten Menschen, der das Leben genoß. Er hatte keine Ahnung, was den Schmerz hervorrief. Als wir mit Harry arbeiteten, sprach er von einem Gefühl, „zurückgehalten" zu werden, als ob seine Hände und Füße irgendwie beschränkt wären. Während wir ihm zuhörten, empfingen wir beide ein Bild von Harry aus einem früheren Leben, das ihn mit Händen und Füßen an eine Gefängniswand gekettet zeigte. Auch er konnte ein Leben beschränkter Freiheit wahrnehmen.

Wir fragten Harry, ob er bereit sei, sich von uns helfen zu lassen, und er stimmte zu. Sodann stellten wir uns Ketten vor, die seine Arme und Füße umfingen. Unter Einsatz der Klatschtechnik brachen wir energetisch die Haltevorrichtungen der Schrauben auf und zogen die Ketten von seinen Händen und Füßen ab. Zum ersten Mal in seiner bewußten Erinnerung verspürte Harry Bewegungsfreiheit in seinen Gliedern. Seine Rückenschmerzen verschwanden innerhalb von Minuten.

Übersinnliche Bande durchtrennen

Übersinnliche Bande sind Energieverbindungen, die sich zwischen einem Individuum und Menschen, mit denen es in Beziehung stand oder Orten, die es besucht hat, geformt wurden. Manche dieser Bindungen sind gutartig; die meisten jedoch wurden durch Menschen geschaffen, die versuchten, dieses Individuum zu beeinflussen, zu kontrollieren oder zu beherrschen. Diese Bande setzen an einem oder mehreren Chakren oder an Energiepunkten im Aurafeld an, die bestimmten Stellen im Körper entsprechen. Von dort aus ziehen sie an dem betreffenden Menschen, wie Marionettenschnüre an einer Puppe ziehen. Sie können das klare Denken, die körperliche Gesundheit, das emotionale Wohlergehen und sogar das übersinnliche Wissen beeinträchtigen.

Solche Bande finden sich oft zwischen Familienmitgliedern, Liebespaaren und Geschäftspartnern und ebenso zwischen Verbündeten aus früheren Leben. Obwohl es nützlich ist, zu wissen, wann und warum diese Verbindungen geschaffen wurden, ist es wichtiger, sie zu durchtrennen. Ihre Aufgabe ist es, solche Verbindungen zu entdecken, Ihre Klienten über die Auswirkungen aufzuklären und um Erlaubnis zu bitten, sie durchtrennen zu dürfen. Das Durchtrennen wird es dem Klienten ermöglichen, in seinem eigenen Energiefeld frei zu sein.

Sie können fast sicher sein, daß ein solches Band besteht, wenn Ihr Klient übermäßig von einem anderen Individuum beeinflußt wird. Um dies noch einmal zu überprüfen, fragen Sie die betreffende Person, ob sie „angebunden" ist oder nicht. Wenn sie das bejaht, stellen Sie fest, ob sie wünscht, daß diese Verbindung durchtrennt werde. Stimmt sie dem zu, visualisieren Sie den Bereich oder die Bereiche der Anbindung, und beschreiben Sie, wie diese Verbindungen sie beeinflussen. Dann lassen Sie diese Person sich vorstellen, wie sie das Band löst. Sie können das unterstützen, indem Sie laut neben dem Anbindungsbereich klatschen.

Susan war seit zwei Jahren Witwe, nachdem sie vierzig Jahre verheiratet gewesen war. Sie sprach viel mit ihrem verstorbenen Mann und spürte oft seine Anwesenheit in der Nähe. Obwohl sie angefangen hatte, mit Männern auszugehen, konnte sie es sich nicht zugestehen, einen anderen Mann zu lieben, aus Angst, ihren Ehemann zu verraten. Während unserer Sitzung war sie übermäßig emotional und erklärte, sie sei immer noch untröstlich. Die Intensität ihrer Emotionen, zusammen mit der Tatsache, daß sie immer noch die Energie ihres früheren Ehemannes um sich spürte, legte die Existenz eines übersinnlichen Bandes nahe.

Nachdem wir unsere Führer befragt hatten, erinnerten wir Susan daran, daß ihr Seelenziel in tätiger Liebe lag. Wir erklärten ihr dann, daß ihre Weigerung, weiter zu lieben, sowohl sie selbst als auch ihren verstorbenen Mann zurückhielt. Ihr Mann wurde durch ein ähnliches Band gebunden und war nicht in der Lage, auf seinem Seelenpfad fortzuschreiten. Als wir sie fragten, ob es eine Energieverbindung zwischen ihr und ihrem verstorbenen Mann gäbe, erkannte sie ein Band, das an ihrem Herz-Chakra und ein anderes, das an ihrem Wurzel-Chakra um das Kreuz- und Steißbein herum befestigt war. Wir forderten sie auf, die Energien ihres verstorbenen Mannes zurückzurufen und ihn zu fragen, ob er sie in ihrer Liebe zu einem anderen Mann unterstützen und sie damit wieder auf ihr Seelenziel ausrichten ließe. Das tat sie, dann weinte sie und griff sich ans Herz. Wie sie uns erklärte, wollte ihr Mann, daß sie weiterschreiten und weiterlieben solle.

Als sie ihre Interaktion beendeten, fragten wir Susan, ob sie bereit sei, die Bänder loszulassen. Als sie zustimmte, ließen wir sie die Augen schließen, tief einatmen und beim Zählen bis drei rasch ausatmen und das Band an ihrem Herzen loslassen. Gerade als sie begann, auszuatmen, klatschte Michael nahe an ihrem Herzzentrum. Sie wiederholten diese Abfolge mit dem zweiten Band. Bald nachdem sie die Augen öffnete, gab Susan an, daß sie einen Unterschied fühle.

Vergeben

Ein Mensch, der verletzt oder mißbraucht wurde, trägt Gefühle von Zorn und Groll in sich. Diese Gefühle verursachen sowohl negative Energie als auch Energierisse im Aurafeld. Auch starke negative Gedanken oder Gefühle für jemanden können das

Wachstum von übersinnlichen Banden fördern, die Ihren Klienten an den Täter binden. Was noch schlimmer ist, die betreffende Person wird leiden, während der Täter den Vorfall schon längst vergessen haben wird. Diese Person wird weiter giftige Energien in sich tragen, bis es ihr gelingt, sie durch Vergebung zu lösen.

Vergebung sieht nicht über eine verletzende Tat hinweg und entbindet den Täter nicht seiner Verantwortung für den Mißbrauch. Sie befreit vielmehr den Klienten, damit er wirklich sein Leben leben kann. Vergebung bringt den Verzicht auf Verurteilungen und Verzicht auf Rache mit sich. Sie bejaht die Vollkommenheit der Essenz des Täters und läßt alle Wahrnehmungen der Persönlichkeitsbeschränkungen des Täters los. Sie können noch einen Schritt weiter gehen und Gott, den Großen Geist, oder die Höhere Macht Ihres Klienten bitten, die Situation zu heilen. Schließlich wird die Vergebung ausgedehnt bis auf unüberlegte Handlungen und Fehler, die man nicht nur gegen andere, sondern auch gegen sich selbst begangen hat.

Wenn die Energien Ihres Klienten entweder heftig ausgedrückt oder tief unterdrückt werden, kann es notwendig sein, ihn zu einem früheren Stadium oder sogar in ein früheres Leben zurückzuführen, damit er die schmerzliche Szene noch einmal erleben, die Situation noch einmal überblicken und die Entscheidungen, die er damals getroffen hat, neu beurteilen kann. In solchen Fällen sollten Sie Visualisierungstechniken verwenden, um die Energie des Täters auf den Plan zu rufen, oder um die Menschen zu versammeln, die bei der betreffenden Szene zugegen waren. Fordern Sie dann Ihren Klienten auf, mit ihnen ein Gespräch so zu führen, als ob sie anwesend wären. Diese Technik ist außerordentlich hilfreich, wenn der Täter bereits gestorben ist oder bei der Lösung eines Traumas aus einem früheren Leben.

Lassen Sie schließlich Ihren Klienten die folgenden Affirmationen wiederholen:

AFFIRMATIONEN DER VERGEBUNG

Ich, (Name des Klienten) vergebe nun aus der Essenz meines Wesens jedem, der mich jemals auf irgendeiner Ebene, zu irgendeinem Augenblick seit Anbeginn der Zeit verletzt hat. Ich vergebe ihnen allen jetzt absolut und vollständig! Besonders dehne ich meine liebende Vergebung aus auf ....

Ich (Name des Klienten) bitte jetzt aus der Essenz meines Wesens jeden um Vergebung, den ich jemals auf irgendeiner Ebene, zu irgendeinem Augenblick seit Anbeginn der Zeit verletzt habe. Ich bitte jetzt absolut und vollständig um Vergebung! Besonders erbitte ich liebende Vergebung von ....

Ich (Name des Klienten) vergebe mir selbst nun aus der Essenz meines Wesens all den Schmerz, den ich mir selbst auf irgendeiner Ebene, auf irgendeine Art seit Anbeginn der Zeit zugefügt habe. Ich vergebe mir jetzt absolut und vollständig! Besonders vergebe ich mir ....

Alte Schwüre brechen

Ein Klient, der einen Eid abgelegt oder einen Schwur geschworen und diese nach Vollendung der Erfahrungen nicht gebrochen hat, weist Anbindungen in seinem Energiefeld auf. Diese Energieanbindungen werden von einem Leben zum nächsten Probleme auslösen, bis sie gebrochen werden - außer wenn sie auf das Seelenziel ausgerichtet sind. Die häufigsten Verursacher solcher Probleme sind Gelübde der Armut, des Zölibats, Treueide, Schwüre der Unsichtbarkeit, des Dienstes, des Gehorsams, des Schweigens, des Schmerzes, des Mangels, des Leidens, der Machtaufgabe und der Loyalität (gegenüber einem Orden, der Familie, einer Beziehung oder einer Arbeit). Obwohl die ursprünglichen Schwüre auf das damalige Seelenziel Ihres Klienten ausgerichtet waren, sind sie es nun, vielleicht Jahrhunderte später, nicht. Nur durch das Brechen der alten Schwüre wird die betreffende Person frei sein, in Übereinstimmung mit ihrem derzeitigen Seelenziel und seinen derzeitigen Lebenslektionen zu leben. Um einen Klienten dabei zu unterstützen, Schwüre zu brechen, sollten Sie zuerst erklären: „Da wir beide nicht weise genug sind, um zu wissen, welche Schwüre zu brechen und welche aufrecht zu erhalten sind, müssen wir Gott bitten, das zu übernehmen. Wir werden die Worte sprechen, und der Geist wird die Arbeit tun!“ Dann lassen Sie Ihren Klienten die unten angeführte Satzfolge sprechen. Diese Anrufung ist außerordentlich machtvoll, wenn sie im Rahmen einer Gruppe gesprochen wird.

SATZFOLGE ZUM BRECHEN VON SCHWÜREN

Ich (Name des Klienten) breche nun alle Schwüre, Versprechen und Verpflichtungen, die ich je geleistet und übernommen habe, auf irgendeiner Ebene seit Beginn meiner Zeit, und die meinem gegenwärtigen Seelenziel nicht mehr nutzen. Besonders breche ich alle Schwüre bezüglich Armut, Zölibat, Schmerz, Mangel, Leiden, Machtlosigkeit, Schweigen, Gehorsam und Unsichtbarkeit. Ich erteile mir nun die absolute und vollständige Erlaubnis, dem wahren Weg meiner Seele zu folgen.

Wenn Ihr Klient sich spezifischer Schwüre bewußt ist, fügen Sie hinzu: „ Ich breche auch meinen Schwur ....“

Seelenqualitäten zurückrufen

In diesem wie auch in anderen Leben haben Klienten, die Aspekte ihrer Seelenessenz be- oder verurteilt haben, diese aus ihrem Wesen vertrieben. Solange diese Seelenqualitäten nicht wieder integriert werden, kann keine Ganzheit erreicht werden. Zum Beispiel kann ein Mann, der seine Macht mißbraucht und geschworen hat, sie nie mehr anzurühren, heilen, indem er sich selbst vergibt und seine Macht neuerlich annimmt.
Aspekte, die typischerweise verurteilt und weggeschoben werden, umfassen Kreativität, Sensibilität, Sinnlichkeit, Sexualität, Klarheit, Risikoübernahme und Engagement (Siehe S. 33 die vollständigere Liste der Seelenqualitäten). In jedem Fall fördert das Zurückrufen der Seelenqualität die Ganzheit.
Wenn Sie einem Klienten helfen wollen, die Aspekte seiner selbst, die im Universum verstreut sind, zurückzurufen, lassen Sie ihn die unten angeführten zwei Satzfolgen sprechen. Diese Übung ist außerordentlich machtvoll, wenn sie im Rahmen einer Gruppe gesprochen wird.

SATZFOLGE FÜR ENERGIEREINIGUNG

Ich (Name des Klienten), gebiete nun aus der Essenz meines Wesens, daß alle Energien und Wesen, die nicht mit der göttlichen Essenz und meinem Seelenziel übereinstimmen, gesegnet werden und mich sofort verlassen! Ich bitte die Engel, diese Energien himmelwärts zu den Schulen der Weisheit zu geleiten, damit sie gewürdigt werden für das, was sie gelehrt haben.

SATZFOLGE ZUM ZURÜCKHOLEN VON SEELENQUALITÄTEN

Ich (Name des Klienten), gebiete nun aus der Essenz meines Wesens, daß alle Aspekte meiner Seelenessenz, die ich in den Universen verstreut habe, sofort zu mir zurückzukehren! Insbesondere rufe ich meine Seelenqualitäten der Stärke, des Mutes, der Macht, der Freude, des Glücks, der Liebe, der Leidenschaft, des Überflusses und andere, die meine Seelenstärkung unterstützen, zurück.

Fordern Sie Ihren Klienten auf, andere Qualitäten, die er wiedererlangen möchte, hinzuzufügen. Ermutigen Sie ihn dann, in alle wiederhergestellten Qualitäten hineinzuatmen und dabei zu spüren, wie sie zurückkehren. Lassen Sie ihn dann die Satzfolge zu Ende sprechen.

Ich (Name des Klienten) fülle mich mit meiner Essenz und übernehme freudig und sofort die Verantwortung für dieses Medium, das mein physischer Körper ist!

Zwölf
ZUSÄTZLICHE HEILTECHNIKEN

„Glück ist nur ein anderes Wort für Gott."
Altes Hindu-Sprichwort

Heilung wird nur durch die Vorstellungskraft eingeschränkt. Was auch immer wir uns vorstellen und dann durch unsere konzentrierte Absicht aktivieren, erscheint in einer der vielen Dimensionen in unserer Mitte. Die folgenden Techniken setzen die feineren Energien ein. Der wirkungsvolle Einsatz ihres Heilpotentials hängt von einem unerschütterlichen Vertrauen in sich selbst und in den Geist ab.

Reinigung der Aura

Die Aura ist ein zartes Energiefeld, das jede Materie, also auch Menschen, Tiere, Bäume, Pflanzen, Steine und Wasser umgibt. Die Körperaura ist der Erdatmosphäre sehr ähnlich und wird dünner, je weiter weg sie reicht. Sie ist lebendig, empfindsam und wird sehr leicht durch geringfügige Verschiebungen im Verhalten, in der Art zu denken oder zu fühlen, in den Taten und den Essensgewohnheiten eines Menschen beeinflußt. Eine positive und gesunde Person besitzt ein starkes, helles, schwingendes Energiefeld, das sich vom Körper ausdehnt. Jemand, der negativ oder krank ist, hat ein trübes Aurafeld, das sich nach innen zum Körper zusammenzieht. Menschen, welche die menschliche Aura wahrnehmen können, beschreiben sie als eiförmig, farbig und glühend an jedem der Chakren. Die Farben der Aura verändern sich ständig in Reaktion auf Veränderungen in den Gedanken, den Gefühlen und den Taten.

Krankheiten können im Aurafeld entdeckt werden, Jahre bevor sie im physischen Körper auftreten. Der Grund dafür liegt darin, daß bei Auftreten eines Traumas oder eines Zuflusses von Negativität das Aurafeld an erster Stelle betroffen ist. Damit Heilung wirkungsvoll ist, muß sie sich daher bis auf dieses feine Energiefeld ausdehnen. Die beste Krankheitsvorbeugung besteht in einer häufigen Reinigung des Aurafeldes. Die Aura reinigen ist so ähnlich wie ein großes Tier, zum Beispiel ein Pferd, bürsten. Zuerst müssen Sie sich erden und Ihren Geist auf die Ergebnisse, die Sie zu erzielen hoffen, konzentrieren. Dann stellen Sie große Bürsten an Ihren Handflächen befestigt vor, die in der Lage sind, die Aura von jeglicher Negativität zu reinigen.

Um eine allgemeine Aurareinigung vorzunehmen, halten Sie Ihre Hände dicht nebeneinander, die Flächen nach außen. Stellen Sie sich vor Ihren Klienten und bewegen Sie Ihre Hände von dessen Kopf bis zu den Füßen, in einem Abstand von etwa 15 cm zum Körper. Nachdem Sie die „Bürsten" entlang des Körpers nach unten und über die Spitzen seiner Füße geführt haben, lassen Sie sie den Boden berühren, um jede negative Energie zu entwurzeln. Bewegen Sie sich im Uhrzeigersinn und wiederholen Sie diese Bewegung entlang der rechten Körperseite. Fahren Sie fort, bis Sie alle vier Seiten abgeschlossen haben. (Für genauere Anweisungen zur Reinigung der menschlichen Aura von negativer Energie beziehen Sie sich bitte auf Michaels Buch über Heilenergie.)

Wenn Sie an einem bestimmten Körperteil arbeiten, der von einem Trauma befallen wurde, können Sie die gleiche Technik verwenden und sich dabei vom Rumpf zu den Extremitäten bewegen. Wiederholen Sie die Reinigung zwei- oder dreimal, oder solange bis Sie spüren, daß das Energiefeld rein ist. Da ein Trauma nur selten in einem einzigen Körperteil erfahren wird, ist es gut, im Anschluß an jede lokalisierte Heilarbeit eine allgemeine Aurareinigung vorzunehmen.

Versiegeln der Aura

Nach einer Heilsitzung oder einer Aurareinigung müssen Sie die Aura vor Negativität schützen, indem Sie sie versiegeln. Der Zweck des Versiegelns der Aura ähnelt jenem des Vernähens nach einer Operation.

Beginnen Sie wiederum mit konzentrierter Absicht. Stellen Sie sich dann vor, Ihre Hände verfügten über besondere auraversiegelnde Fähigkeiten oder seien in der Lage, einen Schutzbalsam abzusondern, und streichen Sie sie langsam vom Kopf Ihres Klienten zu seinen Füßen, ohne den Körper zu berühren. Arbeiten Sie im Uhrzeigersinn wie vorher, bis Sie alle vier Seiten des Aurafeldes verschlossen haben. Dieser Schutz wird höchstwahrscheinlich zumindest einige Stunden anhalten.

Shirley, eine Hotelmanagerin Ende fünfzig, litt an wiederkehrenden Schmerzen im rechten Fuß, die bald nach einer Operation vor sechs Jahren angefangen hatten. Obwohl sie den Chirurgen erneut aufgesucht und den Rat von anderen Medizinern eingeholt hatte, um die Ursache ihres Schmerzes herauszufinden, konnte niemand ihr helfen. Nachdem wir das Aurafeld um ihren Fuß gereinigt und versiegelt hatten, wozu wir nur einige Minuten brauchten, seufzte sie erleichtert auf. Der Schmerz war verschwunden.

Allen, ein Teenager, hatte einen schlimmen Unfall und wurde zum Röntgen ins Krankenhaus gebracht. Obwohl er keinen Knochenbruch hatte, wies er zahlreiche Hämatome auf und litt an starken Schmerzen. Bei der Arbeit mit seinem Energiefeld entfernten wir das Trauma und den Schmerz, dann versiegelten wir seine Aura. Als er am nächsten Morgen aufwachte, war der Schmerz verschwunden und er hatte keine blauen Flecken mehr. Er fühlte sich gut genug, um zur Arbeit zu gehen.

Hineingreifen und blockierte Energie herausziehen

Diese Technik erleichtert Schmerz, Krankheit oder Traumata, einschließlich Leiden aus früheren Leben in bezug auf eine alte Wunde, die durch einen Dolch, ein Schwert, eine Schußwaffe oder eine andere Waffe hervorgerufen wurde. Um im gegenwärtigen oder in einem früheren Leben blockierte Energie zu entfernen, ist eine physische Hand oder ihr „ätherisches Doubl" erforderlich. Um das ätherische Double Ihrer Hand zu sehen, stellen Sie sich um Ihre wirkliche Hand ein Energiefeld in Form eines Handschuhes vor, das in der Lage ist, in jeden Bereich des Körpers einzudringen, den Sie erreichen möchten. Verwenden Sie Ihre physische Hand, um Gegenstände zu entfernen, die nach außen vom Körper abstehen; verwenden Sie dagegen Ihre ätherische Hand, um im Körper eingebettete Gegenstände zu entfernen. In beiden Fällen wird die im Körper gefangene Energie freigesetzt, wenn Sie hineingreifen und herausziehen.

Erbitten Sie zuerst die Erlaubnis Ihres Klienten, die Blockade zu entfernen. Fordern Sie ihn auf, sich den Prozeß mit Ihnen gemeinsam vorzustellen, und folgen Sie wenn möglich seiner Führung. Fragen Sie den Klienten bei jeder Bewegung, die Sie zur Lösung der blockierten Energie machen, wie er sich fühlt. Reinigen Sie nach der Entfernung des Gegenstandes sein Aurafeld.

Helen, eine Botanikerin Ende vierzig, kam um Heilung zu uns, bald nachdem ihr Arzt einen Tumor in ihrem Hals diagnostiziert hatte. Zuerst mußten wir Schwüre aus früheren Leben brechen, Dialoge führen, um die Gründe für ihre Blockade zu identifizieren, und unausgesprochene Gefühle verbalisieren. Um den Heilungsprozeß zu beschleunigen, benutzten wir dann die ätherische Energie unserer Hände, um zusammen mit gebündelter Absicht in den Bereich zu gelangen, der den Tumor enthielt, und sowohl die negative Energie als auch die Krebszellen zu entfernen. In der folgenden Woche zeigten die Röntgenbilder keine Spur von einem Tumor.

Henry, ein Rundfunksprecher Ende vierzig, litt an wiederkehrenden Schmerzen an seiner rechten Seite. Er war ohne Erfolg bei mehreren Medizinern gewesen, um die Ursache seines Problems herauszufinden. Als letze Rettung kam er zu uns. Nachdem wir ihm geholfen hatten, die Schwüre aus früheren Leben zu brechen und die Dialogtechnik eingesetzt hatten, um Gründe für die Blockade zu finden, ließen wir Henry entspannen und sich die Ursache für seine Schmerzen vorstellen. Bald fühlte er ein langes, rundes Stück Holz in seiner Seite. Er folgte seiner Empfindung und erkannte, daß es sich um den spitzen Kopf eines Pfeiles handelte. Während er in Verbindung zu den Erinnerungen an die ursprüngliche Wunde trat, nahmen seine Schmerzen zu. Unter Einsatz der ätherischen Energie unserer Hände und gebündelter Absicht waren wir in der Lage, hineinzugreifen und den Pfeilkopf herauszuziehen, und mit ihm das Trauma, das in seinem Körper eingeschlossen worden war. Als die Entfernung abgeschlossen war, verschwanden seine Schmerzen.

Risse heilen

Ein Riß ist ein Sprung im Denken, der ein unausgeglichenes Energiefeld hervorgerufen hat. Die Ursache dafür liegt in einer Entweder-Oder-Perspektive, die keinen Zwischenraum mehr übrig läßt zwischen Begriffen wie Kopf/Herz, Lehrer/Student, männlich/weiblich, göttliche Liebe/persönliche Liebe oder Kreativität/praktischer Veranlagung. Die wichtigsten Merkmale eines solchen Risses sind ein Gefühl der inneren Leere und die Unfähigkeit, eine Fülle von Wahlmöglichkeiten zur Verfügung zu haben.

RISSENERGIEN AUSGLEICHEN

Hier ist eine wirkungsvolle Möglichkeit, einen Riß zu heilen: Fordern Sie Ihren Klienten auf, sich hinzusetzen, seine Hände auf die Knie zu legen, die Handflächen offen und nach oben gerichtet. Ermuntern Sie ihn, beide Aspekte des Risses zu spüren. Sobald er in der Lage ist, beide Qualitäten zu spüren, fragen Sie ihn, welche von beiden in seiner rechten Hand und welcher in seiner linken Hand sein möchte.
Konzentrieren Sie sich dann auf seine rechte Hand und lassen Sie ihn die Energie der Qualität in dieser Hand herbeirufen. Bitten Sie ihn, diese Energie kennenzulernen, als ob er eine unbekannte Person treffen würde. Lassen Sie ihn dann erklären, warum diese Energie erforderlich ist und wenn es nötig sein sollte, lassen Sie ihn um Vergebung bitten, weil er die Energie verurteilt hat. Fordern Sie ihn auf, der Energie dafür zu danken, daß sie gekommen ist. Konzentrieren Sie sich nun auf die linke

Hand und wiederholen Sie den Vorgang.
Anschließend leiten Sie Ihren Klienten durch die folgende Sequenz. Lassen Sie ihn die Augen schließen und die Arme auf Schulterhöhe zur Seite ausbreiten, die Handflächen nach vorne gerichtet. Bitten Sie ihn, sich seine Hände als riesige Magnete vorzustellen, die sich gegenseitig anziehen und so zusammenkommen werden, daß die beiden Energien zu einer einzigen verschmelzen. Während seine Hände sich treffen, lassen Sie ihn tiefer atmen, um die Verschmelzung aufzunehmen. Ermutigen Sie ihn, die Integrierung zu spüren und lassen Sie ihn seine Hände zum Herzen führen und die Heilung des Risses einatmen. Gestehen Sie ihm Zeit zu, die Integrierung aufzunehmen.
Fordern Sie Ihren Klienten auf, sein Herz um ein Symbol, ein Wort, einen Ton oder eine Farbe zu bitten, um die Erfahrung in seinem Bewußtsein zu verankern. Weisen Sie ihn darauf hin, daß er wann immer er es möchte, in der Lage sein wird, die Solidarität dieser Gegensätze zu verstärken, wenn er sich an das Integrierungssymbol erinnert.
Cynthia, eine Bankangestellte Ende dreißig, kam zu uns mit ihrer 17-jährigen Tochter Paula, bei der Schizophrenie diagnostiziert worden war. Während der Arbeit mit Paula erfuhren wir, daß ihre Probleme bald nach der Scheidung ihrer Eltern vor acht Jahren begonnen hatten. Zu dieser Zeit lebte Paula zeitweise mit ihrer Mutter und zeitweise mit ihrem Vater. Um ihrer Mutter zu gefallen, entwickelte sie eine Reihe von Persönlichkeitszügen, darunter Benehmensarten, Kommunikationsweisen, Interessen und sogar Essensvorlieben. Um ihrem Vater zu gefallen, entwickelte sie dagegen einen völlig andere Reihe von Eigenschaften.
Um den Riß zu heilen und Paulas Rückkehr zur Authentizität zu unterstützen, führten wir sie hin zur Verschmelzung ihrer beiden Seinsarten. Als sie die beiden Verhaltensreihen integriert hatte, rieten wir ihr, ihren Eltern die Wahrheit zu sagen: Daß sie während all dieser Zeit ihr eigenes Sein geopfert hatte, um so zu sein, wie sie dachte, daß beide es von ihr erwarteten. Wir ließen sie auch ihre Eltern fragen, ob sie sie weiterhin lieben würden, wenn sie aufhörte, ihnen zu gefallen. Als beide Elternteile unabhängig voneinander die Dynamik erkannten, die ihre Tochter seit ihrer Scheidung ausgespielt hatte, waren sie erleichtert und begeistert, daß sie sie in ihrem Heilprozeß würden unterstützen können.

MÄNNLICHE UND WEIBLICHE ENERGIEN AUSGLEICHEN

Nirgendwo anders als auf der Erde gibt es eine Spaltung zwischen männlicher und weiblicher Energie. Diese Trennung stellt wie auch andere Trennungen eine Her-

ausforderung dar und bietet gleichzeitig gewaltige Lernmöglichkeiten.
Jahrhunderte lang erwartete man von Männern, Krieger und Versorger zu sein, während Frauen als Mütter, Ehefrauen und Ernährerinnen dienten. Diese Rollen sind so tief in der menschlichen Psyche verwurzelt, daß wir tatsächlich gerne vergessen, daß wir männliche und weibliche Energien besitzen. In Wirklichkeit sind wir nur dann vollkommen und gesund, wenn diese beiden Ausdrücke von Energie sich im Gleichgewicht befinden.
Männliche Energie wird normalerweise als stark, intellektuell, unabhängig, bestimmt und handlungsorientiert beschrieben. Gesunde männliche Energie nutzt ihre Stärke um zu beschützen, zu versorgen und um sich zu manifestieren. Wenn sie nicht durch weibliche Energie ausgeglichen wird, wird sie aggressiv, gewalttätig oder neigt zum Mißbrauch.
Weibliche Energie wird am anderen Pol oft als fühlend, empfänglich, umsorgend und unterwerfend beschrieben. Gesunde weibliche Energie nutzt ihre Empfänglichkeit, um zu lieben, zu pflegen und zu unterstützen. Wenn sie einseitig wird, zeigt sie Schwäche, Eifersucht, eine verführerische Art oder extreme Emotionalität.
Immer wenn Sie mit einem Klienten arbeiten, der Urteile über eine von diesen oder beide Energien fällt, sollten Sie an einen Riß zwischen männlich und weiblich denken. In solchen Fällen wird die Bewältigung dieser Verurteilung von der Heilung des Risses im Energiefeld abhängen.
Arthur, ein Graphikkünstler Anfang dreißig, hatte eine aufmerksame Mutter und einen unkommunikativen Vater. So sehr er seine Mutter verehrte, so sehr schäumte er vor Wut gegen seinen Vater, der ihm weder Liebe noch Aufmerksamkeit schenkte. Als er älter wurde, entwickelte Arthur die weiblichen Qualitäten der Sensibilität und der Anteilnahme, doch er war unfähig, seine männliche Energie zu aktivieren, um sich selbst Rückhalt zu geben. Es wurde uns klar, daß er die weibliche Energie als gut und die männliche Energie als schlecht verurteilt hatte, und damit hatte er sein Erfolgspotential sabotiert. Wir halfen ihm dabei, seinem Vater zu vergeben und sich von der Idealisierung seiner Mutter zu lösen. Dann heilten wir den Riß in seinem Energiefeld.
Sue, eine Empfangsdame Mitte vierzig, war körperlich und emotional von ihrem Vater mißbraucht worden. Daraus entwickelte sie Angst vor Männern und bildete eine negative Meinung über männliche Energie. Schließlich erklärte man ihr, sie leide an einer Psychose und sie wurde medikamentös behandelt. Als sie zwei Jahre später um Heilung zu uns kam, hatte sie Schlafschwierigkeiten und befürchtete, daß niemand sie lieben könne, wenn sie ihre Medikation weiterführen müsse.
Während der Heilung begann die rechte (männliche) Seite ihres Körpers zu zittern,

worauf sie uns erklärte, sie habe Angst vor Männlichkeit, auch vor ihrer eigenen. Als wir ihr halfen, Frieden zu schließen mit ihrer maskulinen Energie, beruhigte sie sich und integrierte ihre männliche und weibliche Seite. Nach der Heilung konnte sie ihre Medikamente abbauen und nachts ruhig schlafen.

Die Integration des inneren Kindes

Diese Drei-Stufen-Technik ist besonders wirksam bei Menschen, die nicht mit ihren Gefühlen in Berührung stehen. Lassen Sie den Klienten zuerst auf einem Stuhl Platz nehmen oder sich mit dem Gesicht nach oben auf einem Massagetisch legen.

1. **Das innere Kind spüren** – Fordern Sie Ihren Klienten auf, die Energie seines inneren Kindes einzuladen, mit ihm zu kommunizieren. Lassen Sie ihn dann seine Arme ganz nach vorne ausstrecken, als ob er ein kleines Kind hochheben wollte. Fragen Sie ihn, ob er dieses Kind vor sich sehen, hören, spüren oder es sich vorstellen kann. Bitten Sie ihn, das Kind so genau wie möglich zu beschreiben. Fragen Sie dann behutsam nach weiteren Informationen: „Wie weit ist das innere Kind entfernt? Wie alt ist es? Was trägt es? Was fühlt es? Ist es glücklich oder traurig? Was tut es? Was können Sie mir sonst noch über das Kind und seine Bedürfnisse erzählen?" Zweck dieser Fragen ist, das Sinnesbewußtsein des Klienten für sein inneres Kind zu vertiefen.
2. **Das innere Kind um Verzeihung bitten** – Fordern Sie Ihren Klienten auf, sich bei seinem inneren Kind dafür zu entschuldigen, daß er es verlassen hat; zuzugeben, daß das Leben zu jenem Zeitpunkt angsterregend war, so sehr, daß er das Kind zurückgelassen hat, weil es nicht mehr sicher schien, weiter zu ihm zu stehen; und zu erklären, daß er nunmehr seinen Fehler einsehe. Ermutigen Sie Ihren Klienten, dem Kind seine Wertschätzung zu zeigen und ihm zu sagen, daß er es wirklich liebe. Dann sagen Sie Ihrem Klienten, daß er das Kind bitten solle, ihm zu verzeihen und zurück zu kommen. Lassen Sie schließlich das Kind seinen Bedürfnissen, wie etwa jene nach Spontaneität, Sensibilität, Ehrlichkeit oder Aufmerksamkeit Ausdruck verleihen.
3. **Das innere Kind wiedergewinnen** – Ermutigen Sie Ihren Klienten, das Kind zu fragen, ob es ihm genug vertrauen würde, um ihm noch eine Chance zu geben. Wenn das Kind zu zögern scheint, fragen Sie was es braucht, um sich wieder sicher zu fühlen. Fragen Sie Ihren Klienten, wie sie zusammen lernen und wachsen können. Ermutigen Sie Ihren Klienten, geduldig den Bedürfnissen des Kindes zu lauschen. (Anmerkung: Versuchen Sie niemals, das Kind zu zwingen, zu drängen oder ihm zu drohen. Lassen Sie vielmehr Ihren Klienten zugeben, daß er den Mangel an Vertrauen ver-

steht. Er kann sogar das Kind bitten, ihn von Zeit zu Zeit zu besuchen, so daß sie allmählich wieder eine vertrauensvolle Beziehung aufbauen können.)
Wenn das Kind sich bereit erklärt, zurück zu kommen, lassen Sie Ihren Klienten sich vorstellen, wie er es in seine ausgestreckten Arme aufnimmt. Lassen Sie ihn das Kind fragen, ob er es in sein erwachsenes Herz legen kann. Fordern Sie ihn dann auf, die Hände zu seiner Brust zu bewegen, bis sie sein Herz berühren.

Diese Technik wühlt oft unterdrückte Emotionen und Tränen auf, deshalb müssen Sie eine stille Zeit für die Integrierung zugestehen. Fragen Sie Ihren Klienten am Ende der Übung behutsam, wie er sich nun fühlt, nachdem er sein inneres Kind wiederentdeckt hat. Dadurch, daß er seine Antwort ausspricht, wird ihm geholfen, die Erfahrung in seinem Bewußtsein zu verfestigen.

Abschlussritual

Verwenden Sie diese Technik immer dann, wenn Sie einem Klienten helfen wollen, symbolisch ein Ende zu setzen. Lassen Sie ihn sich zu Beginn auf die Gefühle und Emotionen einstellen, die er loslassen möchte. Dann bitten Sie ihn, sie alle in einen bedeutungsvollen Gegenstand, oder, statt eines Gegenstandes, in einen Stein oder ein Stück Holz zu legen. Lassen Sie ihn nach der Sitzung den Abschluß in eine Zeremonie kleiden, indem er eine Handlung vollzieht, wie zum Beispiel den bedeutungsvollen Gegenstand oder dessen Ersatz wegwerfen, verbrennen oder vergraben. Als alternative Zeremonie könnte er eine Kerze abbrennen, einen Ballon steigen lassen, seine Gefühle auf einen Bogen Papier schreiben oder Blumen dort niederlegen, wo sich der traumatische Zwischenfall zutrug.
Fordern Sie ihn in jedem Fall auf, zu trauern, während die Loslösung erfolgt. Anschließend müssen Sie ihn daran erinnern, sich mit weißem Licht, bedingungsloser Liebe und seinen Seelenqualitäten zu füllen.

Eine Gruppe zurückrufen

Bei der Arbeit mit einem Klienten, der in einem früheren Leben Teil einer religiösen Gruppe oder eines Ordens war, ist es manchmal richtig, die Energien der übrigen Mitglieder zurückzurufen. Die Anwesenheit dieser Energien dient am meisten jenen Klienten, die noch immer von der Erinnerung an eine Gruppe aus einem früheren Leben beeinflußt werden, und die das Bedürfnis haben, eine Wahrheit festzulegen oder Fragen zu stellen oder eine Verurteilung ihrer selbst zu klären.

Lassen Sie zu Beginn Ihren Klienten die Augen schließen, in einen Zustand tiefer Entspannung übergehen und angeben, ob er bereit ist oder nicht, die ursprüngliche Gruppe zurückzurufen. Zuerst kann er ängstlich oder besorgt sein, doch sobald er beginnt, sich an die Gruppe zu wenden, wird er entdecken, daß seine Ängste unbegründet sind. Gruppen, die zurückgerufen werden, sind meistens sanft, versöhnlich und bestrebt, daß die betreffende Person sich selbst verzeihen und fortschreiten möge. (Anmerkung: Klienten, die Mitglieder eines strengen religiösen Ordens waren, wird meistens mitgeteilt, daß die meisten Mitglieder in ihrer Entwicklung fortgeschritten sind und daß eine weitere Loyalität zu den alten Schwüren die Entwicklung der Gruppe zurückhalten würde.)

Phil, ein spiritueller Lehrer Anfang vierzig, war besessen davon, gut verwurzelt zu sein. Er erzählte uns, er habe panische Angst davor, so machtvoll zu werden, daß er verschwinden könnte! Während wir zusammen arbeiteten, erfuhren wir von einem früheren Leben, in dem er eine Gruppe über Energie unterrichtet hatte. Eines Tages war er mit der Energie verschmolzen und verwandelte sich in reines Licht. Unfähig, in seinen Körper zurückzukehren, verurteilte er sich selbst, weil er seine Studenten verlassen hatte.

Nachdem er die Seelen seiner Studenten zurückgerufen hatte, ließen wir ihn fragen, ob sie ihm etwas nachtragen würden. Sie verneinten und erklärten, daß sie dankbar seien für seine Vorführung einer Transmutation. Er fragte sie dann, ob sie auf ihrem Weg als Heiler weiter geschritten wären. Jeder bejahte es. Zuletzt fragte er sie, ob sie ihn für einen verantwortungsbewußten Lehrer hielten. Ja, antworteten sie. Als klar wurde, daß die Vergebung, die er brauchte, seine eigene, und nicht die ihrige war, ermutigten wir ihn, sich selbst in Gegenwart der Gruppe zu verzeihen. Zwei Wochen später erzählte er uns, er sei in seinen spirituellen Übungen entspannter und habe nicht länger Angst davor, zu verschwinden.

Den karmischen Rat herbeirufen

Diese Technik ist außerordentlich hilfreich bei der Arbeit mit jemandem, der Schuld- oder Schamgefühle mit sich trägt. Der Karmische Rat ist ein universelles Gremium, das aus Wesen besteht, die verantwortlich sind für die Bewertung unseres Seelenwachstums und für Hilfe bei der Durchbrechung des Ursache-Wirkungs-Kreislaufs des Karmas. Aus der Karma-Perspektive werden die menschlichen Taten auf der Basis ihrer Wirkung auf andere beurteilt; jemand, der einen anderen Menschen verletzt hat, muß das sich daraus ergebende Karma durch richtige Taten ausgleichen. (Anmerkung: Aus der Sicht der Seelenstärkung, die ein universelleres Gesetz umfaßt, dienen alle Erfahrungen dem Lernen der Seele. Durch Festhalten an Schuld, Scham oder Verurteilung der Erfahrung bremst das Individuum sein Seelenwachstum.)

Als Heiler können Sie den Karmischen Rat anrufen und für Ihren Klienten sprechen, ähnlich wie ein Anwalt einen Richter und eine Jury für einen Klienten anrufen würde, den er vertritt. Sie können den Karmischen Rat bitten, Ihrem Klienten zu verzeihen und den Seelenbericht neu zu schreiben.

Sie können den Karmischen Rat auch bitten, für einen Klienten zu intervenieren, dessen Seele in Gefahr ist. Gute Kandidaten für diesen Vorgang sind Menschen, die sich selbst hart verurteilt haben und solche, die ungerechtfertigten übersinnlichen Angriffen durch ein Individuum oder eine Gruppe ausgesetzt sind.

Charles, ein Autohändler Mitte fünfzig, hatte Schwierigkeiten, seine Emotionen wahrzunehmen und ihnen Ausdruck zu verleihen. Wir entdeckten, daß er in anderen Leben ein tapferer Krieger gewesen war, der Hunderte von Feinden in der Schlacht getötet hatte. Charles war anscheinend unfähig, seine Hyperwachsamkeit so weit aufzugeben, daß er mit seinen innersten Gefühlen in Verbindung treten konnte. Michael, ebenfalls ein früherer Krieger, rief für Charles den Karmischen Rat an. Er wandte sich an den Rat und erklärte, er ehre und respektiere Charles als einen Kriegerkameraden und als sensiblen Mann. Er fuhr fort, daß dieser Mann genug gelitten und seine Strafe abgeleistet habe. Dann bat er, daß Charles' Taten aus dem Bericht gestrichen werden und daß er eine Chance als Krieger des Herzens bekommen möge. Bei diesen Worten brach Charles weinend zusammen.

Lebensrückblick

Ein solcher Lebensrückblick begünstigt die multidimensionale Sicht auf eine Beziehung. Lassen Sie zuerst Ihren Klienten die Augen schließen und sich vorstellen, er sei gestorben. Nun sitze er auf einer Wolke mit seinen Führern und blicke entspannt auf sein Leben zurück. Fordern Sie ihn auf, laut die folgenden Fragen zu beantworten: „Hatten Sie in diesem Leben eine Seelenvereinbarung mit ......? Worin bestand genau diese Vereinbarung? Gibt es etwas, das Sie wünschen, gesagt oder getan zu haben? Haben Sie in diesem Leben Ihr Seelenziel erreicht, indem Sie .... trafen?"

Sheila und ihre eben erwachsene Tochter Emily machten einen Termin aus, um Klarheit über ihre ständigen Machtkämpfe zu erlangen. Sie trugen fast während der gesamten Sitzung ihre Streitgespräche aus. Schließlich stellten wir ihnen die oben genannten Fragen. Nachdem sie ihre gegenseitige Seelenvereinbarung zum Ausdruck gebracht hatten, lagen sie sich weinend in den Armen. Im Bewußtsein der Vereinbarung, eine der anderen Individualität zu würdigen, beendeten sie die Sitzung mit einem Waffenstillstand.

Ihre spirituellen Führer revue passieren lassen

Dies ist eine Technik, die Sie an sich selbst anwenden können. Führer und Lehrer kommen aus vielen Dimensionen. Manche haben die Erfahrung einer Verkörperung auf der Erdebene gemacht, andere nicht. Diese sind womöglich nicht in der Lage, Ihnen die Führung, die Sie brauchen, zu geben. Vergewissern Sie sich also, daß Ihre Führer über Erfahrungen auf dem Gebiet verfügen, in dem Sie Hilfe suchen. Wenn Sie Informationen erhalten, die nicht genau zu sein scheinen, müssen Sie sich Ihrer Wahlmöglichkeit und Ihrer Verantwortung bewußt sein, andere geistige Führer herbeizurufen.

Wenn Sie dabei wären, ein Team von Beratern einzustellen, würden Sie sich deren Hintergrund, ihre Erfahrungen und ihre Honorarforderungen anschauen. Ebenso ist es mit Ihren geistigen Führern. Sie tragen gegenüber Ihrer Seele Verantwortung dafür, zu wissen, wer Sie führt und welche Qualifikationen diese Führer haben. Stellen Sie sicher, daß nur solche Führer, die an Ihrem Seelenziel und der göttlichen Liebe orientiert sind, Ihnen beistehen und daß alle anderen gesegnet seien und ihres Weges gehen mögen.

Bitte bedenken Sie, daß hoch entwickelte Führer am göttlichen Gesetz der Nichteinmischung festhalten. Sie werden daher nicht in Ihre Entwicklung eingreifen, außer wenn Sie ihren Beistand erbitten. Als allgemeine Regel empfehlen wir, Ihren Führern regelmäßig für Ihre Hilfe zu danken und Gott zu bitten, sie zu segnen. Bitten Sie, daß jene Führer, die Sie nicht mehr benötigen, liebevoll zu ihrem nächsten Heim geführt werden mögen, und bitten Sie Gott, Ihnen Führer zu senden, die Ihnen wirklich in Ihren derzeitigen Lektionen beistehen können.

Reinigung von sexuellem Missbrauch

Menschen, die sexuell mißbraucht wurden, tragen den energetischen Abdruck dieses Mißbrauchs oft über viele Lebenszeiten in sich. Die betroffene Energie findet sich meistens um den Mund, den Hals, die Brüste, die Scheide, das Rektum oder den Penis. Energetische Abdrücke können leicht durch eine Verbindung von konzentrierter Absicht, von Hineingreifen und Herausziehen blockierter Energie und von einer Aurareinigung entfernt werden. Wenn Sie allein arbeiten, sollten Sie die Gegenwart eines Zeugen erbeten, vorzugsweise eines Zeugen des gleichen Geschlechts wie Ihr Klient. Bitten Sie zum Beispiel eine Zeugin, Sie ständig zu beobachten und der Klientin zu versichern, daß sie in Sicherheit sei. Erklären Sie im voraus, daß Sie die Klientin nicht körperlich berühren werden, doch daß, nachdem Sie mit gefangener Energie arbeiten, diese das Gefühl haben könnte, berührt zu werden. Achten Sie stets den Körper und die Gefühle Ihrer Klienten.

Bei der Durchführung dieser Arbeit liegen die Klienten am besten mit dem Gesicht nach oben auf dem Fußboden. Um den Mund zu reinigen, lassen Sie die Klientin den Mund so weit wie möglich öffnen und die Zunge herausstrecken. Wenden Sie die Technik des Hineingreifens und Herausziehens an: strecken Sie Ihre Finger gegen ihren Mund aus und stellen Sie sich vor, wie Ihre ätherische Hand in den Mund, dann in den Hals und den Magen greift und das Sperma und die sexuelle Energie, die vielleicht geschluckt wurden und sich in diesen Bereichen befinden, herauszieht. Wiederholen Sie den Vorgang mindestens dreimal, und fragen Sie dann die Klientin, ob sie sich frei fühlt. Wenn sie das verneint, fragen Sie, was sie tun oder sagen muß, um die Energie zu entfernen. Ermöglichen Sie das Erforderliche und wiederholen Sie dann die Technik.

Üben Sie in extremen Fällen einen mäßigen Druck auf den Magen aus, indem Sie nach oben gegen den Hals und den Mund drücken und darauf achten, die Brüste zu meiden. Lange unterdrückte Emotionen können in einem hysterischen Ausbruch freigesetzt werden. Oder Ihre Klientin kann würgen oder husten, ihr kann schlecht werden oder sie kann sogar erbrechen. Halten Sie Taschentücher und einen Abfalleimer bereit!

Setzen Sie die Technik der Aurareinigung ein, um Brüste zu reinigen. Halten Sie Ihre Hände mindestens 15 cm vom Körper Ihrer Klientin entfernt, während Sie die Hände von den Schultern zu der Taille bewegen. Während Sie den gesamten Bereich reinigen, stellen Sie sich vor, an Ihren Händen seien große Bürsten befestigt, die jeden Abdruck unangemessener Berührung wegwischen. Wiederholen Sie diese Bewegung mindestens dreimal und fragen Sie Ihre Klientin, ob Sie sich frei fühlt.

Um Hände zu reinigen, verwenden Sie die gleiche Technik wie oben für die Brüste beschrieben. Bewegen Sie Ihre Hände von den Handgelenken Ihrer Klienten zu ihren Fingerspitzen. Reinigen Sie immer eine Hand nach der anderen.

Um Scheide und Rektum zu reinigen, verwenden Sie die Technik des Hineingreifens und Herausziehens und halten Ihre Hände dabei mindestens 15 cm von diesen Organen entfernt. Befolgen Sie den gleichen Vorgang wie beim Reinigen des Mundes. Spüren Sie, wie die Energie Ihrer ätherischen Hand in diese Bereiche hineingreift und Sperma oder andere sexuelle Rückstände sammelt. Stellen Sie sich vor, wie Sie Ihre ätherische Hand zurückziehen und wie Sie dabei die blockierte Energie aus dem Körper Ihrer Klienten zieht.

Verwenden Sie ebenfalls die Technik der Aurareinigung, um den Penis zu reinigen. Halten Sie stets Ihre Hände mindestens 15 cm vom Bauch entfernt und bewegen Sie sie nach unten zu den Oberschenkeln.

Da fast alle Ihre Klienten mehrere Leben der Erforschung des männlichen Bewußtseins und andere Leben wiederum der Erfahrung weiblichen Bewußtseins gewidmet haben, müssen Sie alle Bereiche eines möglichen sexuellen Mißbrauchs reinigen. Nach dieser Reinigung erfolgt jene der Aura: Halten Sie Ihre Hände 7,5 bis 15 cm vom Körper Ihres Klienten entfernt und beginnen Sie etwa 30 cm über dem Kopf. Bewegen Sie Ihre Hände entlang des ganzen Körpers zu den Füßen und lassen Sie die „Bürsten" das gesamte Energiefeld reinigen. Beenden Sie die Heilsitzung durch das Versiegeln der Aura.

Die Reinigung von sexuellem Mißbrauch ist eine bedeutende energetische und psychologische Erfahrung. Daher könnte für die Intergrierung dieser Erfahrung eine längere Zeit als üblich erforderlich sein. Bitte seien Sie einfühlsam bezüglich der Zeit, die Ihre Klienten brauchen.

Durchtrennen von Banden nach einer Fehlgeburt, einer Abtreibung oder dem frühen Tod eines Kindes

Die Gesundheit und die Lebensspanne eines Kindes hängen von den Bedürfnissen der Seele des Kindes ab, nicht von den Wünschen oder Erwartungen der Eltern. Kinder kommen auf die Erdebene, um zu lernen, das Karma zu durchleben und spirituell zu wachsen. Manchmal kommen sie auch, um den Eltern eine Lektion zu erteilen.

Bevor sie zur Erdebene kommen, wählen sie bewußt ihre Lebenslektionen. Je herausfordernder diese Lektionen sind, umso mehr kann das Kind spiriuell wachsen. Auch die Eltern haben diesen Erfahrungen zugestimmt. (Anmerkung: Fehlgeburt, Abtreibung und ein früher Tod stellen Entscheidungen dar, die Eltern und Kinder gemeinsam treffen. In jedem Fall weiß die Seele, was das Individuum in der Lage ist, zu lernen, und sie wird nie Umstände für eine Katastrophe schaffen.)

In vielen Fällen, in denen eine Schwangerschaft nicht ausgetragen wird oder ein Kind jung stirbt, wird die Seele des Kindes durch die Eltern oder andere geliebte Wesen zurückgehalten. Dies trifft besonders zu für eine Mutter, welche die Seele ihres Kindes aus Schuld, Schamgefühl oder mangelnder Bereitschaft, loszulassen, zurückhält. In solchen Fällen wird die Entwicklung sowohl der Mutter als auch des Kindes gebremst, gehalten durch ein Band, das durchtrennt werden muß, um weiter wachsen zu können. (Lesen Sie hierzu als einen Bericht aus erster Hand Rosalies Buch, „Heilender Schmerz", Econ & List, München)

Nathalie, eine 48-jährige Fotografin, kam zu uns um Hilfe, nachdem sie fünf Kinder vor deren sechsten Geburtstag verloren hatte. Zwei Kinder hatte sie durch Fehlgeburt verloren, die anderen drei durch einen frühen Tod. Nathalies Selbstachtung war extrem niedrig, und sie war sicher, von Gott verflucht worden zu sein.

Als wir Kontakt mit jedem ihrer Kinder aufnahmen, füllte sich der Raum mit bedingungsloser Liebe. Jeder Geist dankte ihr dafür, daß er hatte kommen dürfen, um das zu vollenden, was er zu tun hatte. Einer nach dem anderen erkannte ihren Schmerz an und versicherte, daß sie ein Geschenk und kein Fluch sei. Während wir einen Geist nach dem anderen segneten und freiließen, forderten wir Nathalie auf, tief einzuatmen und die Energie des Kindes freizusetzen. Als sie ausatmete, klatschten wir in die Hände, um das Band zum Kind zu lösen. Am Ende der Sitzung hatte Nathalie sich von ihrer Schuld gelöst und gelernt, die Rolle anzuerkennen, die sie mit den fünf Geistern zu übernehmen vereinbart hatte.

Spirituelle Abtreibung

Wie die vorhergehende würdigt auch diese Technik sowohl die Mutter als auch den Geist des Kindes. In einer Kombination von Dialogen, Vergebung, der Durchtrennung von übersinnlichen Banden und anderen Vorgängen hilft sie, den Geist eines ungeborenen Kindes loszulassen, ohne die mit einer körperlichen Abtreibung verbundenen mütterlichen Schuld- und Schamgefühle oder ein Trauma hervorzurufen.

Beginnen Sie, indem Sie die Mutter fragen, ob sie bereit ist, mit dem Geist ihres ungeborenen Kindes zu kommunizieren. Wenn sie bereit ist, bitten Sie sie, die Augen zu schließen, zu entspannen und den Geist ihres Kind herbeizurufen. Wenn dies nicht leicht geschieht, fordern Sie die Mutter auf, tief und langsam einzuatmen und sich noch tiefer zu entspannen. Lassen Sie sie den Geist ihres Kindes wieder herbeirufen, wenn sie sich völlig wohl fühlt. Sobald sie Kontakt aufnimmt, müssen Sie sie darauf hinweisen, daß der Geist, unabhängig vom Alter seines Trägers, Intelligenz und die Fähigkeit zur Kommunikation besitzt. Fordern Sie dann die Mutter auf, den Geist ihres Kindes zu fragen, ob er mit Ihnen beiden kommunizieren möchte.

Ermutigen Sie zu Beginn der Interaktion die Mutter dazu, sich bei dem Geist dafür zu entschuldigen, das Tor zu ihrem Schoß geöffnet zu haben; sie soll erklären, daß die Schwangerschaft nicht ausgetragen werden kann. (Die Gründe für den Schwangerschaftsabbruch müssen nicht dargelegt werden, außer es hilft Ihrer Klientin, sich von Schuld oder Scham zu lösen). Lassen Sie sie sanft dem Geist erklären, daß sie ihm nicht schaden möchte. Vielleicht möchte sie den Geist Fragen, weshalb er ursprünglich herkam - was er lernen oder lehren wollte. Bleiben Sie die ganze Zeit dabei, die Mutter zu fragen, was sie fühlt und was der Geist spricht. Ihre Antworten können unterdrückte Emotionen an die Oberfläche bringen.

Üblicherweise teilt das Kind, dessen Leben als Embryo beendet werden soll, mit, daß er nur einen kurzen Aufenthalt im Schoß der Mutter brauchte. Diese ungeborenen Geister sind solche, welche die Vibration der Erde zum ersten Mal fühlen, solche, die einen kurzen Abschnitt eines unvollendeten früheren Lebens beenden und solche, die Hilfe leisten in der Entwicklung ihrer Eltern. In jedem Fall wird die Botschaft, die sie überbringen, sehr wahrscheinlich eine emotionale Lösung in der Mutter bewirken. Der Geist wird dann der Mutter danken, daß sie ihm die Erfüllung seines Zieles ermöglicht.

An diesem Punkt der Sitzung sollen Sie die Engel der Weisheitsschulen herbeirufen. Teilen Sie dem Kind mit, daß diese Engel es zu den Schulen der Weisheit geleiten werden, wo es die zusätzliche Heilung und die zusätzlichen Lehren oder aber die geeignete werdende Mutter erhalten wird. Fordern Sie Ihre Klientin auf, das Kind mit weißem Licht und bedingungsloser Liebe zu umgeben. Wenn der Geist sich gegen das Fortgehen wehrt, erinnern Sie ihn daran, daß er nicht dort bleiben kann, wo er unerwünscht ist, und daß ihm, wenn er jetzt geht, das Trauma der körperlichen Abtreibung erspart bleibt. Ist der Geist bereit, zu gehen, lassen Sie die Mutter sich vorstellen, wie das Kind sie mit Engeln verläßt. Dann fragen Sie sie, ob sie und das Kind sich vollständig gelöst haben.

Wenn Ihre Klientin in Schuld- oder Schamgefühlen unterzugehen scheint, weisen Sie sie sanft darauf hin, daß ihr Leiden sowohl ihre eigene als auch die Entwicklung des Kindes zurückhält. Helfen Sie ihr, sich selbst zu vergeben und den Schmerz loszulassen. Wenn die Freilassung des Geistes weiter verzögert wird oder unvollständig ist, sollten Sie Seelenvereinbarungen oder Bande prüfen, welche die beiden zusammenhalten. Setzen Sie die Technik des Klatschens ein, um eine resistente Verbindung zu brechen.

Nach unserer Erfahrung mit spirituellen Abtreibungen, die in den ersten drei Monaten der Schwangerschaft durchgeführt wurden, kommt es meistens innerhalb von Tagen nach der Sitzung zu einer spontanen Fehlgeburt. Frauen, die eine körperliche Abtreibung vornehmen lassen, überstehen den Eingriff ohne Schuld und ohne Trauma.

Dreizehn

WESEN AUFDECKEN UND FREILASSEN

„Wirkliches Leiden reinigt im Brennen; neurotisches Leiden schwärzt mehr und mehr.“

Marion Woodman

Ein Wesen - ein Bewußtsein ohne Körper - ist entweder eine verstorbene Person, die weiter an ihrem begrenzten menschlichen Ich mit all seinen menschlichen Bindungen festhält, oder eine Energie aus der Sternendimension. Wie Menschen besitzen auch Wesen ein breites Spektrum an Bewußtsein. Manche tragen die Erinnerung an Licht mit sich und glauben, daß sie wirklich ihrem inkarnierten Wirt dienen, während andere kein Bewußtsein von Licht oder von einem Leben auf Erden besitzen und großteils nur von narzißtischen Bedürfnissen getrieben werden. Alle Wesen, unabhängig von ihren Erfahrungen und Motivationen, schaffen Störungen, wenn sie sich an das Energiefeld eines Menschen anbinden. Die betreffende Person kann nur heilen, wenn die Wesen ausgetrieben werden, und nur so können die Wesen sich selbst weiterentwickeln.

Ungebetene Gäste

Der Großteil der Wesen sind Menschen, die es nicht geschafft haben, nach ihrem Tod ins Licht zu wechseln. Für manche kam der Tod so schnell, daß sie sich nicht bewußt wurden, einen Körper zu verlassen. Andere wurden verwirrt, weil sie nicht auf ein Weiterleben vorbereitet waren. Wieder andere fühlten sich angesichts von Taten in ihrer früheren Inkarnation nicht würdig, weiterzuschreiten, oder sie hatten Angst, auf der anderen Seite kritisiert zu werden. Viel werden durch emotionale Bindungen, Versprechen oder ungelöste Macht- oder Kontrollprobleme zurückgehalten. Bei der Arbeit mit einem Klienten, in dessen Energiefeld Wesen eingedrungen sind, sollten Sie bedenken, daß sowohl der Klient als auch das Wesen leidet und Bedürfnis nach bedingungsloser Liebe und Mitgefühl hat.

Wesen ohne Erinnerung an das Licht erfordern mehr Strenge. Sie können durch den dauernden Wunsch nach Fortführung ihrer erdgebundenen Abhängigkeiten oder durch ihr Bedürfnis nach Macht oder Rache motiviert sein. Nachdem sie keinen physischen Körper besitzen und somit unfähig sind, ihre Wünsche zu erfüllen, binden sie sich an Menschen, die sie befriedigen können. Haben sie sich erst einmal angebunden, vergrößern diese Wesen die Verlangen des betreffenden Menschen.

Mögliche Ursprünge für die Wesen eines Klienten sind die folgenden:

1 verstorbene Verwandte oder Freunde, besonders jene, die ihn liebten, die versuchten, ihn zu dominieren oder die glaubten, zu wissen, was am besten für ihn sei - und dies noch immer tun;
2 Verstorbene, die böse auf ihn oder von ihm verletzt worden waren;
3 verstorbene Menschen, die ähnliche Probleme, Emotionen oder Abhängigkeiten hatten;
4 Fehlgeburt, Abtreibung oder der frühe Tod eines Kindes, dessen Seele durch elterliche oder geschwisterliche Schuld- oder Schamgefühle oder durch Verurteilung zurückgehalten wurde;
5 Seelenvereinbarungen, die geschlossen wurden, um ihn zu beschützen, über ihm zu wachen oder ihn zu leiten und die überholt oder unangemessen für sein derzeitiges Leben sind.

Wesen suchen Energie und Raum. Sie werden auf verschiedene Weisen von einem menschlichen Energiefeld angezogen. Einerseits erlangen sie Eintritt, wenn ein Mensch mit psychischer Energie experimentiert und es versäumt hat, sich selbst mit intensivem weißem Licht zu umgeben oder wenn es ihm nicht gelungen ist, nur mit Energien zu arbeiten, die auf seine Essenz und auf göttliche Liebe ausgerichtet sind. Andererseits werden sie durch unterdrückte Wut, durch Eifersucht oder Leugnung angezogen, ebenso durch die Weigerung, für sich selbst Verantwortung zu übernehmen oder dadurch, daß man nicht in seinem eigenen Körper bleibt. Andere Anziehungskräfte sind Depressionen, Unfälle, Operationen, Trauma, Mißbrauch, länger dauernde Krankheit, Abhängigkeiten und der Tod eines Familienmitgliedes oder eines Freundes.
Manche Wesen suchen nur nach einem Platz zum Leben. Sie werden eine ahnungslose Person suchen, besonders jemand, der mitfühlend und energetisch offen ist. Wenn sie den richtigen Kandidaten gefunden haben, binden sie sich irgendwo zwischen der äußersten Schicht des Aurafeldes und dem tiefsten Punkt im Körper eines Menschen an. Im ersten Fall ist die Bindung schwach und zieht Energie aus der Aura. Im zweiten Fall bewohnt das Wesen den Körper mit und drängt Teile des Bewußtseins dieser Person hinaus.

Wie Motten werden Wesen auch vom Licht angezogen, das von Menschen ausgeht. Viele dieser unerleuchteten Formen von Bewußtsein suchen nach Hilfe, weil sie verloren sind in Zeit und Raum. Manche, die sich früher an Menschen gebunden hatten, wurden von Heilern freigesetzt und „zum Licht" geschickt, ohne zu bedenken, daß Menschen das Licht sind. (Anmerkung: Wenn Sie Wesen zum Licht schicken, könnten andere Menschen sie erben. Senden Sie sie statt dessen zurück zum Ursprung, so daß sie sich entwickeln können, oder zu den Engeln der Schulen der Weisheit, damit sie weiter unterrichtet und geheilt werden.)

Wir sind von Wesen umgeben. Wenn Sie in Ihrem physischen Körper bleiben, Ihr Energiefeld stark halten und sich an Ihrer Essenz orientieren, sind die Chancen gering, daß Sie ein Wesen anziehen. Wenn Sie jedoch die Stärke Ihres Energiefeldes durch negatives Denken, durch Drogen- oder Alkoholmißbrauch oder andere Abhängigkeiten verdünnen, öffnen Sie ihnen sehr wahrscheinlich ein Tor. Wenn Sie eine Krankheit durchgemacht oder einen emotionalen Rückschlag erlitten haben und Ihr Energieniveau gefährdet ist, sind Sie vielleicht nicht stark genug, um sich gegen eine Anbindung zu schützen. Bitte bedenken Sie stets, daß Sie ein multidimensionales Wesen sind und somit die Herrschaft über Ihren Körper, Ihr Energiefeld und Ihre Erfahrungen besitzen!

Achten Sie bei Ihren Treffen mit Klienten stets auf die Möglichkeit für Wesensanbindungen. Zeichen dafür umfassen plötzliches uncharakteristisches Benehmen wie unbegründete Furcht, Ängste, Depression, Wut oder Zorn, ein niedriges Energieniveau, unerklärbare Allergien oder Krankheiten, Persönlichkeitsveränderungen oder Gemütsschwankungen, ein schlechtes Gedächtnis oder die Unfähigkeit, sich zu konzentrieren.

In fast allen Fällen des Syndroms chronischer Müdigkeit (ME), größerer Erkrankungen oder bleibender Schwierigkeiten, die wir behandelt haben, zehrten ein oder mehrere Wesen an der Energie der Klienten. Die meisten dieser Bindungen hatten bald nach einem Trauma stattgefunden, üblicherweise nach dem Tod eines geliebten Menschen, oder nach einem persönlichen Rückschlag. Ein solcher Rückschlag kann physischer Natur sein, wie Krankheit, Verletzung oder Operation; emotional, wie der Bruch einer Beziehung oder finanzieller Art, wie ein Geschäft oder ein Heim verlieren. Eine gute Frage an einen chronisch kranken Klienten lautet: „Ist in einem Zeitraum von drei Jahren vor Ausbruch Ihrer Krankheit jemand, den Sie liebten, gestorben, oder ist Ihnen ein Unglück widerfahren?" Wenn die Antwort Ja lautet, müssen Sie die Möglichkeit einer Wesensanbindung in Betracht ziehen.

Die Energieverbindung unterbrechen

Wesen, die sich an einen Menschen anbinden, stellen eine energetische Verbindung zwischen ihnen her. Manche leben wie Parasiten und entziehen der betreffenden Person jegliche Vitalität. Andere leben in gegenseitiger Abhängigkeit, indem sie durch negatives Denken oder abhängiges Verhalten stimulieren und stimuliert werden. Andere wiederum gewähren zu Beginn Unterstützung und Freundschaft und hegen wirkliche Gefühle für ihren Wirt oder ihre Wirtin. Doch alle Wesen, unabhängig von ihren Absichten, zehren Energie von ihrem Wirt und behindern schließlich dessen Entwicklung.

DIE GEGENWART EINES WESENS BESTÄTIGEN

Wenn Sie vermuten, daß bei einem Klienten, mit dem Sie arbeiten, eine Wesensanbindung besteht, lassen Sie ihn sich entspannen, bedingungslose Liebe in sein Herz atmen und die erhöhte Gegenwart seiner spirituellen Führer erbitten. Fragen Sie dann: „Gibt es in Ihrem Energiefeld eine Energie oder ein Wesen, das nicht Sie sind?" Wird die Frage bejaht, können Sie sicher annehmen, daß dem auch so ist. Lautet die Antwort „Nein", achten Sie genau auf die Körpersprache und auf mögliche Energieverschiebungen, auf Körperzuckungen und Anspannen der Gesichtsmuskeln, oder auf Augenbewegungen im Aufbaumodus. Sie können zur Überprüfung der Gegenwart eines Wesens auch die Kinesiologie anwenden.

Wenn Ihr Klient nach der Frage nach der Gegenwart eines Wesens in seinem Energiefeld verwirrt erscheint oder keine Ja- oder Nein-Antwort geben kann, bitten Sie ihn, die Augen zu schließen, zu entspannen, einige Male tief einzuatmen, sich mit intensivem weißem Licht zu füllen und seinen Geist zu beruhigen. Wenn Sie wissen, daß er entspannt und zentriert ist, lassen Sie ihn nach „innen" gehen, um die Antwort zu finden. Als Reaktion auf eine bejahende Antwort bitten Sie Ihren Klienten, zurückzutreten und das Wesen durch sich sprechen zu lassen.

Diese Technik funktioniert gut, ob die betreffende Person etwas über Wesen weiß oder nicht. Ungefähr 80 Prozent der Klienten werden Ihnen genaue Informationen liefern. Jene, die das nicht können, senden möglicherweise ein Signal aus, durch das Sie erfahren, daß ein Wesen in ihr Energiefeld eingedrungen ist, das darauf besteht, unentdeckt zu bleiben. Um mit einem starken und kontrollierenden Wesen dieser Art zu kommunizieren, müssen Sie gebieterischer werden. Sagen Sie Ihrem Klienten: „Ich möchte mit der Energie sprechen, die sich davor fürchtet, daß Sie Ihre Gesundheit wiederfinden (daß Sie erfolgreich sind, sich verlieben, ein Kind zur Welt bringen)." Nur selten wird nur ein Wesen an eine Person gebunden sein. Wurde das menschliche Energiefeld erst einmal durchdrungen, wird es verletzbar durch andere Wesen. Fragen Sie daher Ihren Klienten, wie viele Wesen sich in seinem Körper und seinem Energiefeld befinden. Prüfen Sie mit Ihrer inneren Führung, ob Sie die gleiche Anzahl erhalten. Sie können die Genauigkeit der Antwort auch mit Muskeltesten beurteilen. Wenn Sie eine Diskrepanz zwischen der Information durch Ihren Klienten und den Antworten, die Sie durch Intuition und Muskeltesten erhalten, feststellen, wiederholen Sie die Frage. Haben Sie erst einmal die Anzahl der anwesenden Wesen festgestellt, werden Sie eine bessere Vorstellung davon haben, wie gefährdet das Energiefeld Ihres Klienten ist und wieviel Arbeit zur Freisetzung erforderlich ist.

DIALOG MIT DEM WESEN

Richten Sie nun Ihre Fragen an das Wesen. Wenn mehrere anwesend sind, beginnen Sie mit dem Wesen, das am bereitwilligsten kommuniziert. Sei es die Seele eines ungeborenen Kindes, die Seele eines Verstorbenen oder eine negative Energie: Vergessen Sie nicht, daß sie die Fähigkeit oder vielleicht das Verlangen hat, mit Ihnen in Dialog zu treten. Wenn das Wesen dies ablehnt, sollten Sie versichern, daß Sie es in keiner Weise verletzen möchten und fragen Sie erneut, ob es mit Ihnen kommunizieren möchte.

Beginnen Sie mit einer „Augenverklammerung", um einen Dialog mit einem Wesen herzustellen. Indem Sie Ihre Augen ohne Blinzeln oder Wegschauen fest auf die Augen der Person, mit der Sie arbeiten, richten, wird Ihre konzentrierte Absicht erhöht und der Griff des Wesens geschwächt. Halten Sie die Augenverklammerung während des gesamten Gesprächs aufrecht.

HIER SIND DIE SCHLÜSSELFRAGEN:

1 Ich möchte gerne mit dem Wesen in (Name des Klienten) sprechen. Ich weiß, daß Du da bist! Bist Du bereit, mit mir zu kommunizieren?
2 Wie lange bist Du schon mit (Name) zusammen?
3 Länger als in diesem Leben? Seit wie vielen Leben?
4 Wieviel vom Körper dieser Person nimmst Du ein?
5 Wie beeinflußt Du den Körper und das Energiefeld von (Name)?
6 Wann bist Du zum ersten Mal zu (Name) gekommen?

6 Wie hast Du Zugang zu diesem Energiefeld bekommen?
7 Warum ließ (Name) Dich ein? Was hast Du (Name) geboten?
8 Weshalb hast Du (Name) gewählt? Was willst oder brauchst Du von (Name)?
9 Wie viele andere Wesen gibt es in oder um (Name)? Werden sie mit Dir weggehen?
10 Was brauchst Du von (Name), um vollkommen zu sein und ihn zu verlassen?
11 Bist Du bereit, friedlich zu gehen?
12 Gibt es etwas, das Du (Name) sagen möchtest, bevor Du fortgehst?

Lösen Sie nach dem Dialog mit dem Wesen Ihre Augen und wenden Sie Ihre Aufmerksamkeit wieder Ihrem Klienten zu. Fragen Sie ihn, ob er das Gespräch gehört hat und wenn ja, was er darüber empfindet, dieses Wesen bei sich zu haben. Möchte er dem Wesen etwas sagen, oder Gefühle wie Dankbarkeit, Wut, Trauer oder Vergebung ausdrücken?
Fordern Sie die betreffende Person auf, Ihnen so genau wie möglich den Unterschied zu beschreiben, den sie nun zwischen ihrem Bewußtsein und der Energie des Wesens spürt. Fragen Sie, was das Wesen ihr abverlangt hat und helfen Sie ihr, zu verstehen, weshalb das Wesen zu ihr gezogen wurde. Fragen Sie sie schließlich, ob sie bereit ist, volle Verantwortung für ihr Leben zu übernehmen oder ob sie möchte, daß das Wesen bleibt. Lassen Sie sie ihre Wahl deutlich aussprechen, sonst könnte sie das Wesen nach dessen Freisetzung wieder anziehen. (Anmerkung: Entfernen Sie nie ein Wesen, bevor die betreffende Person ihre Lektion von ihm gelernt hat. Vermeiden Sie auch, ein Wesen ohne die Erlaubnis Ihres Klienten zu entfernen. Wurde die Erlaubnis erteilt, sollen Sie dem Klienten helfen, die Verantwortung für die Loslösung zu übernehmen.)
Die meisten Wesen, an die man auf diese Weise herangeht, werden verschwinden, ohne ein Trauma zu verursachen. Eine Anbindung ist nur dann schwer zu trennen, wenn eine Person sich mit einem Wesen identifiziert oder es als wahren Freund erfahren hat.

SCHWACH ANGEBUNDENE WESEN FREISETZEN

Um Wesen freizusetzen, die nicht tief verbunden sind, können Sie die in Kapitel 11 beschriebene Reinigungssequenz befolgen. Als Alternative dazu können Sie versuchen, das Bewußtsein des Wesens, mit dem Sie im Dialog standen, einzuschätzen und ihm ein unwiderstehliches Angebot zu machen. Wenn es sich an ein bestimmtes Leben erinnern kann, fordern Sie die Seelen jener, die es geliebt haben, auf, näherzukommen und bei der Freisetzung zu helfen. Wenn das Wesen verwirrt ist, bieten Sie Klarheit an; ist es müde, bieten Sie Ruhe, und ist es gelangweilt, bieten Sie zusätzliches Lernen. Wenn das Wesen Heilung braucht, bieten Sie ihm an, die Dienste von heilenden Engel aus den Schulen der Weisheit zu engagieren.

Tun Sie Ihr Möglichstes, um dem Wesen in seiner Entwicklung zu helfen. Verpflichten Sie sich jedoch nicht zu Dingen, die Sie nicht garantieren können. Versichern Sie zum Beispiel nicht, daß es mit einem eigenen Körper geboren werden wird. Erklären Sie statt dessen, daß nach dem Abschluß der Schulen der Weisheit sein kosmischer Bericht überprüft wird und Ansuchen um Inkarnation dann berücksichtigt werden. Beteuern Sie wiederum, daß ihm Liebe, Unterstützung, Heilung und eine faire Behandlung zuteil werden.

Lassen Sie ein Gebet auf Ihr Angebot folgen, mit der Bitte, daß die Tore der Dimensionen geöffnet werden mögen, und fordern Sie die Engel der Schulen der Weisheit auf, herbeizukommen. Bitten Sie die Engel, alle Wesen zu den Schulen der Weisheit zu geleiten, damit sie für alles, was sie gelernt und gelehrt haben, gewürdigt, jedoch nicht beurteilt, verurteilt, verletzt oder in irgendeiner Weise bestraft werden.

STARK ANGEBUNDENE WESEN FREISETZEN

Wesen, die aufgrund von Widerständen des Wesens selbst oder des Klienten weniger leicht weichen, erfordern zusätzliche Schritte. Wenn zum Beispiel ein Wesen Angst hat, wegzugehen, bieten wir eine in Tinte geschriebene Pergamentrolle an, die seinen sicheren Übertritt zu den Schulen der Weisheit garantiert. Bevor wir die Rolle übergeben, rollen wir sie zusammen und binden ein Band herum.

Wenn das Wesen sich immer noch weigert, wegzugehen, erinnern wir es daran, daß das göttliche und karmische Gesetz ihm verbietet, sich dort aufzuhalten, wo es nicht erwünscht ist, und damit muß es wegziehen. Um diese Technik durchzuführen, lassen Sie Ihren Klienten sprechen: „Durch das göttliche und karmische Gesetz kannst Du nicht bleiben, wo Du unerwünscht bist. Im Namen Gottes befehle ich Dir, gesegnet zu sein und meinen Körper und mein Energiefeld sofort zu verlassen!“

Unmittelbar vor dem Weggang des Wesens kann Ihr Klient Trauer oder andere Emotionen zeigen. Wenn das Wesen ein sehr guter Freund war, wird er vielleicht seine Zuneigung ausdrücken. Alle Emotionen, die in diesem Augenblick zum Ausdruck kommen, helfen dabei, die emotionalen Bedingungen der betreffenden Person zum Wesen zu lösen. Wenn ein Klient ein Wesen freisetzen möchte, doch Angst davor hat, es loszulassen, fragen Sie ihn, wovor er sich fürchtet, welcher Persönlichkeitsaspekt das Wesen zurückhält, sogar auf welche Weise er Vorteile daraus ziehen würde, wenn das Wesen weiter bliebe. In dem Augenblick, in dem er erkennt, daß er ohne das Wesen für sich selbst sorgen kann, wird dieses keinen Halt mehr haben. Sie können es dann freisetzen, indem Sie eine der beiden im Folgenden beschriebenen Techniken anwenden.

Die Ausatmungstechnik - Eine Art, ein fest verwurzeltes Wesen anzusprechen, ist, sich auf die im Dialog mit ihm herausgefundenen Informationen zu verlassen. Zu wissen, warum es eingelassen wurde, was es zu seiner Vollendung braucht und weshalb es nicht weggehen will, wird Ihnen helfen, eine wirkungsvolle Vorgangsweise zu wählen.

Nach dem Dialog mit dem Wesen oder nachdem es seinen Halt soweit gelöst hat, daß es weggewiesen werden kann, ist es Zeit für seine Freisetzung. Rufen Sie zu Beginn die Engel der Schulen der Weisheit herbei, um bei der Loslösung zu helfen. Lassen Sie Ihren Klienten dann intensives weißes Licht, bedingungslose Liebe, seine Seelenverbände und seine Essenz einatmen und sich vollständig füllen, um den Halt des Wesens zu lockern. Lassen Sie ihn schließlich voll einatmen und beim Ausatmen nachdrücklich die Energie des Wesens hinausblasen. Um Bande zu durchtrennen, die Sie womöglich entdecken, können Sie die Technik des Klatschens anwenden. Wiederholen Sie falls erforderlich diese Technik dreimal und prüfen Sie dabei ständig mit dem Klienten, Ihrer Intuition und durch Muskeltesten, um bestätigen zu können, daß die Freisetzung stattgefunden hat. Wenn alle Wesen fort gezogen sind, lassen Sie Ihren Klienten noch einmal sein Energiefeld mit intensivem weißem Licht, bedingungsloser Liebe, seinen Seelenverbänden und seiner Essenz anfüllen, um das Risiko der Wiederkehr eines Wesens zu verringern.

Wenn das Wesen nicht gelöst werden kann oder wenn es zu stark für Sie ist, sollen Sie nicht mit ihm kämpfen, denn dadurch könnte sein Halt nur noch verstärkt werden. Geben Sie Ihrem Klienten nur soviel Information wie möglich und ermutigen Sie ihn, mehr Verantwortung für seinen Körper und sein Energiefeld zu übernehmen. Bedenken Sie, daß sie auf irgendeiner Ebene eine Vereinbarung haben. Mit der Zeit wird Ihr Klient Einblick in seine Beziehung zu dem Wesen erlangen und seine Anbindung lockern, damit es dann freigesetzt werden kann.

Die Technik der „Sternexplosion“ - Viele tief verwurzelte Wesen, die sich stark gegen ein Weggehen wehren, reagieren unmittelbar auf diese Technik. Fordern Sie zu Beginn

Ihren Klienten auf, sich mit geschlossenen Augen hinzulegen. Bitten Sie, daß die Tore der Dimensionen geöffnet werden mögen und rufen Sie wie oben beschrieben die Engel herbei. Fordern Sie dann Ihren Klienten auf, sich vorzustellen, wie vier riesige Suchscheinwerfer seinen Körper mit intensivem weißem Licht anstrahlen. Bitten Sie ihn, einzuatmen und sich soviel wie möglich mit diesem Licht anzufüllen. Erklären Sie ihm, daß das Licht so intensiv ist, daß es alle Wesen, die nicht auf die göttliche Liebe und seine Essenz ausgerichtet sind, hinauszwingen wird.

Bitten Sie dann Ihren Klienten, sich genau zwischen seinem Nabel und der Mitte seines Rückens einen Punkt weißen Lichtes vorzustellen, heller als er es jemals gesehen hat. Wiederholen Sie dreimal: „Machen Sie dieses Licht heller. Intensivieren Sie es noch mehr!" Sprechen Sie: „Dieses Licht ist so hell, daß nur jene Energien, die auf die göttliche Liebe und Ihre Essenz ausgerichtet sind, innerhalb des Bereiches seiner Intensität bleiben können. Alle anderen Energien werden gesegnet und automatisch freigesetzt."

Bitten Sie Ihren Klienten, sich vorzustellen, wie der Punkt intensiven weißen Lichtes so groß wie ein Golfball, dann wie eine Grapefruit und schließlich wie ein Fußball wird. Lassen Sie ihn spüren, wie dieses Licht alle Negativität und alle unharmonischen Energien ausräumt. Fordern Sie ihn auf, den Energieball auszudehnen, bis er nach oben zu seinen Schultern und nach unten zu seinen Knien reicht; dann soll er ihn noch weiter ausdehnen, bis der Ball von seinem Kopf bis zu seinen Fußsohlen reicht. Lassen Sie ihn fühlen, wie der Energieball seinen ganzen Körper reinigt, segnet und läutert. Bitten Sie ihn dann, sich vorzustellen, wie dieser innere „Stern" über die Grenzen seines Körpers hinaus explodiert, zuerst über einen Meter, dann über zwei, vier, acht und sechzehn Meter.

Ermutigen Sie Ihren Klienten, mental zu sehen, wie er in einem Abstand von etwa acht Meter von einer Kapsel umgeben ist. Erklären Sie, daß diese Kapsel mit intensivem weißem Licht und einem wirbelnden Regenbogen heilender Farben gefüllt ist: gold, rosa, blau, violett, grün und gelb. Lassen Sie ihn sich vorstellen, daß er die Außenseite dieser Kapsel so abdichtet, daß sie ihn gegen Negativität schützen und ihn heilen wird. Sagen Sie ihm, daß diese Kapsel so lange bei ihm bleiben wird, wie er sie braucht. Fordern Sie ihn zum Abschluß auf, die Augen zu öffnen und zu beschreiben, was er erfahren hat. (Für zusätzliche Techniken zur Freisetzung stark angebundener Wesen beziehen Sie sich bitte auf unser Video oder unsere Kassette über Freisetzung von Wesen.)

Spirituelle Hygiene für Heiler

Die Arbeit mit der Freisetzung von Wesen ist nichts für Zaghafte. Sie erfordert ein hohes Energieniveau, starke Schutzkräfte und ein profundes Wissen über das Heilen. Warum? Weil Sie Gefahr laufen, sich beim Brechen von Wesensanbindungen wie beim Stich in ein Wespennest einem brutalen Angriff auszusetzen. (Für eingehende Informationen über das Verhalten von Wesen lesen Sie „Bessenheit und Heilung", von Dr. Edith Fiore, Silberschnur Verlag.)

Tadellose spirituelle Hygiene ist ein Muß. Prüfen Sie täglich, ob Ihr Energiefeld frei ist. Sobald Sie eine Energieveränderung bemerken, müssen Sie das Feld sofort reinigen, indem Sie sich mit intensivem weißem Licht füllen. Je stärker Ihr Energiefeld ist, um so emotional ausgeglichener und geschützter werden Sie sein. Und je besser Sie Ihre Energie Minute für Minute überwachen, um so leichter wird es Ihnen fallen, ausgeglichen zu bleiben.

Wenn Sie im Laufe der Arbeit mit Patienten ein Wesen aufnehmen, sorgen Sie und verurteilen Sie sich nicht. Wesen anziehen ist ein Teil der menschlichen Erfahrung und ein klares Berufsrisiko. Beide von uns haben bereits Wesen aufgenommen, an heiligen Orten, Schlachtfeldern, Kirchhöfen und Einkaufszentren ebenso wie bei Heilsitzungen. Manchmal bindet sich ein Wesen an einen Heiler, um seine Entwicklung weiterzubringen. Um sich aus einer Bindung zu befreien, nehmen Sie den Dialog mit dem Wesen auf, rufen die Engel der Schulen der Weisheit und schicken das Wesen mit ihnen fort.

Durchbrüche Dank der Freisetzung von Wesen

Paul, ein Schauspieler Ende dreißig, konnte keine Körperempfindungen wahrnehmen. Ungeachtet unserer verschiedenen Ansätze gelang es uns nicht, ihm eine Sinnesreaktion zu entlocken. Wir hielten inne, schlossen unsere Augen und baten um Führung. Fast unmittelbar darauf erkannten wir, daß er seinen Körper mit einem Wesen teilte.

Michael fragte Paul, ob es eine andere Energie oder ein Wesen in seinem Körper oder in seinem Energiefeld gebe, die nicht er seien. Mit einem überraschten Grinsen sagte er ernst: „Ja, es gibt sie." Michael bat ihn dann, sich zu entspannen und energetisch in den Hintergrund zu treten, damit er sich direkt an das Wesen wenden könne.

Michael fragte das Wesen, wie lange es bereits in Pauls Körper sei, wie es Paul diene und ob es bereit sei, ihn zu verlassen. Es antwortete, daß es seit dessen Alter von zwölf Jahren in Pauls Körper sei. Es sei bald nach dem Tod von Pauls Vater gekommen, um dem Körper zu helfen, stark zu bleiben. Es sagte, es sei bereit zu gehen, wenn es sich auf Pauls Sicherheit verlassen könne.

Als wir Paul fragten, ob er das Gespräch wahrgenommen habe und ob er wolle, daß die Energie in seinem Körper bliebe, antwortete er, daß er alles gehört habe und wolle, daß die Energie wegginge. Michael erklärte, daß diese Energie Paul gut gedient hatte, indem sie ihm half, seine Stärke aufrecht zu halten, doch daß es ihn dadurch beschützte, daß es seine Empfindungen abtötete. Dann fragte er Paul, ob er es riskieren wolle, empfänglicher für seine Gefühle zu sein.

Paul war unsicher, also fragte ihn Michael, ob er wolle, daß ihm zwei Engel beim Erlernen seiner Emotionen helfen sollten. Paul stimmte diesem Vorschlag zu und erklärte, daß er sich mit Unterstützung der Engel sicher fühlen könne. Deren Anwesenheit würde auch, das wußte Michael, das Bedürfnis des Wesens, zu wissen, daß Paul beschützt wurde, befriedigen. Michael rief dann zwei Engel herbei, die sich geschickt mit emotionalen Energien beschäftigen konnten.

Als die Engel angekommen waren, war es ziemlich einfach, das Wesen freizusetzen. Zwei zusätzliche Wesen gaben ohne Widerstand auf. Paul errötetet, als sie ihn verließen, und während der restlichen Sitzung blieb er emotional reaktionsfähig.

Jim, ein verheirateter Mann Mitte fünfzig, beschrieb sich selbst als einen fähigen Geschäftsmann, der Opfer einer sexuellen Sucht war, der er alles opfern mußte, was ihm im Leben etwas bedeutete. Er haßte sich selbst, weil er seine Familie wiederholt betrogen hatte und schämte sich zutiefst für sein Verhalten. Obwohl er stationäre Suchttherapien abgeschlossen und an nachfolgenden Gruppentherapien teilgenommen hatte, blieb er bei seinen sexuellen Abenteuern. Seine Frau wollte sich von ihm scheiden lassen, und die Beziehung zu seinen drei jugendlichen Kindern war gefährdet.

Jim sagte uns, er sei zwar nicht sicher, ob er an Wesen glaube, doch er wolle der Freisetzungsarbeit eine Chance geben. Von allem, was er bis jetzt versucht hatte, habe nichts sein Verhalten länger als zwei Tage beeinflußt. Wir versicherten ihm, er brauche an gar nichts zu glauben, sondern nur anwesend und ehrlich sein.

Zuerst führten wir Jim in einige einfache Atmungstechniken ein, durch die er sich wohl fühlte. Dann baten wir ihn um Erlaubnis, seine Führer und Lehrer näher in sein Energiefeld einzuladen, und wir erklärten ihm, daß wir sie während der Sitzung als Berater hinzuziehen würden. Er schluchzte, murmelte er habe sich vollkommen verlassen gefühlt, abgeschnitten von seiner inneren Führung und verdammt. Sobald er die Energie seiner Führer spürte, schloß er die Augen und entspannte sich wieder. Jim willigte ein, daß seine Führer seine Seelenfrequenz verstärkten, damit er seine Essenz spüren konnte. Sobald wir bemerkten, daß sein Gesicht sanfter schien, baten wir ihn, die Seelenqualitäten zu beschreiben, die er aufnahm. Ohne zu zögern antwortete er: „Klarheit, Sensibilität, Ehrgeiz und Intensität." Wir fragten, ob er bereit sei, diese Qualitäten noch mehr zu verstärken und so vertraut mit ihnen zu werden, daß er sie unter Hunderten von anderen Qualitäten im Empire State Building erkennen würde. Er war einverstanden, seine Führer begannen zu arbeiten, und innerhalb von Minuten war er sich seiner Fähigkeit sicher, seine Seelenqualitäten zu erkennen. Dann fragten wir Jim, jeden seiner bewußten Gedanken, jede seiner Verhaltensweisen und Überzeugungen, die auf seine Essenz ausgerichtet waren, auf einen Stuhl neben sich zu legen. Als er die Aufgabe abgeschlossen hatte, sagten wir ihm, er solle zu den Elementen sprechen, die in seinem Bewußtsein verblieben waren. Mit einem Satz fuhr er auf, öffnete die Augen und starrte uns an. Seine starren Augen und seine kerzengerade Stellung warnten uns vor der Gegenwart eines Wesens.

„Hallo", sagte Rosalie, und nahm seine Intensität an. Sie führte die Augenverklammerung durch und hielt die Frequenz bedingungsloser Liebe aufrecht.

Keine Antwort.

„Wie lange bist du schon mit Jim zusammen?"

„Seit langer Zeit, länger als Du am Leben bist", sprach das Wesen streng. Seine Worte waren abgehackt und der Ton seiner Stimme aggressiv.

„Länger als dieses Leben?" fragte Rosalie.

„Sag du es mir, du bist hier die Expertin."

„Wir möchten mit dir kooperieren, nicht kämpfen. Jede Information, die du uns geben willst, wird uns helfen."

„Ich bin verwirrt - vielleicht länger als dieses Leben."

„Danke, daß du mit uns kommunizierst. Wir wollen dich weder verletzen noch verurteilen. Wir sind hier, um dir und Jim zu helfen."

Keine Antwort.

„Weil du schon so lange bei Jim bist, frage ich mich, wie du ihm dienst."

„Ich leiste ihm Gesellschaft. Er kann sich immer auf mich verlassen, wenn es um Aufregung geht."

„Was hat dich ursprünglich zu Jim hingezogen?"

„Sein Bedürfnis nach Intensität und Abenteuer. Ich bin sein Adrenalinstoß. Ohne mich würde er ein stumpfsinniges Leben führen, wie die meisten seiner Freunde."

„Welche Gefühle hegst du für Jim?"

„Ich habe keine Gefühle für ihn. Ich benutze ihn nur."

„Wie ist er dir von Nutzen?"

„Er befriedigt mein Verlangen nach Sex, Alkohol und Aufregung," sagte das Wesen und zeigte so die gegenseitige Abhängigkeit dieser Beziehung, in der einer den anderen stimulierte.

„Hast du Erinnerungen an dein früheres Leben auf der Erde?"

„Nein."

„Wieviel nimmst du von Jims Energiefeld ein?"

„Das ist verschieden. Manchmal bis zu 92 Prozent."

„Das ist viel. Du mußt dich in solchen Zeiten sehr mächtig fühlen."

„Das tue ich, doch in der Zwischenzeit kann ich jeden seiner Schritte voraussagen, und er ist keine große Herausforderung mehr."

„Wir sind uns bewußt, daß du mächtig bist und daß du dich nach Herausforderungen sehnst. Und wir würden dir gerne andere Möglichkeiten vorschlagen, deine Macht auszuüben, als den Körper eines anderen zu besetzen. Außerdem ist deine Zeit abgelaufen. Du kannst dich nicht länger in Jims Energiefeld verstecken! Wenn er dir befiehlt, seinen Körper zu verlassen, mußt du gehen, wie es das universelle Gesetz vorschreibt. Die einzige Wahl, die dir bleibt, ist wie du gehen willst: friedlich oder gewaltsam."

„Er hat mir nicht befohlen, ihn zu verlassen. Er braucht mich. Er ist von mir ebenso abhängig wie er Frauen und Alkohol für seinen Sinn für Aufregung braucht. Ich habe ihn gut im Griff."

„Du hast recht, und wir wissen nicht, ob er dir befehlen wird, zu gehen. Wenn er es jedoch tut, sind wir bereit, dir zu helfen. Weißt du, wie du zu den Schulen der Weisheit kommst?"

„Nein."

„WFärst du bereit, unsere Hilfe anzunehmen?"

„Das hängt davon ab. Ich glaube nicht, daß ich einverstanden wäre, friedlich zu gehen, weil ich es genieße, am Rand zu leben und mit den Menschen zu kämpfen."

„Wir werden dir beistehen, unabhängig davon, wie die Loslösung vor sich geht, weil diese Arbeit Teil unseres Seelenzieles ist. Wir würden dir lieber auf eine liebevolle Art helfen, damit dein Übergang leichter wird; doch wir sind auch in der Lage, unsere Schwerter zu benutzen und wir werden dich abtrennen, wenn du das habeFn möchtest. Die Wahl liegt bei dir."

„Ich glaube, daß ihr mich hereinlegen wollt."

Denk was du willst. Wir sind hier, um dir zu helfen. Wir sind bereit, dir einen sicheren Übergang zu den Schulen der Weisheit anzubieten, wo du viel Aufregung erfahren kannst beim Lernen, wie man Macht richtig einsetzt. Wir können dir nicht nur Intensität, sondern auch Herausforderungen versprechen, wenn du mehr über deine Entwicklung erfährst. Während du dir dieses Angebot überlegst, würdest du bitte in den Hintergrund treten, damit ich mit Jim über seine Reaktionen zu diesem Gespräch sprechen kann?"

„Habe ich eine Wahl?"

„Nein."

Rosalie atmete tief ein, brach ihre Augenverklammerung und forderte Jim auf, die Teile seines Bewußtseins wieder aufzunehmen, die auf seine Essenz ausgerichtet waren.

Sie sagte ihm, er solle seine Augen öffnen, sobald er sich in Übereinstimmung mit seinen Seelenenergien fühlte. Bald danach öffneten sich seine Augen.

„Hallo, Jim," sagte Rosalie.

Er blinzelte von Zeit zu Zeit, obwohl sein Kiefer entspannter und seine Stimme ruhiger war.

„Uff, das habe ich nicht erwartet," entgegnete er, zusammengesunken auf seinem Sessel. „Ich vermutete, daß ich etwas Düsteres in mir trage, doch ich habe nie zuvor eine solche Schwere empfunden, besonders um meine Geschlechtsorgane und um den Solarplexus."

„Das Gespräch hat die Auswirkung des Wesens gezeigt, nicht?"

Er nickte.

„Wie empfinden Sie seine Fähigkeit, Ihr Bewußtsein, Ihre Entscheidungen und Ihren Willen zu übergehen?"

„Ich fühle mich außer Kontrolle, wütend und traurig."

„Sie sind sehr ernstlich außer Kontrolle gewesen. Es gab Zeiten, in denen Sie laut Wesen nur zu acht Prozent in Ihrem Körper waren."
„Das ist sehr beängstigend. Kein Wunder, daß ich mich oft nicht als ich selbst gefühlt habe."

„Schauen Sie, Jim, Sie haben ein Recht, den vollen Besitz Ihres Körpers zu beanspruchen und frei zu sein in Ihrem Energiefeld. Wir können helfen, doch Sie sind dafür verantwortlich, das Wesen fortzuschicken."

„Ich verstehe, doch wer bin ich ohne das Wesen? Sehen Sie, es hat mir Struktur gegeben."

„Richtig, Jim, und Gesellschaft - und Fantasien, die Sie Ihre Seele und Ihre Familie kosten. Sie müssen entscheiden, ob Sie bereit sind, sich selbst eine Struktur zu geben. Und was Aufregung und Intensität betrifft, können Sie Ihre Führer um Rat für Aktivitäten bitten, die an Ihrem Seelenziel orientiert sind. Sie sind lange nicht frei gewesen in Ihrem eigenen Energiefeld, und deshalb ist dies eine große Entscheidung. Wir raten Ihnen, in Ihre Seelenqualitäten hineinzuatmen und Ihr Herz entscheiden zu lassen."

Jim weinte ununterbrochen während zehn Minuten.

„Ich bin so lange von meinem Licht entfernt gewesen und ich habe die Menschen verletzt, die ich am meisten liebe,“ sagte er schließlich. „Ich brauche mein Licht wieder, besonders meine Integrität, meine Herzensgüte.“

„Sind Sie bereit, das Wesen fortzuschicken, damit Sie im Licht Ihrer Seele sein können? Wie lautet Ihre Entscheidung, Jim?“

Er richtete sich auf und sprach mit fester, zwingender Stimme:

„Ich verlange, daß du sofort gehst. Du bist nicht mehr willkommen in meinem Energiefeld. Finde dein eigenes Leben. Ich befehle dir, zu gehen.“

Rosalie fragte Jim, ob er dem Wesen sonst noch etwas sagen wolle. Nach mehreren Minuten Schweigen sagt er seufzend:

„Nichts weiter“

Sie sagte ihm, daß er aufmerksam bleiben solle, während sie ihre Augenverklammerung wieder aufnahm und das Wesen aufforderte wieder zu sprechen:

„Du hast Jims Befehl gehört. Wir fragen uns was du empfindest.“

„Ich bin müde, doch ich fühle mich auch stark“

„Sind Freunde bei dir?“

„Nein, obwohl andere erwartet wurden. Meine Aufgabe war es, ihn bis zu ihrer Ankunft zu zermürben.“

Rosalie hielt die Augen mit dem Wesen verklammert und überprüfte, ob andere Wesen sich versteckten. Zufrieden, daß es die Wahrheit sagte, fuhr sie fort:

„Wir würden dir gerne eine Gelegenheit zur Ruhe geben und wir wollen dich auf die Begeisterung hinweisen, die darin liegt, die Entwicklung deiner Seele zu erfahren. Doch bevor du fortgehst, haben wir noch eine Frage an dich: Kannst du dich an Engel erinnern?“

„Verschwommen. Irgendwie erinnere ich mich daran, einen vor langer, langer Zeit gesehen zu haben.“

„Wir würden gerne Engel herbeirufen, um dich nach dem Verlassen von Jims Körper zu begleiten.“

„Danke. Was nun? Wie geht das jetzt vor sich?"

Rosalie bat, daß die Türen der Dimensionen zu den Schulen der Weisheit geöffnet würden und daß dem Wesen freier Durchgang gewährt werde. Dann sah sie das Wesen liebevoll an und sagte:

„Fühle einfach die Liebe der Engel und deine eigene Aufregung über deine Zukunft. Ich werde Jim bitten, einzuatmen, seinen Atem anzuhalten und dann kräftig auszuatmen. In diesem Augenblick wirst du hinausgehoben werden. Wir können in seinem Energiefeld in die Hände klatschen, um dir zu helfen. Du sollst wissen, daß wir dich nicht verletzen werden."

„Das weiß ich."

„Eine Frage noch, bevor du gehst. Möchtest du Jim etwas sagen? Möchtest du einer Traurigkeit Ausdruck verleihen, bevor du seinen Körper verläßt?"

„Nichts. Ich bleibe nicht, wo ich unerwünscht bin. Bis dann, Dummkopf."

Rosalie bat Jim, tief einzuatmen, seinen Atem anzuhalten und ihn dann kraftvoll auszulassen und damit die Energie des Wesens auszuatmen. Dann forderte sie ihn auf, noch zweimal einzuatmen und kräftig auszuatmen und dabei ständig auf seine Energie zu achten, um zu prüfen, ob die Loslösung vollständig sei. Anschließend bat sie ihn, die Augen zu öffnen.
Rosalie sagte Jim, er solle einige Minuten still bleiben und seinen Körper mit seiner Essenz füllen. Als er bereit schien, fragte sie:

„Wie fühlen Sie sich?"

„Ein wenig schwindlig, doch leichter, als ob ein Gewicht von meinem Brustkorb und meinem Solarplexus entfernt worden wäre."

„Das waren die Stellen, an denen das Wesen sich angebunden hatte, als ob es mit Fangarmen in Sie hineingereicht hätte. Es war tief in Ihnen verwurzelt. Jim, indem wir das Wesen freisetzten, haben wir ein Vakuum in Ihrem Energiefeld geschaffen. Die Natur haßt Leerräume und wird es sofort auffüllen, wenn Sie es nicht selbst mit Ihren Seelenwerten tun. Sind Sie bereit für den letzten integrierenden Abschnitt?"

„Sicher!"

„Wenn Sie bereit sind, so sprechen Sie mir nach: Ich, Jim, aus der Essenz meines Wesens, rufe nun meine ganze Klarheit, meine Empfindsamkeit, meinen Ehrgeiz und meine Intensität zurück. Sie hielt inne und fragte: „Was möchten Sie noch zurückrufen?"

Er antwortete: *„Meine Kraft, meine Güte und meine Kreativität."*

Nachdem er jede Energie zurückerbeten hatte, ließen wir ihn sie in seinen Körper atmen. Am Ende der Sitzung sagte uns Jim, er fühle sich entspannter als jemals zuvor und auch weniger einsam. Er verpflichtete sich zu einer individuellen Betreuung und dazu, seine Familie hinzuzubitten, wenn er erst einmal mehr über sich selbst erfahren haben würde.

Vierzehn
SITZUNGSBEISPIELE

„Warum muß Gott ein Hauptwort sein? Warum nicht ein Zeitwort ... das aktivste und dynamischste von allen?"

Mary Daly

In der Heilsitzung kommen die Entwicklung der Seele, die Intuition und Heilstrategien zum Ausdruck. Meistens ist nur eine Sitzung erforderlich, um den betroffenen Menschen zu helfen, eine Krankheit zu heilen, eine Fehlfunktion umzukehren, ihr Seelenziel auszudrücken und Quellen innerer Führung zu entdecken. In seltenen Fällen wird eine Folgesitzung notwendig, um die Heilung zu vervollständigen.

Jedes der folgenden Beispiele beginnt mit der Zusammenfassung der Sitzung, welche die Informationen wiedergibt, die wir durch Einstimmen auf die Essenz der Klienten erhalten konnten. Auch Sie werden herausfinden, daß sich die Bedürfnisse der Seele von selbst darstellen, wenn Sie sich durch konzentrierte Absicht auf die Essenz der betreffenden Personen einstimmen. Sie müssen nur in bedingungsloser Liebe und bedingungslosem Denken zentriert bleiben, die multidimensionale Natur der Person, mit der Sie arbeiten, würdigen und dem Kommunikationsprozeß vertrauen. Sie werden sehen, daß jede Sitzung wie eine wundervolle Symphonie ist, die komponiert, aber noch nie aufgeführt wurde.

Sitzungsbeispiel 1: Hilary

- **Herausforderung oder Zwangslage:** Welche Entscheidungen bezüglich Arbeit und Gesundheit zu treffen sind
- **Stellung im Seelenkontinuum:** Übungsleben
- **Seelenziel:** Kommunikation, schöpferische Selbstdarstellung
- **Seelenqualitäten:** Spontaneität, Sichtbarkeit, Freiheit
- **Lebenslektionen:** Unverschämt sein, verschiedene Formen von Kreativität kombinieren, wie Schauspiel und Malen, Bewegung, Dichtkunst
- **Persönlichkeitsaspekte:** Angst vor Ablehnung, Perfektionismus
- **Überlagerungen aus früheren Leben:** Mehrere intellektuell herausragende Leben, in denen Kreativität nicht anerkannt wurde
- **Heilansätze:** Versprechen aus früheren Leben brechen, Vergebung dafür, Krea-

tivität im Vergleich zum Intellekt als minderwertig eingeschätzt zu haben, die Spaltung zwischen schöpferischem und intellektuellem Streben heilen, Seelenqualitäten zurückrufen

- **Hausarbeit:** die derzeitige Beschäftigung aufgeben; sich in eine Clown-, Schauspiel- oder experimentelle Kunstschule einschreiben.

Hilary, eine gutbezahlte Forscherin Mitte dreißig, kam zu uns, weil gesundheitliche Gründe sie zu einer Beurlaubung von ihrer derzeitigen Arbeit gezwungen hatten. Sie beschrieb sich selbst als intelligent, energisch und hart arbeitend, bis ihr Geist und ihr Körper plötzlich aufgehört hatten, zu funktionieren.

Als wir ihre Stellung im Seelenkontinuum erfragten, entdeckten wir, daß sie sich in einem Übungsleben befand und daß ihr Seelenziel darin lag, Bewußtsein über viele Formen des schöpferischen Ausdrucks zu erlangen. Während ihres vorhergehenden Kreislaufs im Kontinuum war ihr Seelenziel die Entwicklung und Verfeinerung des Intellekts gewesen, erklärten uns ihre Führer. Dazu hatte sie Wissenschaft, Philosophie und Jura studiert. Sie kam zu dem Schluß, daß Kreativität frivol, weil nicht quantifizierbar sei.

Sobald wir Hilary darauf hinwiesen, daß ihre Seelenqualitäten Spontaneität und Freiheit umfaßten, sagte sie flüsternd, daß sie im Alter von zwölf Jahren davon geträumt habe, Künstlerin zu werden. Doch ihre Familie schenkte ihrem präpubertären Wissen keinen Glauben und drängten sie, in ihren Verstand zu investieren.

Wir deuteten an, daß ihre Krankheit durch eine Karriere ausgelöst worden sei, die nicht mit ihrem Seelenziel übereinstimmte. Sie antwortete, sie habe Angst, etwas zu versuchen, in dem sie sich nicht auszeichnete. Wir wiesen sie darauf hin, daß nicht von ihr erwartet würde, in diesem Leben Meisterschaft zu erlangen. Sie habe ja beschlossen, einen neuen Zyklus zu beginnen. Sie nickte zustimmend.

Wir beendeten die Sitzung, indem wir ihr halfen, ihre Gelübde an ihren Intellekt zu brechen und ließen Affirmationen der Vergebung folgen. Ihr inneres Kind wiederzugewinnen gab ihr Mut, den Riß zu heilen, der verursacht worden war, indem der Intellekt auf Kosten ihrer kreativen Möglichkeiten gewürdigt wurde. Abschließend ermutigten wir sie, ihre ursprünglichen Seelenqualitäten der Spontaneität, Sichtbarkeit und Freiheit zurückzurufen.

Eine Woche später gab sie ihren Job auf und bewarb sich als Assistentin bei einem Graphikkünstler. Sie belegte auch in zwei Abendkurse an einer nahegelegenen Kunstakademie.

Sitzungsbeispiel 2: Mark

- **Herausforderung oder Zwangslage:** Wie ein Depressionskreislauf von starrem Denken und emotionalem Zusammenbruch zu durchbrechen sei
- **Stellung im Seelenkontinuum:** Saltoleben, Verschiebung vom Kopf zum Herzen
- **Seelenziel:** Emotionale Entwicklung, Heilung von Emotionen, emotionales Gleichgewicht
- **Seelenqualitäten:** Einfühlungsvermögen, Flexibilität
- **Lebenslektionen:** Selbständige Entscheidungen treffen, Gefühle erkennen
- **Persönlichkeitsaspekte:** Starres dualistisches Denken, Hyperaktivität
- **Überlagerungen aus früheren Leben:** Eine Abfolge von Leben, in denen entweder der Intellekt oder die Emotionen verurteilt wurden
- **Heilansätze:** Dialog mit der Seele seines Großvaters, Selbstvergebung wegen seiner empfundenen Beteiligung an einem Unfall, Heilung der Spaltung zwischen starrem Denken und emotionaler Reaktivität, Klatschen um psychische Bande zu entfernen, Seelenqualitäten zurückrufen
- **Hausarbeit:** Ein Abschlußritual schaffen; Grenzen beachten hinsichtlich der Verantwortung; emotionales Gleichgewicht und Integrität.

Mark, ein Zahnarzt Mitte vierzig, kam zu uns, weil er unzufrieden mit seinem Leben war. Er gab zu, starr zu sein und viel von sich und anderen zu fordern. Wenn Freunde ihn auf seine kontrollierte Art ansprachen, geriet er emotional in Auflösung, zog sich in seine Wohnung zurück, hängte den Telefonhörer aus, mixte sich ein Gin Tonic und ging zu Bett - ein Muster, das er beibehalten hatte, seit er sechzehn war.

Als wir fragten, was passierte, als er sechzehn war, setzte er sich gerade in seinem Sessel auf und biß die Zähne zusammen. Wir forderten ihn auf, tief zu atmen. Ohne eine Spur von Gefühl teilte er uns dann mit, daß sein geliebter Großvater ertrunken war, während sie zusammen segelten. Mark trug eine Schwimmweste und wurde von der Küstenwache aus dem Wasser gefischt, doch sein Großvater, der keine Weste trug, ertrank.

Obwohl anscheinend niemand Mark für den Unfall verantwortlich gemacht hatte, litt er seither an den Schuldgefühlen des Überlebenden. Seine Eltern hatten ihn aufgefordert, „stark zu sein und es wie ein Mann zu tragen", was er so gut wie möglich zu tun versuchte. Er betrauerte nie den Verlust seines Großvaters und begann, Bücher zu verschlingen; er schloß die Schule als einer der Allerbesten ab. Der einzige Ort, wo er traurig sein durfte, war das Kino. Er liebte tragische Filme, doch war es ihm peinlich, zu schluchzen.

Als wir mit Mark arbeiteten, ermutigten wir ihn, uns in „fühlenden" Worten zu antworten, in der Hoffnung, sein emotionales Vokabular aufzubauen. Wir rieten ihm auch dringend, mit seinen Freunden über seinen Großvater zu sprechen. Am Ende der Sitzung sagte er, daß er sich nicht erinnern könne, so entspannt und so aufgeregt über sein Leben gewesen zu sein.

Sitzungsbeispiel 3: Sally

- **Herausforderung oder Zwangslage:** Wie eine Karriere in Übereinstimmung mit dem Seelenziel zu wählen ist
- **Stellung im Seelenkontinuum:** Integrationsleben
- **Seelenziel:** Macht, Ausdruck von Vorstellungen und Visionen
- **Seelenqualitäten:** Ausdauer, Geduld, Vorstellungsvermögen
- **Lebenslektionen:** Entscheidungen durchziehen, Fantasie mit Durchführbarkeit vereinen
- **Persönlichkeitsaspekte:** Mangel an Selbstvertrauen, Unentschlossenheit
- **Überlagerungen aus früheren Leben:** Ein früheres Leben, das der Erforschung von Ideen und Orten gewidmet war, und in dem sie sich niemals niedergelassen hatte
- **Heilansätze:** Die Spaltung zwischen dem Abenteuer und der Beständigkeit heilen. Alte Gelübde brechen, Seelenqualitäten zurückrufen.
- **Hausarbeit:** Zusätzliche Möglichkeiten schaffen, etwas über weit entfernte Orte und Kulturen zu erfahren; jeden Tag die Selbstbestimmung üben.

Sally, Ende zwanzig, hatte einen Termin mit uns vereinbart, weil sie über eine Karriere entscheiden wollte, die ihr Seelenziel würdigen würde. Die Gruppe von Ärzten, für die sie arbeitete, hatten sie kürzlich zur Büroleiterin befördert. Ihre Arbeit war erfüllend, sie hatte viele Freunde dort, und sie verbrachte jedes Jahr ihren vierzehntägigen Urlaub mit Reisen im Ausland. Doch am Tag nach ihrer Beförderung bot ihr ein Verwandter Arbeit in seiner Reiseagentur an. Wegen ihrer Begeisterung für exotische Kulturen entzückte sie die Aussicht auf eine Karriere in der Reisebranche. Sie fühlte sich doppelt gebunden, sagte sie, hin und her gerissen zwischen der Sicherheit ihrer derzeitigen Arbeit und dem Reiz einer neuen Karriere.

Als wir uns über ihre Stellung im Seelenkontinuum informierten, erfuhren wir, daß sie sich in einem Integrationsleben befand, das überschattet wurde von mehreren

Erforschungsüberlagerungen aus früheren Leben, mit wenig Beständigkeit hinsichtlich Ort oder Karriere. Ihre Lektionen in diesem Leben bestanden darin, Entscheidungen durchzuziehen und Kontinuität in der Arbeit, der Familie und in Beziehungen zu erleben.

Wir sagten Sally, daß Geduld und Ausdauer zu ihren Seelenqualitäten gehörten. Sie bestätigte, daß ihre Mitarbeiter oft ihre Selbstbestimmung bewunderten. Insgesamt arbeiteten wir etwa eine Stunde zusammen. Als wir fertig waren, lächelte sie und teilte uns mit, daß sie beschlossen hatte, die Beförderung anzunehmen, vorausgesetzt sie bekäme sechs Wochen Urlaub zum Reisen.

Sitzungsbeispiel 4: Carl

- **Herausforderung oder Zwangslage:** Wie man wirkungsvoll kommunizieren kann, um den Erfolg eines Geschäftes zu sichern
- **Stellung im Seelenkontinuum:** Genesungsleben
- **Seelenziel:** Macht, Führung von Zusammenarbeit
- **Seelenqualitäten:** Einfühlungsvermögen, Kommunikation
- **Lebenslektionen:** Der Unterstützung durch andere vertrauen
- **Persönlichkeitsaspekte:** Angst vor Fehlern
- **Überlagerungen aus früheren Leben:** Ein früheres Leben, in dem Ideen gestohlen worden waren
- **Heilansätze:** Freisetzung von Wesen, Gelübde aus früheren Leben brechen, Seelenqualitäten zurückrufen
- **Hausarbeit:** Affirmationen verwenden, wie „Ich genieße es, meine Erfindungen innerhalb der sicheren Parameter meines Teams mitzuteilen“; spirituelle Hygiene ausüben, um die persönliche Beherrschung seines Energiefeldes zu erhöhen.

Carl, ein Unternehmer Mitte dreißig, kam zu uns, weil sein Geschäft infolge von ernsten Kommunikationsproblemen in Gefahr war. Angestellte erfüllten ihre Aufgaben nicht bis zum Ende durch und benutzten viele seiner Geschäftsstrategien, um ihre eigenen Teilzeitgeschäfte zu starten. Als wir seine Stellung im Seelenkontinuum überprüften, erfuhren wir, daß er sich in einem Genesungsleben befand, um Problembereiche aus einem Leben zu lösen, in dem Geschäftspartner ihn durch Diebstahl seiner Erfindungen betrogen hatten. Er seufzte tief und murmelte vor sich hin: „Jahrelang habe ich Angst gehabt, jemandem zu vertrauen, besonders meinen Managern.“ Wir wiesen ihn darauf hin, daß seine wichtigste Lebenslektion darin bestand, Unterstützung für seine Ideen zu gewinnen, und daß die mangelnde Kommunikation mit seinen Managern diese Bemühungen unterlaufen würde. Wir fügten hinzu, daß sein Einfühlungsvermögen sein kritisches Verhalten kompensieren könnte, wenn er es bereitwillig zeigte.

In diesem Augenblick unterbrach Carl den Blickkontakt mit uns und eine negative Energie schien den Raum zu erfüllen. Als wir ihn fragten, ob sich ein Wesen in seinem Energiefeld befinde, wurden die Frequenzen um uns schneller. Wie sich herausstellte, bestand bei ihm eine Wesensanbindung, die ihn dazu trieb, seine Manager anzuschreien, sie voreinander zu demütigen und die im Gegenzug für kreative Ideen versprochene Leistungszulage zurückzuhalten. Wir setzten das Wesen frei und halfen Carl, die Gelübde zu brechen, die er geleistet hatte: niemals zuzulassen, daß die Findigkeit von anderen seine Ideen und Erfindungen vermehren sollte. Dann beschloß er, die Leitung und die Verantwortungen mit einem Team zu teilen, das aus drei seiner einfallsreichsten Manager bestand.

Sitzungsbeispiel 5: Damon

- **Herausforderung oder Zwangslage:** Was anzufangen ist mit Informationen und Erfahrungen, die verrückt scheinen
- **Stellung im Seelenkontinuum:** Integrationsleben
- **Seelenziel:** Kommunikation, Brücken schlagen vom menschlichen zum devischen Reich
- **Seelenqualitäten:** Freude, Harmonie, erweiterte Wahrnehmung
- **Lebenslektionen:** Sich wohlfühlen im Anderssein, Mut finden, erweitertes Wissen auszusprechen
- **Persönlichkeitsaspekte:** Bedürfnis nach Zugehörigkeit
- **Überlagerungen aus früheren Leben:** Keine
- **Heilansätze:** Die Spaltung heilen zwischen rationalen und multidimensionalen Wahrnehmungen, die Devas zur Unterstützung herbeirufen
- **Hausarbeit:** Mehr Zeit in der Natur verbringen; über persönliche Erfahrungen schreiben; ein Netzwerk von Freunden vereinen, die andere Dimensionen der Wirklichkeit erfahren

Damon, ein leise sprechender Landschaftsmaler Anfang zwanzig, wurde an uns verwiesen, weil seine Freunde fürchteten, er würde wahnsinnig werden. Ihre Besorgnis war immer dann geweckt worden, wenn er ihnen von Bäumen, Blumen und sogar

Steinen erzählte, die mit ihm kommunizierten, wenn er im Freien malte. „Ich male so wie Ihr führt“, sagte er uns lächelnd. Dann sagte er, er sei bereit, „alles hinzuschmeißen“ und sich in die Natur zu werfen.

Als wir uns auf Damons Stellung im Seelenkontinuum einstimmten, entdeckten wir, daß er sich in einem Integrationsleben befand und sein Seelenziel darin bestand, eine Brücke zwischen dem menschlichen und dem devischen Reich zu schlagen. Nachdem wir mehr Information erhalten hatten, sagten wir Damon, daß zwei seiner Seelenqualitäten Freude und erweiterte Wahrnehmung seien. Er lachte und sagte, immer wenn er voller Freude und lebendiger Energie aus dem Reich der Natur sei, würden ihn seine Freunde ermahnen „zur Wirklichkeit zurückzukommen“.

Wir fuhren fort, daß seine Lebenslektionen darin bestünden, seine Rolle als Brücke zwischen den Dimensionen zu akzeptieren, ohne sich gezwungen zu fühlen, wie alle anderen zu sein. Wir alle drei begannen dann, die Ablehnung zu beschreiben, die wir von Freunden empfunden hatten, gerade wenn wir am engsten auf unser Seelenziel ausgerichtet waren.

Wir erhielten keine Informationen aus einem früheren Leben Damons, was uns Hoffnung gab, daß die Heilung der Spaltung zwischen der rationalen und der multidimensionalen Art der Wahrnehmung leicht und wirkungsvoll sein würde. Als wir die Sitzung beendeten, verpflichtete Damon sich neuerlich, als Kanal für das devische Reich zu dienen. Sich an einen wiederkehrenden Traum über die Einrichtung eines Naturcamps für Kinder erinnernd, lachte er und sagte, er würde uns zu dem eröffneten Haus einladen.

Sitzungsbeispiel 6: Bruce

- **Herausforderung oder Zwangslage:** Wie man Glück in einer Beziehung finden kann
- **Stellung im Seelenkontinuum:** Vollendungsleben
- **Seelenziel:** Heilen durch persönliche Liebe
- **Seelenqualitäten:** Vertrauen, Selbstvergebung
- **Lebenslektionen:** Sich der Sinnlichkeit und Leidenschaft hingeben, Heilung durch Liebe annehmen
- **Persönlichkeitsaspekte:** Kontrolle, Zurückhalten, Freude verneinen
- **Überlagerungen aus früheren Leben:** Mehrere Leben, die dem Zölibat und der Armut gewidmet waren
- **Heilansätze:** Die Spaltung heilen zwischen persönlicher und universeller Liebe,

den Karmischen Rat herbeirufen; Vergebung dafür, die menschliche Liebe als weniger weit entwickelt als die göttliche einzuschätzen; alte Gelübde loslassen, Seelenqualitäten zurückrufen.
- **Hausarbeit:** Sich darin üben, intime Beziehungen als Gelegenheiten für Heilung zu sehen.

Bruce, ein Techniker in einer Unfallabteilung, Mitte vierzig, führte mühelos Gespräch mit uns und beeindruckte uns durch sein leichtherziges Temperament. Gleichzeitig drückte er intensiv seine Unfähigkeit aus, Intimität aufrecht zu erhalten und ein dringendes Bedürfnis, „es in diesem Leben zu schaffen".
Als wir Bruces Stellung im Seelenkontinuum überprüften, entdeckten wir, daß er sich in einem Vollendungsleben befand und daß er sich seiner eigenen Heilung verschrieben hatte. Seine Führer teilten uns auch mit, daß sein Seelenziel darin liege, diese Heilung durch persönliche Liebe zu erfahren. Als wir diese Information an ihn weitergaben, rutschte er auf seinem Stuhl hin und her und gab zu, daß Beziehungen ihn andauernd von seiner „wirklichen" Arbeit als Student der Metaphysik abhielten. Wir lächelten und erinnerten ihn daran, daß Stärkung in diesem Leben mit dem physischen Reich zusammenhing, daß Leidenschaft und Sinnlichkeit seine Wege seien.
„Wahrscheinlich werden Sie denken, daß ich verrückt bin, doch ich vertraue dem Universum mehr als ich einer Geliebten vertraue", antwortete er. Dann erfuhren wir, daß Bruce mehrere Leben als ein dem Zölibat und der Einsamkeit verschworener Mönch verbracht hatte. Persönliche Beziehungen waren vom Orden verboten. Wie es sich herausstellte, war die Liebe des Göttlichen eine Lebenslektion, die er bereits beherrschte, und nun war es Zeit für ihn, die heilende Kraft der Liebe in einer Beziehung zu spüren.
Nachdem wir die Spaltung in seinem Bewußtsein geheilt und ihm geholfen hatten, seine alten Gelübde zu brechen, riefen wir den Karmischen Rat an, damit er ihm die Arroganz seiner Verurteilung der menschlichen Liebe vergeben möge. Bruce verließ die Sitzung mit dem Vorhaben, seine letzte Partnerin anzurufen und ihr seinen Wunsch mitzuteilen, die Beziehung mit ihr wieder aufzunehmen.

NACHWORT

Krankheiten entwickeln sich, wenn die Seele und ihre Ausdrucksform nicht auf den physischen Körper und dessen Ausdrucksform ausgerichtet sind. Die Krankheit beginnt im emotionalen Körper. Von dort wandert sie nach innen und greift Gewebe, Muskeln, Knochen, Nerven und Hauptorgane an. Eine andere Möglichkeit, den Vorgang des Krankwerdens zu verstehen, liegt in der Erkenntnis, daß jeder Teil von uns, der von der Liebe abgeschnitten ist, am Ende krank wird: Denn es ist der Energiefluß des Herzens, der uns gesund hält.

Aus der Sicht der Stärkung der Seele wird jede physische Krankheit durch einen beeinträchtigten Umlauf der Liebe hervorgerufen. Um diese Hypothese zu bestätigen, fragen Sie sich nächstes Mal, wenn Sie krank sind: "Erlebe ich Liebe und drücke ich Liebe aus, oder halte ich Liebe zurück?" Wenn Letzteres zutrifft, sollten Sie versuchen, Ihre Absicht zu lieben zu aktivieren. Die Frequenzerhöhung dieser Absicht wird Ihr spirituelles, emotionales, mentales und physisches Energiefeld wiederherstellen.

Aus unserer Erfahrung aus der Arbeit mit Tausenden von Menschen wissen wir, daß der Heilung stets eine Verschiebung des Bewußtseins, meistens eine Erweiterung, vorausgeht.

ANHANG A

HÄUFIG GESTELLTE FRAGEN

F: *Wie funktioniert das Modell der Seelenstärkung?*

A: Die Energie folgt dem Bedürfnis; wir folgen der Energie, sobald sie sich als Information manifestiert. Um von unserer Essenz ausgehende Informationen zu erhalten, müssen wir vorgefaßte Annahmen, Überzeugungen und Vorstellungen loslassen. Dasselbe müssen wir tun, um Informationen von der Essenz einer anderen Person zu bekommen. Es erfordert Mut, der inneren Führung zu folgen. Auch Talent und Erfahrung helfen dabei!

F: *Woher weiß ich, daß die Information, die mich erreicht, von meiner Intuition oder von meiner Persönlickeit stammt?*

A: Üben Sie den Einsatz Ihrer Intuition und die Beobachtung der Ergebnisse; Rückmeldungen sind wesentlich für die Beherrschung jeglicher Fähigkeit. Führen Sie Aufzeichnungen über jedes "Wissen", das Sie haben, über jede Tat, die Sie setzen, und über das Resultat, das Sie beobachten. Bedenken Sie, daß Intuition sich liebevoll mitteilt; Persönlichkeit fordert. Bitten Sie Ihre Führer um ein Zeichen, daß sie es sind, die Ihnen die Information zukommen lassen. Schöpfen Sie jeden Tag Freude daraus, Ihre Intuition zu erfassen. Nehmen Sie sich Zeit für diese Fähigkeit, wie Sie es für einen Freund täten.

F: *Was passiert, wenn ich mein Seelenziel nicht erreiche?*

A: Sie werden mit demselben Seelenziel, jedoch mit intensiveren Erfahrungen zu dieser Ebene zurückkehren. Sobald Sie Ihr gewähltes Ziel erreicht haben, werden Sie sich weiter entwickeln, um ein neues Seelenziel zu erfüllen. Mit demselben Seelenziel wiederkehren ist ähnlich wie in der Schule eine Klasse wiederholen, weil Sie die Grundkenntnisse nicht erlernt haben. Die Wahl liegt immer bei Ihnen: Sie können die Dinge vor sich hin schieben oder Ihren freien Willen ausüben.

F: *Können Sie mich heilen?*

A: Wir heilen niemanden; nur Sie selbst und Gott können Sie heilen. Wir können dabei helfen, indem wir Ihnen aus multidimensionaler Sicht Informationen über Ihre Krankheit zukommen lassen. Wir können mit Ihnen arbeiten, um Überzeugungen, Gelübde und Traumata zu lösen, die Ihre Verzweiflung vertiefen. Das Ausmaß Ihrer Heilung hängt jedoch wie der Schweregrad Ihrer Krankheit von Ihrem Engagement ab, sich an Ihrer Essenz zu orientieren.

F: *Ich betreibe aktiven Drogenmißbrauch. Werden Sie mich behandeln?*

A: Nein. Alkohol und Drogenmißbrauch ziehen negative Energien an, welche den Ausdruck der Seele unterlaufen und den Heilungsprozeß sabotieren. Außer Sie verpflichten sich Ihrer eigenen Heilung durch Verzicht auf Substanzmißbrauch, sind wir nicht bereit, uns Ihrer Heilung zu verschreiben.

F: *Können Sie mir helfen, ohne mir noch mehr Schmerz zu bereiten?*

A: Sich quälen und Schmerzen sind Zeichen dafür, daß man nicht an seinem Seelenziel orientiert ist. Das Ausmaß des Schmerzes, den Sie derzeit erleben, spiegelt die Menge an Energie wieder, die blockiert ist. Tatsächlich können Sie für einige Augenblicke verstärkte Schmerzen spüren, wenn diese Energie freigesetzt wird. Doch nach dem Durchbruch wird die Heilung beginnen und der größte Teil der Schmerzen, wenn nicht alle, werden verschwinden. Vielleicht möchten Sie jetzt die Vorteile prüfen, die es Ihnen bringt, im Schmerz gefangen zu bleiben.

F: *Ist es schwieriger, schwere Krankheiten, wie zum Beispiel Krebs oder Chronisches Müdigkeitssyndrom (ME), zu heilen als weniger schlimme Leiden, wie Schmerzen oder Verspannungen?*

A: Erfahrungsgemäß werden schwere Krankheiten manchmal leichter geheilt als die weniger schweren. Ausschlaggebend ist nicht der Schweregrad der Krankheit, sondern die Bereitschaft der betreffenden Person, die Verantwortung für sich selbst zu übernehmen und sich an ihrer Essenz zu orientieren. Dies ist die Initiative, die zur Heilung führt.

F: *Ich habe Angst, zu Ihnen zu kommen. Was soll ich tun?*

A: Kommen Sie trotzdem! Die Angst, die Sie empfinden, ist ein Kampf, den Ihre

Persönlichkeit aufnimmt, um Sie vom Heilen abzuhalten. Wenn Sie Ihre Persönlichkeit gewinnen lassen, wird sie Sie weiterhin kontrollieren. Wenn Sie tief einatmen und sich Ihrem Wohlergehen verpflichten, wird sie das nicht tun. Sobald Sie dieses Engagement übernommen haben, werden Ihnen Ihre Seele ebenso wie Ihre Führer und Lehrer beistehen.

F: *Was ist, wenn ich herausfinde, daß ich in einem früheren Leben etwas Böses getan habe?*

A: Wir haben alle Fehler gemacht! Vergessen Sie nicht, daß wir hier sind, um zu lernen und Spezialisten für Liebe, Kraft und Wahrnehmung zu werden. Wir können uns nur entwickeln, wenn wir uns vergeben.

F: *Wer bin ich, wenn ich heile?*

A: Ihr wahres Ich - frei, glücklich, kreativ und voll Freude.

F: *Meine Familie glaubt nicht an die Existenz von Seelen. Soll ich ihnen von meiner Heilsitzung erzählen?*

A: Dazu sind Sie vielleicht nicht in der Lage. Teilen Sie Ihre Erfahrung lieber mit unterstützenden Menschen oder schreiben Sie darüber. Zeigen Sie Ihrer Familie mehr durch Ihr verändertes Verhalten als in Worten die Fortschritte, die Sie gemacht haben.

F: *Woher weiß ich, daß die Heilung bleibend sein wird?*

A: Das werden Sie nicht wissen. Das wird nur die Zeit weisen. Unsere Arbeit besteht darin, Ihnen zu helfen, Ihr Energiefeld zu reinigen. Ihre Aufgabe ist es, das Feld rein zu halten.

F: *Warum sollte man sich mit früheren Leben beschäftigen?*

A: In Wirklichkeit sprechen wir lieber von gleichzeitigen Leben, in denen Vergangenheit, Gegenwart und Zukunft zusammen existieren, sich berühren und mitunter einander stören. Der Grund, sich an ein früheres Leben zu erinnern, ist, Muster zu erkennen, die Sie womöglich in dieses Leben mit hinein gebracht haben. Probleme, die nicht angesprochen werden, können die schablonenhaften Routinen Ihrer Persönlichkeit vertiefen.

F: *Meine Religion erkennt frühere Leben nicht an. Können Sie mir trotzdem helfen?*

A: Der Glaube an frühere Leben ist keine Bedingung für eine Heilung. Wir begegnen wirklich genug Herausforderungen in diesem Leben, ohne diejenigen aus früheren Existenzen zu hegen. Der Zweck unseres Zuganges zu Problemstellungen aus früheren Leben liegt darin, Individuen zu befreien, sodaß sie ihr derzeitiges Seelenziel und ihre Seelenvereinbarungen erreichen und einhalten können. Unsere Aufgabe ist nicht, die Multidimensionalität zu beweisen oder zu widerlegen, sondern die Orientierung nach den Regeln unseres Wesens zu erleichtern.

F: *Bin ich in Sicherheit, wenn mein Partner ein Wesen trägt?*

A: Eine gute Frage! Wir tauschen unablässig Energien mit Menschen aus, besonders mit Menschen, die uns am vertrautesten sind. Wenn Ihr Partner ein Wesen trägt, so werden Sie beeinflußt, und Schutz ist wesentlich. Denken Sie daran, daß nichts in ein Energiefeld eindringen kann, das bereits voll ist. Ihre Aufgabe ist, zentriert und an Ihrer Essenz orientiert zu bleiben; diejenige Ihres Partners ist es, Hilfe zu suchen.

F: *Arbeiten Sie mit Kindern?*

A: Wir alle sind Kinder und gleichzeitig Erwachsene. Seelen haben kein Alter. Im wörtlichem Sinn arbeiten wir in der Tat mit Kindern, und das bezieht meistens die ganze Familie mit ein. Denn Kinder tragen die ungelösten Probleme für die Familie, weil sie psychisch offen sind.

F: *Was ist Karma und wie weiß ich, daß ich es habe?*

A: Leider gibt es keinen Test für Karma! Wir sehen das Karma als das Maß der Verbindung oder der Loslösung eines Menschen von seiner Essenz. Andere beschreiben es als die Erfüllung des Gesetzes von Ursache und Wirkung, die von einem Leben zum anderen getragen werden. Wie immer Sie sich dieses spirituelle Prinzip denken wollen, vergessen Sie nicht, daß es "gutes Karma" ebenso wie sein berühmteres Gegenstück, das "schlechte Karma" gibt. Wir alle besitzen Karma, und die Möglichkeit, ein Minimum an schlechtem Karma und ein Überfluß an gutem Karma zu sichern, ist, den Organisationsprinzipien unserer Seele zu folgen.

F: *Wieso verlangen Sie Geld für Heilsitzungen? Sind Ihre Fähigkeiten nicht ein Geschenk des Geistes?*

A: Alle Fähigkeiten sind Geschenke des Geistes. Als professionell Tätige übernehmen wir die Verantwortung für uns selbst, indem wir Honorare verlangen, die mit denen anderer, ähnlich arbeitender Berufe im Bereich der Gesundheit vergleichbar sind.

F: *Wie viele Sitzungen werde ich brauchen?*

A: In einer einstündigen Sitzung können mehrere wesentliche Anliegen bereinigt werden. Sie sind der entscheidende Faktor. Wenn Sie einen beträchtlichen Zeitaufwand brauchen, um die heilenden Energien zu integrieren oder wenn Sie langsam vorgehen wollen, kann eine zweite oder dritte Sitzung angezeigt sein. Wenn Ihre Integration unmittelbar ist und wenn Sie die Vorschläge für die Folgebehandlung beachten, werden Sie möglicherweise nie eine zweite Sitzung brauchen.

F: *Sind Sie nie erschöpft nach einer Sitzung?*

A: Nein - tatsächlich sind wir energiegeladen. Die Interaktion mit der Energie eines Menschen kann ungemein kräftigend sein. Darüber hinaus bietet die Lösungsarbeit die erfreuliche Gelegenheit, Menschen zu beobachten, die die wahren Formen ihrer Selbstdarstellung erschließen.

F: *Wie sehen die medizinischen und psychotherapeutischen Vereinigungen Ihre Arbeit?*

A: Täglich suchen mehr und mehr im Gesundheitswesen Tätige nach Antworten durch Seelenstärkung. Viele kamen um ihre persönliche Heilung zu uns und haben Patienten und Familienmitglieder weiter an uns verwiesen. Zusätzlich zu privaten Sitzungen bieten wir Kurse, Supervisionsgruppen und unterstützende Videos an.

ANHANG B

HILFREICHE MEDITATIONEN

MEDITATION ZUR ENTSPANNUNG

Nehmen Sie einige gute, sanfte Atemzüge und denken Sie an den ersten Frühlingstag. Atmen Sie die frische, warme Luft ein. Entspannen Sie und atmen Sie Ihre liebsten Frühlingsdüfte ein. Spüren Sie das Versprechen der Jahreszeit auf Fülle.
Atmen Sie weiter die Energien der Frische und des Versprechens ein und leiten Sie sie zu Ihrem Herzen. Setzen Sie Ihren Atem und Ihre konzentrierte Absicht ein und fordern Sie Ihr Herz sanft auf, sich zu öffnen und diese Energien der Erneuerung aufzunehmen. Entspannen Sie sich weiter und nehmen Sie sich ein paar Augenblicke Zeit, die Erfahrung eines ruhigen Herzens zu genießen ... eines vollen Herzens .... eines verständnisvollen Herzens .... eines mitfühlenden Herzens ... eines leidenschaftlichen Herzens.
Fühlen Sie das Strahlen, das mit einem offenen Herzen kommt. Nun stellen Sie sich einen großen Spiegel vor. Schauen Sie in diesem Spiegel in Ihre Augen und verbinden Sie sich noch stärker mit Ihrem inneren Strahlen. Richten Sie Ihre Aufmerksamkeit wieder auf Ihr offenes, aufnahmebereites Herz und fragen Sie sich: „Wem oder was dient dieses Strahlen?"
Atmen Sie sanft weiter und lassen Sie Ihr Herz offen, und richten Sie Ihr Bewußtsein dabei auf Ihren Geist. Nehmen Sie sich einige Momente Zeit, um die vielen Arten zu würdigen, in denen Ihr Geist Ihnen täglich dient. Setzen Sie Ihre Atmung und Ihre Absicht ein, um Ihren Geist mit der Frische und der Klarheit des ersten Frühlingstages zu beschenken. Erfahren Sie langsam die Gegenwart eines sanften Geistes. Spüren Sie, wie Sie der Sanftmut Ihres Geistes vertrauen. Wenn Sie bereit sind, fragen Sie sich, wie Ihr Leben aussehen würde, wenn Sie mit einem sanften Geist an es herangingen. Stellen Sie sich wieder einen großen Spiegel vor. Schauen Sie in Ihre Augen und erfahren Sie Ihre Sanftmut. Stellen Sie sich dann eine Welle vor, um Ihr strahlendes Herz mit Ihrem sanften Geist zu verbinden. Fragen Sie sich: „Wem oder was dient mein sanftmütiger Geist?" Senden Sie Ihre Dankbarkeit für die Einsicht aus, wenn Sie Informationen bekommen haben.
Bringen Sie sich wiederum die Frische und das Versprechen des Frühlings in Erinnerung und konzentrieren Sie Ihren Atem und Ihre Aufmerksamkeit auf Ihren phy-

sischen Körper. Entspannen Sie weiter und nehmen Sie sich Zeit, alle Arten zu würdigen, in denen Ihr Körper Ihnen dient. Erinnern Sie sich an physische Erfahrungen, die Sie mit Freude und Genuß erfüllt haben, und senden Sie Dankbarkeit aus. Sehen Sie wieder einen großen Spiegel vor sich. Schauen Sie in Ihre Augen, die Freude ausstrahlen, und atmen Sie noch mehr Freude ein. Stellen Sie sich vor, wie die Welle von Ihrem offenen Herzen zu Ihrem sanften Geist Ihren Körper streichelt. Wenn Sie bereit sind, fragen Sie sich: „Wem oder was dient dieser Körper voller Freude?" Reagieren Sie auf die Antwort durch Aussenden von Dankbarkeit.
Strahlen Sie Ihren Segen aus, indem Sie weiter in den lebendigen Energien eines offenen Herzens, eines sanften Geistes und eines freudeerfüllten Herzens zentriert bleiben. Streicheln Sie Ihre Kreativität. Öffnen Sie sich noch weiter den Energien der Ewigkeit. Rufen Sie sich dann in Erinnerung, daß Sie jederzeit Zugang zu diesem entspannten Bewußtseinszustand erlangen können, wenn Sie es wollen. Drücken Sie Ihre Dankbarkeit aus für diese offene, sanfte und freudige Art des Daseins. Richten Sie nun Ihre Aufmerksamkeit wieder auf Ihren physischen Körper. Wackeln Sie sanft mit Fingern und Zehen, strecken Sie Ihren Oberkörper und kehren Sie zurück, bereit, in sanfter Frische weiterzuschreiten.

HEILENDE MEDITATION

Atmen Sie die universellen Energien der Heilung zur Mitte Ihres Herzens. Sprechen Sie innerlich: „Zentrum des Denkens, ich schenke Dir die Heilenergien, die Dein Erbe sind. Nimm, was Du brauchst und tue mit dem Überfluß, was immer Du möchtest."
Atmen Sie weiter in die universellen Heilenergien hinein, leiten Sie sie zu Ihrem Dritten Auge, das sich genau in der Mitte über Ihren physischen Augen befindet. Sprechen Sie im Stillen: „Zentrum der Vision, ich schenke Dir die Heilenergien, die Dein Erbe sind. Nimm was Du brauchst und tue mit dem Überfluß, was immer Du möchtest."
Nun führen Sie die universellen Heilenergien zum Zentrum Ihres Herzens. Wenden Sie sich im Stillen an Ihr Herz und sprechen Sie: „Zentrum meines Herzens, ich schenke Dir die Heilenergien, die Dein Erbe sind. Nimm was Du brauchst und tue mit dem Überfluß, was immer Du möchtest."
Atmen Sie weiter in diese Heilenergien hinein, erweitern Sie Ihr Bewußtsein und senden Sie die Energien zu den Energiefeldern, die Ihren physischen Körper umgeben und tragen. Wenn Sie fertig sind, teilen Sie den Energiefeldern im Stillen mit, daß Sie Ihnen die universellen Heilenergien schenken, die ihr Erbe sind, und daß sie nehmen sollen, was sie brauchen und mit dem Überfluß tun, was immer sie möchten.

Bis zum Überfließen mit Heilenergien gefüllt, empfangen Sie die kombinierten Energien der Kreativität und des Ausdrucks. Vielleicht spüren Sie erstaunt, daß diese Energien demselben Kreislauf folgen wie die Heilenergien: Ausgehend von Ihrem Denkzentrum, um dann die Mitte Ihres Herzens zu umkreisen, Ihren physischen Körper zu umgeben und um Sie mit Ihren unsichtbaren Energiefeldern zu verbinden.

Atmen Sie weiter sanft ein und bestätigen Sie die Leichtigkeit des Schaffens. Atmen Sie die Energie der Evolution ein, um die Energien der Kreativität und des Ausdrucks zu unterstützen. Würdigen Sie, auf welch vielfältige Weise Ihr Leben ein Segen ist, und fordern Sie dann die Energien der Evolution auf, ihren Segen zu dem Segen zu geben, den Sie bereits besitzen. Rufen Sie sich in Erinnerung, daß das Bewußtsein des Heilens für immer besteht und für Sie verfügbar ist, und richten Sie Ihr Bewußtsein anschließend Schritt für Schritt wieder auf Ihren physischen Körper. Wenn Sie bereit sind, strecken Sie Ihren Körper sanft auf jede Art, die Ihnen angenehm ist.

MULTIDIMENSIONALE MEDITATION

Spüren Sie, wie Sie vollkommen im Zentrum eines Kreises des Segens stehen. Stellen Sie sich vor, wie Sie „ja" einatmen, während Sie den Segen der Erde, die Sie trägt, empfangen. Setzen Sie Ihren Atem und Ihre Absicht ein und senden Sie Ihren Segen für alle ihre Schöpfungen zur Erde. Atmen Sie sanfter und nehmen Sie die Segnungen des Kreises an, der Sie umgibt. Seien Sie sich bewußt, daß Sie nichts tun müssen, um zu empfangen.

Nehmen Sie sich Zeit, um den Segen, der Ihnen geboten wird, anzunehmen. Würdigen Sie dann die vielfältige Art, auf die Ihre Gegenwart auf Erden zu deren Segnung beiträgt. Atmen Sie die Frische der Energien der Erde ein.

Stellen Sie sich vor, daß eine kosmische Nabelschnur von Ihrem Nabel ausgeht und Sie mit allen anderen Dimensionen der Erfahrung und des Ausdrucks verbindet. Machen Sie sich mit dieser Nabelschnur vertraut: Wie sind ihre Textur, Farbe, Temperatur, ihr Alter? Riecht sie? Gibt sie Töne von sich? Bitten Sie sie um Informationen über die multidimensionalen Erfahrungen, die sie Ihnen seit Ihrer Geburt geboten hat.

Setzen Sie Ihre Atmung und Ihre Absicht ein und beginnen Sie die Reise über Ihr kosmisches Verbindungsglied zu verschiedenen multidimensionalen Wirklichkeiten. Werden Sie mit jedem Atemzug vertrauter mit den Energien, die Sie erwarten. Bitten Sie die Frequenzen der devischen und elementaren Wesen, der inneren Erdwesen, der Engel und der Raumwesen, Sie einzuhüllen und jeder Ihrer Zellen ihre Eindrücke einzugeben.

Verkünden Sie mit jedem Atemzug Ihr Geburtsrecht, am Reigen der multidimensionalen Wirklichkeit teilzunehmen. Fordern Sie Ihr Vermächtnis multidimensionalen Daseins. Erfreuen Sie sich am Bewußtsein, daß alles sich ausdehnt, wenn Sie „ja" sagen.
Nehmen Sie jede Überzeugung auf, die Ihre Akzeptanz von Dimensionen innerhalb der Dimensionen herabgesetzt hat. Atmen Sie einfach weiter und genießen Sie Ihre Fähigkeit, jene Überzeugungen aufzulösen, die nicht mit Ihrer Identität als multidimensionales Wesen mitschwingen. Genießen Sie die Leichtigkeit, mit der Sie Ihr Erbe beanspruchen, indem Sie weitere einschränkende Überzeugungen auflösen.
Ausgerichtet auf die Weite Ihres Wesens, erklären Sie nun Ihre Bereitschaft, Ihr erweitertes Dasein mit jedem Tag mehr anzunehmen und auszudrücken. Entdecken Sie mit jedem Atemzug neue Möglichkeiten, die multidimensionale Schöpfung, die Sie bereits sind, zu ehren.
Konzentrieren Sie Ihre Aufmerksamkeit nun auf Ihren physischen Körper und erleben Sie ihn aus dieser multidimensionalen Perspektive. Wenn Sie Ihrem Körper etwas mitteilen wollen, nehmen Sie sich nun die Zeit dazu. Während Sie mit den Energien vieler Dimensionen pulsieren, lassen Sie die Segnungen Ihres multidimensionalen Daseins über Ihren physischen Körper niedergehen. Genießen Sie es, wie die Energien tanzen und spielen, und in ihrer Affinität zueinander umhertollen. Nehmen Sie sich dann einige Augenblicke Zeit, um zu bekräftigen, daß Sie für immer alle Energien, die Sie soeben erlebt haben, sein werden; erfreuen Sie sich dabei immer noch an Ihrem erweiterten Bewußtsein. Würdigen Sie, daß Sie sich durch ein einfaches „ja" an die Verbindung erinnert haben, die seit jeher und für immer in Ihrem Wesen ist.

GRUPPENMEDITATION MULTIDIMENSIONALES DASEIN

Sprechen Sie laut: „Ich (Ihr Name) anerkenne, daß ich ein multidimensionales Wesen bin, bestehend aus meiner menschlichen Natur und meiner Essenz. Ich richte meine Absicht auf die Verbindung mit allen Aspekten meiner Multidimensionalität, die auf mein Seelenziel ausgerichtet sind.
Ich unterwerfe mich der Weisheit meiner Seele. Mit Vertrauen und Absicht beruhige ich bewußt meinen Geist, umgebe meine Emotionen mit Harmonie und entspanne meinen physischen Körper, um mich auf die Meditation vorzubereiten."
Wiederholen Sie lautlos: „Indem ich universelle Liebe in mein erhabenes Herz atme und mich an den multidimensionalen Aspekten meines Wesens erfreue, würdige ich die Gaben, die ich erhalten habe und das Geschenk, das ich selbst bin, indem ich laut sage *Ich erkläre....*"

„Ich glaube, daß Liebe vergibt. Deshalb ergreife ich diese Gelegenheit, Liebe auszuüben, indem ich mir selbst und jedem vergebe, auf den ich nicht mit Liebe und Mitgefühl erwidert habe. Als Beweis für mein Vertrauen in die Liebe vergebe ich nun..."

„Ich ehre meine Verbindungen zu multidimensionalen Wesen durch das Wissen, daß alles in göttlicher Ordnung und göttlichem Überfluß besteht. Zu Ehren meiner Fähigkeit, Leben auszudrücken, verpflichte ich mich freudig, ein lebendiger Ausdruck multidimensionaler Kreativität zu sein. Zu Ehren dieser Verpflichtung erkläre ich allen Energien, die auf das Wohlergehen unseres Planeten ausgerichtet sind: *Ich bin* ...."

Sehen Sie einer anderen Person in die Augen und sprechen Sie: „Ich sehe in Ihren Augen multidimensionale Kreativität und ich danke Ihnen für Ihren Mut, Ihre Weisheit und Ihre Gegenwart auf Erden während dieser Zeit der Initiation und der Erleuchtung." Wiederholen Sie dieselben Worte, indem Sie einer anderen Person in die Augen schauen.

MEDITATION DER SEELENVERBÄNDE

Formen Sie Ihren Atem, indem Sie „ja" sagen, wenn Sie am höchsten Punkt einatmen und „danke", wenn Sie am tiefsten ausatmen. Denken Sie daran, daß Sie nichts anderes tun müssen als nur empfangen und entspannen. Fordern Sie dann Ihren physischen Körper auf, sich zu entspannen; rufen Sie sich dazu einen Ort in Erinnerung, der Sie mit einem Gefühl der Sicherheit und Schönheit erfüllt hat. Atmen Sie die Energien dieses Ortes ein und senden Sie Dankbarkeit aus, während Sie noch mehr entspannen.

Lassen Sie Ihren Geist sich entspannen, indem Sie eine Zeit zurückrufen, in dem er klar und unbefangen war. Atmen Sie die Energien eines offenen, freien Geistes ein und senden Sie Dankbarkeit aus, während Sie weiter entspannen.

Entspannen Sie Ihre Emotionen, indem Sie sich an eine harmonische Zeit erinnern. Atmen Sie die Energien der Harmonie ein und senden Sie Dankbarkeit aus, während Sie noch mehr entspannen.

Gestehen Sie sich selbst zu, überrascht zu werden, konzentrieren Sie Ihre Absicht auf das Erinnern an Ihre Verbindungen und Vereinbarungen mit anderen Reichen, die in Übereinstimmung mit Ihrem Seelenziel sind. Wenn Sie bereit sind, senden Sie im voraus Dankbarkeit dafür, daß Sie bereits alles wissen, was es über Ihre Seelenverbände zu wissen gibt.

Fordern Sie die Energien des Naturreiches auf, Ihr Bewußtsein zu erfüllen, und atmen Sie dabei weiter sanft ein. Nehmen Sie ihre Anwesenheit zur Kenntnis, indem Sie sie in Liebe willkommen heißen. Wenn Sie die Einzigartigkeit ihrer Schwingungen fühlen, fragen Sie sich innerlich: „Habe ich eine Seelenvereinbarung, um mein menschliches Bewußtsein mit eurem des Naturreiches zu verbinden?“ Erkundigen Sie sich im Falle einer bejahenden Antwort über die spezifische Art der Vereinbarung. Atmen Sie sanft und fragen Sie, ob das devische Reich etwas von Ihnen braucht. Beteuern Sie Ihr Einverständnis, wenn Sie bereit sind, eine bewußte Verpflichtung gegenüber diesem Reich zu übernehmen. Danken Sie dann diesen Energien freundlich für ihren Besuch und richten Sie Ihre Aufmerksamkeit wieder auf Ihre Atmung.
Während Sie immer noch sanft weiteratmen, fordern Sie die Energien des elementaren Reiches (Feuer, Erde, Luft und Wasser) auf, Ihr Energiefeld zu füllen. Nehmen Sie Ihre Anwesenheit zur Kenntnis, indem Sie sie in Liebe willkommen heißen. Wenn Sie die Einzigartigkeit ihrer Schwingungen spüren, fragen Sie in Ihrem Inneren: „Habe ich eine Seelenvereinbarung, um mein menschliches Bewußtsein mit eurem des elementaren Reiches zu verbinden?“ Erkundigen Sie sich im Falle einer bejahenden Antwort nach der spezifischen Art der Vereinbarung. Atmen Sie sanft und fragen Sie, ob das elementare Reich etwas von Ihnen braucht. Beteuern Sie Ihr Einverständnis, wenn Sie bereit sind, eine bewußte Verpflichtung gegenüber dem elementaren Reich zu übernehmen. Danken Sie dann diesen Energien freundlich für ihren Besuch und richten Sie Ihre Aufmerksamkeit wieder auf Ihre Atmung.
Während Sie immer noch sanft weiteratmen, fordern Sie die Energien der inneren Erde und des Mineralreiches auf, Ihr Energiefeld zu füllen. Nehmen Sie Ihre Anwesenheit zur Kenntnis, indem Sie sie in Liebe willkommen heißen. Wenn Sie die Einzigartigkeit ihrer Schwingungen spüren, fragen Sie in Ihrem Inneren: „Habe ich eine Seelenvereinbarung, um mein menschliches Bewußtsein mit eurem der inneren Erde und des Mineralreiches zu verbinden?“ Erkundigen Sie sich im Falle einer bejahenden Antwort nach der spezifischen Art der Vereinbarung. Atmen Sie sanft und fragen Sie, ob das Reich der inneren Erde und das Mineralreich etwas von Ihnen braucht. Beteuern Sie Ihr Einverständnis, wenn Sie bereit sind, eine bewußte Verpflichtung gegenüber dem Reich der inneren Erde und dem Mineralreich zu übernehmen. Danken Sie dann diesen Energien freundlich für ihren Besuch und richten Sie Ihre Aufmerksamkeit wieder auf Ihre Atmung.
Während Sie immer noch sanft weiteratmen, fordern Sie die Energien des Engelreiches auf, Ihr Energiefeld zu füllen. Nehmen Sie Ihre Anwesenheit zur Kenntnis, indem Sie sie in Liebe willkommen heißen. Wenn Sie die Einzigartigkeit ihrer Schwingungen spüren, fragen Sie in Ihrem Inneren: „Habe ich eine Seelenvereinbarung, um mein

menschliches Bewußtsein mit eurem des Engelreiches zu verbinden?" Erkundigen Sie sich im Falle einer bejahenden Antwort nach der spezifischen Art der Vereinbarung. Atmen Sie sanft und fragen Sie, ob das Engelreich etwas von Ihnen braucht. Beteuern Sie Ihr Einverständnis, wenn Sie bereit sind, eine bewußte Verpflichtung gegenüber dem Engelreich zu übernehmen. Danken Sie dann diesen Energien freundlich für ihren Besuch und richten Sie Ihre Aufmerksamkeit wieder auf Ihre Atmung. Während Sie immer noch sanft weiteratmen, fordern Sie die Energien des Weltraumreiches auf, Ihr Energiefeld zu füllen. Nehmen Sie Ihre Anwesenheit zur Kenntnis, indem Sie sie in Liebe willkommen heißen. Wenn Sie die Einzigartigkeit ihrer Schwingungen spüren, fragen Sie in Ihrem Inneren: „Habe ich eine Seelenvereinbarung, um mein menschliches Bewußtsein mit eurem des Weltraumreiches zu verbinden?" Erkundigen Sie sich im Falle einer bejahenden Antwort nach der spezifischen Art der Vereinbarung. Atmen Sie sanft und fragen Sie, ob das Weltraumreich etwas von Ihnen braucht. Beteuern Sie Ihr Einverständnis, wenn Sie bereit sind, eine bewußte Verpflichtung gegenüber dem Weltraumreich zu übernehmen. Danken Sie dann diesen Energien freundlich für ihren Besuch und richten Sie Ihre Aufmerksamkeit wieder auf Ihre Atmung.

Während Sie immer noch sanft weiteratmen, fordern Sie die Energien des göttlichen Reiches auf, Ihr Energiefeld zu füllen. Nehmen Sie Ihre Anwesenheit zur Kenntnis, indem Sie sie in Liebe willkommen heißen. Wenn Sie die Einzigartigkeit ihrer Schwingungen spüren, fragen Sie in Ihrem Inneren: „Habe ich eine Seelenvereinbarung, um mein Bewußtsein mit eurem des göttlichen Reiches zu verbinden?" Erkundigen Sie sich im Falle einer bejahenden Antwort nach der spezifischen Art der Vereinbarung. Atmen Sie sanft und fragen Sie, ob das göttliche Reich etwas von Ihnen braucht. Beteuern Sie Ihr Einverständnis, wenn Sie bereit sind, eine bewußte Verpflichtung gegenüber dem göttlichen Reich zu übernehmen. Danken Sie dann diesen Energien freundlich für ihren Besuch und richten Sie Ihre Aufmerksamkeit wieder auf Ihre Atmung.

Während Sie immer noch sanft weiteratmen, fordern Sie Energien jeglicher anderer Reiche, mit denen Sie eine Vereinbarung getroffen haben, auf, Ihr Energiefeld zu erfüllen, vorausgesetzt daß sie in Übereinstimmung mit Ihrer Essenz sind. Nehmen Sie ihre Anwesenheit zur Kenntnis, indem Sie sie in Liebe willkommen heißen. Atmen Sie sanft weiter und erkundigen Sie sich über die einzigartige Natur Ihrer Vereinbarung. Fragen Sie, ob es etwas gibt, was diese Reiche von Ihnen brauchen. Wenn Sie bereit sind, ihnen gegenüber eine bewußte Verpflichtung einzugehen, beteuern Sie Ihr Einverständnis.

Atmen Sie in die Anwesenheit aller Reiche, deren Energien Sie willkommen geheißen

haben und nehmen Sie sich einige Augenblicke Zeit, um Ihr multidimensionales Wesen zu genießen. Erkennen Sie, daß Sie ebenso frei sind, sich mit Ihren einzigartigen Seelenverbänden zu verbinden als in der Erde zu wurzeln.
Denken Sie daran, daß Sie Ihre Seelenverbände aufsuchen können, wann immer Sie wollen, und bringen Sie Ihren Atem zurück zur Ganzheit Ihres physischen Körpers. Stellen Sie sich vor, wie alle Ihre Zellen feiern!

GLOSSAR

Absicht - Konzentrierte Aufmerksamkeit durch Aktivierung des Willens. Fehlende Absicht führt zu Verwirrung und Versagen.

Abwehr - eine Persönlichkeitsadynamik, hervorgerufen durch die fehlende Erfüllung unserer Erwartungen in der Kindheit. Beispiele: Widerstand, Projektion, Leugnung.

Affirmation - ein Baustein für Bewußtsein, der für die Stärkung der eigenen Essenz verantwortlich ist. Beispiele: „Liebe leitet mein Leben" oder „In Freude, Harmonie und Sicherheit trete ich ein in das Unbekannte".

Astrale Ebene - ein Existenzbereich außerhalb der Zeit, der mit einer höheren Frequenz schwingt als die körperliche Ebene und frei schwebende Energien und Wesen enthält; die Heimat des emotionalen Körpers.

Ätherische, das - die in einem Feld unmittelbar außerhalb des Physischen residierende Energie.

Aura - das unsichtbare Energiefeld, das jede Materie umgibt und leicht durch Energien beeinflußt wird, einschließlich der Energien, welche von den eigenen Gedanken und Gefühlen und von der Umgebung ausgehen; der Ort, an der sich eine Krankheit zuerst manifestiert.

Bewußte, das - ein Aspekt des rationalen Selbst, das filtert, abwägt und analysiert; Torhüter des Unterbewußtseins.

Bewußtsein - eine Widerspiegelung des Seelenzustandes; eine Gedächtnislinse, durch die wir unsere Aufmerksamkeit konzentrieren, unsere Intuition führen und unser Sein leiten.

Bewußtsein, männliches - Energie im Zusammenhang mit dem Intellekt, mit Unabhängigkeit, Konzentration und Handlung, ausgedrückt durch einen Mann oder eine Frau; eine durch die rechte Körperseite dargestellte Dynamik.

Bewußtsein, weibliches - Energie in Verbindung mit Aufnahmefähigkeit, Fürsorge,

Annahme und Unterwerfung, ausgedrückt durch eine Frau oder einen Mann; eine durch die linke Körperseite dargestellte Dynamik.

Chakra - eines von sieben Hauptenergiezentren im Aurafeld, das einer bestimmten Stelle im physischen Körper entspricht und das durch die Erinnerung eines Traumas aus einem früheren Leben berührt wird; eine Haftstelle für ein übersinnliches Band.

Co-Entstehung - ein Energieprinzip, durch welches beim Nennen eines Prinzips stets der entgegengesetzte Pol auftaucht. Beispiel: während man Liebe versichert, wird Angst hervorgerufen.

Dissoziation - das Vermeiden schmerzvoller Gefühle durch die energetische Trennung vom physischen Körper.

Doppelfessel - eine ausweglose Verlustsituation, die die Ausrichtung auf das eigene Seelenziel verhindert; ein Kommunikationsmuster, das die Unterdrückung schmerzvoller Gefühle nahelegt.

Emotionaler Inzest - eine Situation, bei der Eltern oder Vormunde ein Kind bewußt oder unbewußt für die Erfüllung ihrer eigenen emotionalen Bedürfnisse mißbrauchen; ein fehlfunktionierendes Familienmuster, das eine Energieblockade bewirkt, sofern es nicht geheilt wird.

Energieblockade - im Körper gefangene Energie als Ergebnis von Angst oder Trauma.

Energiefrequenz - die Schwingungsrate eines Gedankens, einer Überzeugung oder eines Gefühls. Negativität und Depression vibrieren mit niedriger Frequenz; Heilung und Freude mit hoher Frequenz.

Erworbene Beschränkung - eine verinnerlichte Halbwahrheit, welche die Ausrichtung auf das eigene Seelenziel verhindert.

Essenz - der Kern der Seele; das was bleibt, wenn die Persönlichkeit geändert wurde; die Verbindung zur Ewigkeit.

Evolution - die Reise durch Zeit und Raum, auf der die Seele nach Entwicklung strebt.

Frequenz - siehe Energiefrequenz.

Frühere Programmierung - die durch frühere Autoritätsfiguren und Kultur vorgegebenen „Muß"werte: der Kernpunkt des inneren Dialoges, der den Zugang zu den eigenen wahren Gefühlen verstellt.

Führer - ein Wesen, das aus der spirituellen Welt Unterstützung anbietet; ein spiritueller Mentor, der durch unsere Bedürfnisse, Lektionen und Energiefrequenz angezogen wird.

Fülle - die reich vorhandenen Ressourcen, um zu tun, was erforderlich ist, wenn es erforderlich ist.

Geist - (Latein „spiritus" - Atem) das allwissende und allgegenwärtig Göttliche, das den Lebensatem verleiht.

Gelübde - eine im gegenwärtigen oder in einem früheren Dasein eingegangene Vereinbarung, die weiterhin ihren Einfluß ausübt.

Grundproblem - die ursprünglichen Umstände eines Problems. Die Lösung des Grundproblems bietet die größte Gelegenheit für eine Heilung.

Harmonie - ein Zustand, in dem der spirituelle Geist sich in der Materie manifestieren kann.

Heiler - eine Person, die als Mittel für die Quelle dienen kann.

Innere Kind, das - der Teil einer Person, der lebendig, spontan, kreativ und intuitiv bleibt, unabhängig vom chronologischen Alter oder der psychologischen Geschichte. Das verletzte Kind zurückholen ist ein Meilenstein in Richtung Vergebung.

Innerer Dialog - der kinästhetische Kanal, der eine Verbindung zu den inneren Stimmen früherer Autoritätsfiguren schafft. Der Aufbau eines inneren Dialoges verhindert die Berührung eines Menschen mit seinen authentischen Gefühlen und seinem wahren Selbst.

Intuition - die stille Stimme des Geistes, die das menschliche Selbst mit dem

Essenz-Selbst verbindet.

Karma - das Maß der Verbindung eines Individuums mit oder der Trennung von seiner Essenz. Auch die Erfüllung des Gesetzes von Ursache und Wirkung, das von einem Leben ins andere übertragen wurde.

Karmische Rat, der - eine Versammlung von Wesen, welche die karmischen Berichte der Menschheit überprüfen und beschließen, ob Individuen aus ihren Lebenslektionen gelernt haben oder nicht; eine Körperschaft, die befähigt ist, Vergebung zu gewähren und die karmischen Berichte neu zu schreiben.

Kinesiologie - eine Technik der Informationsfindung; insbesondere der Einsatz von Muskeltests, um festzustellen, ob ein Energiefeld durch ein besonderes Objekt, eine Substanz oder eine Beziehung gestärkt oder geschwächt wird.

Kosmischer Bericht - eine Beurteilung der eigenen Leistungen hinsichtlich Ziel und Qualitäten der Seele, Lebenslektionen und Stellung innerhalb des Seelenkontinuums; eine Zusammenstellung des Lebenslaufes im Seelenraum nach einer physischen Verkörperung.

Lebenslektion - ein Lehrkurs, der im Laufe eines Lebens erlernt werden soll.

Macht - der Energiestoß der auftritt, wenn man sich in Harmonie mit seinen innersten Wahrheiten befindet; die Fähigkeit, seine Wünsche zu zeigen.

Mangelnde Übereinstimmung - ein Problem in der Verständigung, das durch den Einsatz von unterschiedlichen Kommunikationsstilen entsteht.

Materie - eine verdichtete Form von Energie.

Neurolinguistisches Programmieren (NLP) - eine Technik der Informationsfindung, insbesondere die Verwendung von Sinnesreizen, um zu beurteilen, wie das Gehirn Informationen empfängt, speichert, bearbeitet und zurückgewinnt.

Organisationsprinzipien der Seele - Seelenwerte, welche das Fundament unseres Wesens bilden.

Persönlichkeit - die Gesamtheit der einschränkenden Überzeugungen aus früheren Programmierungen eines Individuums, die ein Gefühl der Entfremdung fördern; oft gleichbedeutend mit dem Ich.

Persönlichkeitsaspekt - eine Verteidigung, ein Widerstand oder eine Projektion, die ein Individuum von der Ausrichtung auf seine Essenz abhält. Beispiele: Wut, Kontrolle, Zweifel, Ungeduld, Eifersucht.

Persönlichkeitsschienen - ein unbewußtes, in anerzogenen Beschränkungen wurzelndes Verhaltensmuster. Wenn unangefochten, behindern die Persönlichkeitsschienen unsere Fähigkeit, zu wählen und sich zu ändern.

Polarität - das Ergebnis einer Spaltung im Bewußtsein, die eine dualistische Wahrnehmung bewirkt. Beispiele: positiv / negativ, männlich / weiblich, Überfluß / Mangel.

Seele - der „göttliche Funk" in einem Individuum, in dem der Entwurf für die Entwicklung der Seele auf Erden festgelegt ist.

Seelenfamilie - eine Gruppe von Seelen, welche die gleiche Energiefrequenz teilen und vereinbart haben, gemeinsam zu arbeiten.

Seelenkontinuum - der Entwicklungspfad, der das Wachstum und die Entwicklung einer Seele kennzeichnet.

Seelenqualität - Indiviualisierte Geistesaspekte, welche die Heilung fördern. Beispiele: Kreativität, Flexibilität, Vergebung, Sanftheit, Selbstliebe.

Seelenraum - die Dimension, die eine Seele zwischen den einzelnen Lebenszeiten bewohnt.

Seelenverband - ein Treuebündnis zu einem Wesen aus einer anderen Dimension. Beispiele: Devas, Elementarwesen, innere Erdenwesen, Engel, Raumwesen.

Seelenvereinbarung - ein Vertrag, der vor der körperlichen Inkarnation zur Entwicklungsförderung aller Teilnehmer abgeschlossen wurde. Eine Seelenvereinbarung kann selbständig oder zwischen zwei oder mehreren Parteien gebildet werden.

Seelenziel - ein innerer Leitsatz, der die zur fortlaufenden Entwicklung der Seele erforderlichen Erfahrungen und Ausdrücke aktiviert. Beispiele: Kommunikation, emotionale Entwicklung, Heilung, Liebe.

Spaltung - Polaritätsdenken; eine vom Bewußtsein aufrechterhaltene Entweder-Oder Dichotomie.

Spiritueller Bypass - eine Persönlichkeitsstrategie, die eingesetzt wird, um die Erfahrung von Schmerz oder Verlust zu umgehen.

Stärkung der Seele („Ermächtigung" der Seele) - eine Heilmethode, die ein Individuum auf seine Essenz ausrichtet.

Sucht - das zwanghafte Bedürfnis nach einer Substanz, einer Person oder einer Aktivität, welche die eigene Essenz reduzieren.

Synchronismus - das gleichzeitige Auftreten von Ereignissen; zufällige Begegnungen; der Beweis, daß unser Seelenziel aktiviert wurde.

Überbewußtsein, das - der Teil des Bewußtseins, der für unbegrenzte intuitive Weisheit und direkten Einblick in die wahre Natur der Dinge verantwortlich ist.

Übereinstimmende Bilder - eine Situation, in welcher der Heiler ein ähnliches ungelöstes Problem hat wie die Person, mit der er arbeitet.

Überlagerung - Übergriffe aus einem früheren, unausgewogenen Leben, welche die Fähigkeit unterbinden, in diesem Leben ein volles Bewußtsein zu entfalten.

Übersinnliches Band - eine energetische Verbindung zu Menschen oder Orten. Übersinnliche Bande verbinden sich mit den Chakren und unterbrechen den individuellen Energiefluß.

Unterbewußtsein, das - der nicht-urteilende Aspekt des Bewußtseins; enthält eine vollständige Aufzeichnung unserer Erfahrungen auf Erdenebene; Zugang zur Information gewährt die Intuition.

Wesen - ein entkörperlichtes oder astrales Wesen, das sich einer lebenden Person anschließt.

Widerstand - der Widerwillen, sich weiter zu entwickeln und auf seine Essenz auszurichten.

Wille - der innere Antrieb, sich seiner selbst bewußt zu werden als eine multidimensionale Kreatur und als Schöpfung; der Vermittler zwischen Verstand und Emotionen; eine energieabhängige Kraft, die durch Übung an Vitalität gewinnt.

Zurückholen der Seelenqualtität - eine Technik, die eingesetzt wird, um Aspekte der Seele zurückzuholen, die man be- oder verurteilt oder fortgeschickt hat; Reintegrierung fördert Ganzheit und Heilung.

INDEX

A
abschließende Zeremonie 94
Abschlußritual 134
Abtreibung 140
Affirmationen 37
Angst 94; 89
Aufgabe des Heilers 103
Aufgabe des Kunden 103
Aufholleben 17
Augenbewegungen 50
Ausatmungstechnik 150

B
Bewußtsein 28; 74
blockierte Energie 129
Brechen alter Schwüre 124
Brückenaussagen 55

C
Chronisches Müdigkeits-syndrom 85; 145; 171
Co-Entstehung 30

D
Das innere Kind 133; 81
Dialoge 119
Dissoziation 52; 59
Doppelfesseln 77

E
Einsamkeit- 94
einschränkende Überzeugung 76
einschränkende Überzeugungen 30
Emotionaler Inzest 80
emotionaler Körper 35; 67
Energien ausgleichen 131
Entschuldigungen für ein aufgeben 90
Erden 98
Erschöpfung 93
erworbenen Beschränkungen 90

F
Fantasieren 111
Fehlfunktionen 74; 80
Fehlgeburt 139
Festhalten am Äther 111
früher Tod 139
frühere Leben 84

G
Gefühle 78; 110
gegenseitige Vereinbarung 24
Gegenwart eines Wesens 146
Gehör 49
geistige Führer 118
Gelübde 23
Genesungsleben 19
Grippenartige Symptome 93
Grundursache 67
Gruppenmeditation Multidimensionales Dasein 178
Gruppenvereinbarungen 24

H
häufig gestellte Fragen 170
heilende Meditation 176
Heilkrise 95
Heilsitzungen 91
hineingreifen und herausziehen 129

I
Individuelle Vereinbarungen 23
innere Führung 34
Innerer Dialog 55
Integrationsleben 18
Intellekt 35
interner Dialog 51
Intuition 34

K
Karma 173
karmischer Rat 135

kinästhetisch 49
Kinesiologie 48; 61; 63; 146
Klatschen 120
Kommunikationsstil 49
Kopfschmerzen 93
Körperreaktionen 61; 67
Körpersignale 65
Körperstruktur 65

L
Lebenslektionen 41
Lebensrückblick 136
Lebenszeiten 14
Lokalisierung von Symptomen 68
Lösung von Traumata aus früheren Leben 57

M
Macht und Kontrolle 108
Männliche Energie 131
Märtyrertum 114
Meditation der Seelenverbände 179
Meditation zur Entspannung 175
Meisterschaftsleben 20
menschliche Natur 28
Multidimensionale Meditation 177
Muskeltest 61

N
Nachbetreuung 91
Neuprogrammierung des Geistes 57
Neuroloinguistische Programmieren 48

O
Organisationsprinzipien der Seele 32

P
Persönlichkeit 28
Philosophieren 110
Probleme einkreisen 100
Projizieren 112

R
Reinigen nach einer Sitzung 102
Reinigung des Aurafeldes 127

S
Saltoleben 17
Schamgefühl 52
Seele 10; 14; 23; 35; 38; 40; 125
Seelenfamilie 10
Seelenkontinuum 14
Seelenlesung 35
Seelenqualitäten 39; 125
Seelenraumleben 16
Seelenverbänden 11
Seelenvereinbarungen 12; 23
Selbsterfüllende Vorhersagen 76
Spirituelle Abtreibung 140
spirituelle Hygiene 152
spiritueller Bypass 110
spiritueller Kontext 11
Standbild-Technik 25

T
Technik der „Sternexplosion“ 150
Tempovorgabe 101

Ü
übereinstimmende Bilder 100
Übersinnliche Bande 121
Übungsleben 14

V
Vergebung 122
Versiegeln der Aura 128
versteckte Pläne 109
visuell 48; 49
Vollendungsleben 20
Vorbereitung 88

W
Weibliche Energie 131

Wesen 143
Wesen freisetzen 148
Wesen, Dialog mit dem 147
Wesensanbindungen 146
Wut 93

Z
Zittern- 94
Zugang zu Ihren Gefühlen 75
Zurückholen von Seelenqualitäten 125
Zusammenarbeit mit einem Partner 104

ZU DEN AUTOREN

Michael Bradford, ehemaliger Unternehmenspräsident und Management-Berater, ist seit 14 Jahren intuitiver Heiler. Sein einmaliger multidimensionaler Heilansatz verbindet östliche und westliche Philosophien, spirituelle Führung und hochschwingende Heilfrequenzen. Der Autor des internationalen Bestsellers *„Hands-On Spiritual Healing“ „(Spirituelles Handauflegen)“* bereist viele Länder, um Workshops über fortgeschrittene Heiltechniken, Wohlergehen, spirituelle Entwicklung und Seelenstärkung zu leiten. Er ist Mitglied der „World Federation of Healing“ und der „International Association of Spiritual Psychiatry“ und Mitbegründer der Chiron Kentavros Stiftung in Griechenland.

Rosalie Deer Heart ist seit über 20 Jahren ausübende Psychotherapeutin und spezialisiert in psychospiritueller Integration und der Erwachsenenentwicklung für Frauen. Sie lehrt die Spirituellen Fundamente der Kreativität, Seelenstärkung und Rituale für bedeutende Momente im Leben einer Frau am *Creative Problem Solving Institute* der New York University in Buffalo. Außerdem ist sie eine interkonfessionelle Priesterin und ein eingetragenes Medium. Zu ihren Werken zählen *„Affective Education Guidebook: Classroom Activities in the Realm of Feelings“* (mitverfaßt 1975), *„Affective Direction: Planning and Teaching for Thinking and Feeling“* (mitverfaßt 1979) und *„Heilender Schmerz“ (Econ & List, München).*

Rosalie und Michael arbeiten gemeinsam mit Einzelpersonen, Familien, Gruppen, Firmen und Organisationen, die sich ihrer Heilung aus der Sicht der Seelenstärkung widmen. Sie träumen davon, Zentren zu schaffen, in denen Heiler aus aller Welt ihre Fähigkeiten im Geiste der Liebe und der Zusammenarbeit teilen.

Die Autoren sind zu erreichen über:

Health Education Research Organisation, Ltd.
PO Box 394, Newcastle upon Tyne NE99 2WD, GB
Tel. 0800 026 9117

WEITERE INFORMATIONEN

Mit dem Ziel, den Menschen in ihrem Heilungsprozeß und in ihrer spirituellen Entwicklung zu helfen, bieten Rosalie Deer Heart und Michael Bradford Workshops über Seelenstärkung, Stärkung der Intuition und Heiltechniken (2, 3 und 7 Tage) an, sowie eigene Spezialtrainingsprogramme (2, 3 und 7 Tage) für Berufsgruppen im Gesundheitswesen und für Heiler. Lehrprogramme (6 Monate, 1 Jahr oder 2 Jahre) für Menschen, die zusätzlich eine eingehende Schulung wünschen, können persönlich oder per Korrespondenz in Anspruch genommen werden. Heilsitzungen und Seelenlesungen werden für Einzelpersonen, Paare, Familien und Gruppen mit persönlicher Teilnahme oder per Telefon angeboten. Es werden auch Spirituelle Einkehrtage (7 und 14 Tage) und Spirituelle Reisen zu Heiligen Orten (14 Tage und 21 Tage) angeboten. Ein anderes leidenschaftliches Anliegen von Rosalie und Michael ist die Veränderung der Arbeitsumgebung. In Beratungen mit Unternehmen, Gesellschaften und Organisationen unterstützen sie jedes Mitglied des Führungsteams dabei, ihr Seelenziel und ihre Lebenslektion im Zusammenhang mit dem spirituellen Ziel des Unternehmens zu verstehen. Dies fördert Klarheit und Heilung innerhalb der Organisation ebenso wie eine verstärkte Kreativität. Die Ausrichtung der Energie des Managementteams erhöht in großem Ausmaß die Aussicht auf Erfolg und Rentabilität. Rosalie und Michael sind an einer weltweiten Zusammenarbeit mit Gesundheits- und Heilberufen, mit Heilorganisationen und Heilzentren interessiert. Bitte wenden Sie sich an sie, wenn Sie einen Workshop in Ihrem Bereich oder Ihrem Land organisieren wollen.

Rufen Sie an oder schreiben Sie, um in unsere Anschriftenliste aufgenommen zu werden und unseren neuesten Katalog zu bekommen ....

..... der unsere unterstützenden Videobänder und Bücher sowie das Programm unserer Workshops, Schulungen und unsere neuen Produkte enthält.

Health Education Research Organisation, Ltd.
P O Box 394, Newcastle upon Tyne NE99 2WD, GB
Tel.: 0800 026 9177

L E B E N S H I L F E

Michael Bradford

Spirituelles Hand-auflegen

272 Seiten, illustriert, br.
Format A5
ISBN 3-85068-498-9

Das Buch ist eine leicht lesbare Trainingsanleitung, die mit dem Mythos, daß nur Auserwählte über spirituelle Heilkraft verfügen, aufräumt. Die beschriebenen Methoden sind so einfach zu erlernen, daß jeder - sogar Kinder - rasch die heilende Energie erfahren und damit zu arbeiten beginnen kann. Absicht des Autors ist, daß jedermann dieses Buch benutzen kann, unabhängig von Vorbildung, religiösem Hintergrund oder vom früheren Verständnis von Heilkraft. Wir alle können unsere naturgegebenen Heilungsfähigkeiten rasch und einfach entwickeln und damit uns selbst, aber auch unseren Mitmenschen helfen.

L E B E N S H I L F E

Christa Kössner

Schlüssel zum Glücklich-Sein

Das Spiegelgesetz

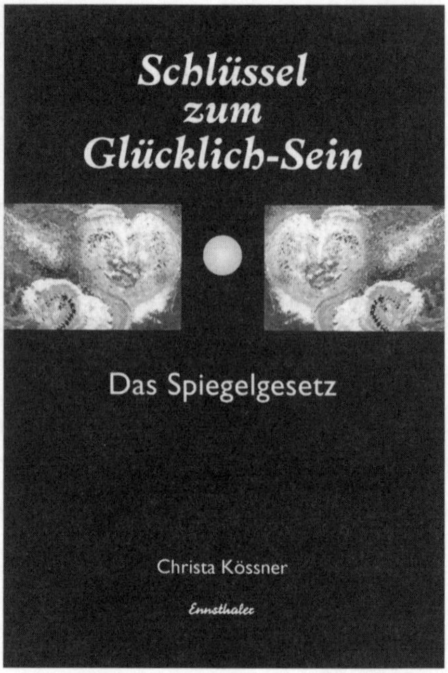

96 Seiten, mit beigelegtem Übungsheft, br.
Format A5
ISBN 3-85068-524-1

Das bislang anschaulichste Buch über einen Weg zum Glücklichsein, den jeder leicht findet: Wer in Situationen des täglichen Lebens und in Menschen, die einem begegnen, das Spiegelbild seiner selbst erkennt, hat den Schlüssel zum inneren Frieden gefunden. Unangenehme Erfahrungen sind Ausdruck der inneren Unzufriedenheit. Vom Wühlen in der Vergangenheit und dem Aufarbeiten von vorgeburtlichen Leben hält sie deshalb nicht.

Christa Kössner schildert Erfahrungen aus ihrem Leben und gibt dem Leser einen Leitfaden in die Hand. Ein 16 seitiges Übungsheft ergänzt das erstaunliche Buch.

Ennsthaler VERLAG

L E B E N S H I L F E

Helga Fiala

Mandala Malblock

Der erste reine Malblock der Mandala-Expertin Helga Fiala ist etwas Besonderes. Mit 48 Malvorlagen ist er ungewöhnlich umfangreich und er enthält Malvorlagen für Kinder und Erwachsene. Außerdem: Scherenschnittmandalas, die besonders gerne bei der pädagogischen Arbeit mit Kindern eingesetzt werden.

48 Blätter, kopfgeleimt
Format 21 x 24 cm
ISBN 3-85068-560-8

Helga Fiala

Selbsterfahrung mit Mandala

Geschichtliche Entwicklung: Helga Fialas Reise durch die Welt des Mandalas führt durch Kontinente und Religionen. Selbsterfahrung durch Ausmalen der Mandalas: Das Mandala ist ein Kultbild, das der Meditierende benutzt, um die Allheit zu erfahren. Ihr reiches Wissen kombiniert die Autorin mit ihrer langjährigen Erfahrung bei Kursen und Therapie. Anleitung zum Mandalamalen und über hundert Malvorlagen.
Mandalas für Kinder: Ein eigener Teil für Kinder regt zur Selbsterfahrung und zur praktischen Anwendung in Familie, Gruppe, Schule und Kindergarten an. Dieser Teil ist speziell für Kinder geschrieben und gezeichnet.

240 Seiten, br.
mit Malvorlagen
Format A4
ISBN 3-85068-478-4

L E B E N S H I L F E

Helga Fiala

NLP von Anfang an

134 Seiten, br.
s/w-Illustrationen
Format A4
ISBN 3-85068-477-6

Nützen wir unsere schöpferischen Ressourcen!
Wir können die vielfältigen Möglichkeiten und Grundannahmen des NLP von Anfang an im Alltag, in der Familie und insbesondere mit Kindern nutzen. In leicht verständlicher Sprache führt Helga Fiala in die Kunst des „Neuro-Linguistischen-Programmierens" (NLP) ein. Sie gibt einen kurzen Überblick zur geschichtlichen Entwicklung des NLP und stellt in Kurzform dem NLP nahestehende psychotherapeutische Schulen vor. Aus der Praxis für die Praxis ist dieses Lese- und Arbeitsbuch besonders für Eltern, Großeltern und alle Personen in erzieherischen Berufen gedacht.
Mit vielen Ideen, Übungen und Anwendungshilfen für die Arbeit an sich selbst und mit Kindern.

L E B E N S H I L F E

Franz Heininger (Hrsg.)

Trink Wasser!

Ernähre Dich bewußt Lebensmittel-Heilmittel-Informationsträger

184 Seiten, br.
Format 16,5 x 24 cm
ISBN 3-85068-552-7

Es gibt kaum ein Problem, das uns alle so unmittelbar betrifft wie die Trinkwasserverschmutzung. Welche Bedeutung reines Wasser in unserem Leben hat, führt dieses Buch deutlich vor Augen. Es stellt neueste Forschungen über das Lebenselement Wasser und die Ernährung leicht verständlich dar. Ein eigener Teil ist der bewußten Ernährung gewidmet. Es findet sich Interessantes über die Grundlagen gesunden Trinkens, Essens und Lebens, insbesondere über Verschlackung und Methoden der Entschlackung.

Ärzte, Ernährungsspezialisten und eine Diplom-Chemikerin bilden Franz Heiningers Autorenteam.

Ennsthaler VERLAG

G E S U N D H E I T

Jean-Paul Nowak/Nguyen Tan Hon

Praktische Tipps und Homöopathie für Ihr Baby

Ein unterhaltsamer Leitfaden für frischgebackene Eltern

ca. 64 Seiten, br.
durchgehend 4färbig bebildert
Format 20,5 x 27,5 cm
ISBN 3-85068-559-4

Manchmal sagen Bilder, sagt eine Geste mehr als 100 Worte. Das dachten sich auch die Autoren von „Praktische Tipps und Homöopathie für Ihr Baby", als sie Ihren Ratgeber illustrieren ließen. Denn die Illustrationen machen auf treffende und humorvolle Weise die Situation unmittelbar klar. Beim jeweiligen Verhalten des Babys bzw. beim Krankheitsbild werden zunächst verschiedene „Typen" unterschieden. Sofort können Sie erkennen, welchem „Typus" Ihr Baby am ehesten entspricht, um danach zu reagieren. Die Hilfe, die Ihr Baby bekommt, sollte - so der Ansatz der beiden französischen Homöopathen und Chiropraktiker - so natürlich wie möglich sein, denn viele der im Handel üblichen Medikamente haben Nebenwirkungen und behandeln zu wenig oft die wirklichen Ursachen. Mit homöopathischen Tipps und Tricks können Sie selbst viele, das Wohlbefinden und die Gesundheit Ihres Babys gefährdende Situationen entschärfen. Was tun, wenn Ihr Baby weint? Wenn es erbricht? Fieberkrämpfe hat? Oder wenn es schlecht schläft? Oft hilft Abwechslung in der Ernährung, eine Bauchmassage oder eine homöopathische Mixtur, manchmal sogar das Entfernen einer Pflanze.

„Praktische Tipps und Homöopathie für Ihr Baby" kann Ihnen helfen, in den ersten Wochen und Monaten im Leben Ihres Kindes gelassener zu bleiben, die Situationen möglichst gut einzuschätzen und schnell und effizient zu handeln.